Lissabon auf einen Blick

0 1 km
© Reise Know-How 2023

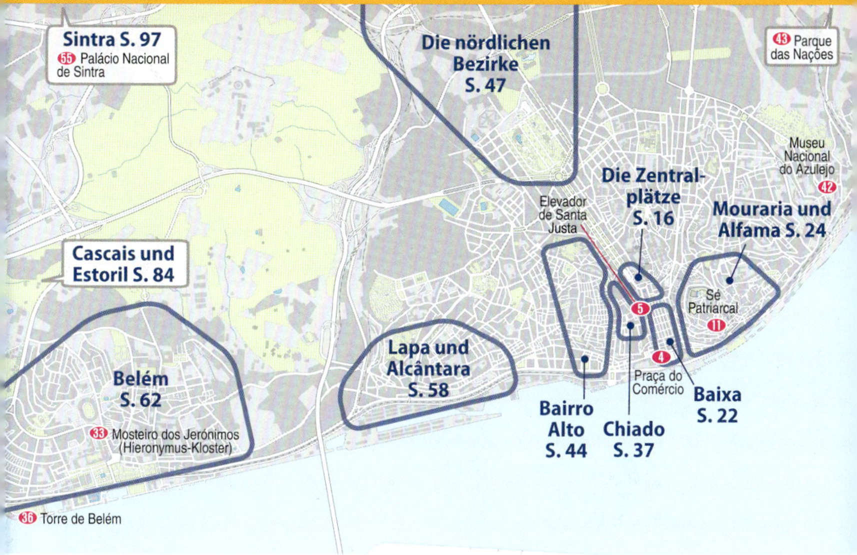

Sintra S. 97
55 Palácio Nacional de Sintra
Die nördlichen Bezirke S. 47
43 Parque das Nações
Museu Nacional do Azulejo 42
Die Zentralplätze S. 16
Elevador de Santa Justa
Mouraria und Alfama S. 24
Cascais und Estoril S. 84
Sé Patriarcal 11
5
4
Praça do Comércio
Lapa und Alcântara S. 58
Belém S. 62
33 Mosteiro dos Jerónimos (Hieronymus-Kloster)
Bairro Alto S. 44
Chiado S. 37
Baixa S. 22
36 Torre de Belém

Inhalt

Der Padrão dos Descobrimentos 35 (100lb Abb.: jg)

Stadtspaziergänge

Zeichenerklärung

★★★ nicht verpassen
★★ besonders sehenswert
★ wichtig für speziell interessierte Besucher

[A1] Planquadrat im Kartenmaterial. Orte ohne diese Angabe liegen außerhalb unserer Karten. Ihre Lage kann aber wie die von allen Ortsmarken mithilfe der begleitenden Web-App angezeigt werden (s. S. 247).

Der Schmetterling ...

... zeigt an, wo man Angebote im Bereich des nachhaltigen Tourismus findet.

Updates zum Buch

www.reise-know-how.de/citytrip-plus/lissabon23

Vorwahlen

- **Vorwahl** von Portugal: **00351**
- Die Lissabonner **Ortsvorwahl 21 muss immer mitgewählt werden.**

Karten und Pläne

Lissabon, die Stadt der Entdecker mit dem melancholischen Blick auf Zeiten alter Größe, zeigt an allen Ecken und Enden ein ausgeprägtes Bewusstsein für seine Historie – kein Wunder, erzählt doch fast jeder Stein hier seine eigene Geschichte. Selbst die jüngeren Bau- und Renovierungsmaßnahmen zeigen sehr deutlich einen beinahe übertriebenen Stolz auf die Vorfahren – beispielsweise in den Ausgestaltungen vieler Metrostationen, die teilweise schon selbst zu Sehenswürdigkeiten avanciert sind.

Aquädukt

Nach einer umfassenden Renovierung des Aquädukts sind nunmehr beide Seiten komplett begehbar und erlauben phänomenale Weitblicke über die Stadt (s. S. 78).

Museum für Fußballfans

Mit dem Museu Cosme Damião wurde im Benfica-Stadion ein Denkmal zu Ehren der Helden jüngerer Großtaten etabliert. Hier finden sich auch Andenken an einen Volksfußballer, vor dem sich sogar der mehrfache Weltfußballer und in Portugal zum Halbgott aufgestiegene Cristiano Ronaldo verneigt (s. S. 50).

Gastronomietipp

Das House of Wonders in Cascais ist ein in jeder Hinsicht vorzügliches Café mit angeschlossenem Restaurant – nicht nur für Vegetarier (s. S. 92).

Weitblick über den Tejo

Die Aussichtsplattform auf dem Arco Triunfal bietet großartige Impressionen (s. S. 22).

101lb Abb.: jg

LISSABON ENTDECKEN

Besucht man eine europäische Metropole, so hat jeder seine eigenen Vorstellungen davon, was vor Ort ganz besonders von Interesse sein könnte. Will man einfach nur aufs Geratewohl eine neue Stadt kennenlernen? Ist man vor allem am kulturellen Erbe des Reiseziels interessiert? Steht Shopping ganz oben auf der Liste? Sind es das ausschweifende Nachtleben oder aber die speziellen kulinarischen Genüsse, auf die der Besucher abzielt? Sucht man vielleicht friedliche Oasen in einer brodelnden Metropole oder möchte man als Reisender mit Kindern dem Nachwuchs den Blick auf eine fremde Kultur öffnen? Die portugiesische Hauptstadt bietet sicherlich jedem etwas. Historische Burgen und Paläste, beruhigendes Treiben auf dem Fluss, Hügel inmitten der Stadt, die Wogen des Atlantiks in greifbarer Nähe, nostalgische Tramfahrten, modernste Einkaufszentren, Grünanlagen und ein unvergleichlicher Charme – all das wird dem Besucher der „weißen Stadt“, wie Lissabon in der Literatur voll Ehrfurcht bezeichnet wird, in der Erinnerung haften bleiben.

Vorseite: Blick vom Elevador de Santa Justa 5 auf die Unterstadt Baixa und das Castelo de São Jorge 10

Ein Muss für jeden Lissabon-Reisenden ist eine Fahrt mit der berühmten 28

Willkommen in Lissabon

Der unvoreingenommene Besucher Lissabons wird sehr schnell **die Vielfalt und die Kontraste der Metropole** spüren. Weniger gläserne Paläste und moderne Weitläufigkeit als vielmehr die enge Vermischung der alten traditionellen Stadtteile, die unterschiedlicher kaum sein können, begegnet dem Besucher schon auf dem kurzen Weg vom Flughafen ins Zentrum, wo entlang der Avenida da República und der Avenida da Liberdade 26 sowie rund um die großen Prachtplätze Rossio 2, Restauradores 1 und Praça do Comércio 4 das Leben pulsiert.

Doch kaum erkundet man die das Zentrum unmittelbar flankierenden Bezirke der Alfama (s. S. 24) und des Bairro Alto (s. S. 44), wähnt man sich in einer anderen Welt, wo die Uhr der Zeit irgendwann zu schlagen aufgehört zu haben scheint. Unten hektische Betriebsamkeit, reger Verkehr und Prunk, oben Altertümlichkeiten und ruhende Pole wie stille Gärten, friedliche Aussichtspunkte und prächtige Sakralbauten – diese wie auch viele andere Kontraste erschließen sich dem Gast unmittelbar.

Sucht man **Orte der Betriebsamkeit**, so stehen für die Bewohner der Stadt zuvorderst die **vielfältigen modernen Einkaufszentren** (s. S. 135) im Zentrum des Interesses. Diese Zentren sind weit mehr als nur Orte, an denen die Notwendigkeiten des täglichen Lebens erworben werden können, sie haben sich als Schauplätze des modernen Lebens längst verselbstständigt und verfügen über ein Angebot, das zu nutzen man Tage benötigen würde. Auch der umfangreiche Parque das Nações 43 im Osten gilt gemeinhin als Symbol des postrevolutionären Lissabon.

Wer dagegen die **ruhige, authentische Atmosphäre** einer historisch gewachsenen Metropole sucht, wird v.a. mit den klassischen, alten Verkehrsmitteln (s. S. 205) – vom Elevador 5 über das Funicular bis zu den alten Tramlinien 12 und 28 – die Viertel beidseitig der Baixa erkunden und sich dabei von der beinahe schwermütigen Langsamkeit der Einheimischen anstecken lassen. Da wundert es nicht, dass die moderne, schnelle Metro zwar die pulsierenden Schlagadern der Unterstadt mit den Randbezirken verbindet, nicht jedoch die traditionellen Viertel weiter oben. Während man rund um das Castelo de São Jorge 10 östlich der Baixa kulturhistorische Bauten bewundern kann, bietet sich auf der anderen Seite im Bairro Alto Gelegenheit für den Besuch von Theatern, Museen (s. S. 112) und zahlreichen, noch heute in Portugal unübertroffenen Fado-Lokalen (s. S. 131).

Natürlich kann man sich die wichtigsten Sehenswürdigkeiten der portugiesischen Hauptstadt im Rahmen einer wie auch immer gearteten Stadtrundfahrt oder eines geführten Rundgangs erschließen (s. S. 191), doch das ist im Falle Lissabons nicht notwendig, ja widerspricht sogar der **besonderen, eher bedächtigen Atmosphäre der alten Viertel.** Denn Lissabon begreift man nicht mit einer schnellen Stadtrundfahrt, sondern nur gemütlich und mit Zeit, viel Zeit ...

102lb Abb.: jg

161lb Abb.: ©Euqirneto, stock.adobe.com

Je nachdem, wie viel Zeit der Gast in der Metropole verbringt, kann er die verschiedensten kulturellen Anziehungspunkte der portugiesischen Hauptstadt für sich erschließen. Die hier vorgestellten Vorschläge gehen davon aus, dass Besichtigungsteile möglichst optimal gestaltet werden und die wesentlichen Höhepunkte Lissabons beinhalten sollen.

Das Mosteiro dos Jerónimos 33

Lissabon an einem Tag

Ein Tagesausflug kommt im Rahmen eines Stopover, vor allem aber für Besucher anderer Touristenziele auf dem portugiesischen Festland in Betracht. Ganz gleich, ob per Tourbus oder als Selbstfahrer – die Zeit in der Hauptstadt muss man einfach optimal nutzen und hierfür bieten sich **zwei Hauptabschnitte** an. Zum einen (am Vormittag) fährt man mit der Straßenbahn **nach Belém** und besichtigt dort das **Jerónimos-Kloster** 33 nebst einem der dortigen Museen sowie die Promenade mit dem **Torre de Belém** 36 und dem **Padrão dos Decobrimentos** 35.

Der (späte) Nachmittag gehört dann der **Altstadt**, hier hauptsächlich der **Fahrt mit der alten Tram** (Nr. 12 oder 28) durch die verwinkelten Gassen hinauf zum **Castelo de São Jorge** 10. Den Abend schließlich genießt man in einem der zahlreichen **Altstadtlokale** der Bezirke Baixa oder Chiado – und hat damit insgesamt einige der schönsten Höhepunkte Lissabons für sich entdeckt.

Selbstverständlich werden für Reisende mit wenig Zeit auch thematisch unterschiedliche, **organisierte Stadtrundfahrten** angeboten (s. S. 191).

EXTRAINFO

Stadtspaziergänge

Die zentralen Altstadtviertel wie auch den Vorort Belém kann man sehr gut zu Fuß erkunden. Für die Stadtspaziergänge (s. S. 5) sollte man jeweils ca. 2–3 Stunden einplanen (Museumsbesichtigungen usw. nicht eingerechnet), für Belém ist ein halber Tag, mit Besuch mehrerer Sehenswürdigkeiten besser ein ganzer Tag sinnvoll.

Lissabon in drei Tagen

Unter der Annahme, dass im Rahmen eines verlängerten Wochenendes/Kurzurlaubs drei Tage zur Verfügung stehen, bietet sich das folgende Rahmenprogramm für eine umfangreiche Besichtigungstour an. Dabei sei auf die **Lisboa Card** (s. S. 205) hingewiesen, die öffentliche Verkehrsmittel und viele Eintritte abdeckt. 44 € für 72 Stunden Gültigkeit sind eine wirklich lohnende Investition.

Erster Tag: durch die Altstadt

Hier bietet sich eine **Fahrt durch die Alfama/Castelo-Bezirke mit den nostalgischen Trams 12 und/oder 28** an, wobei die Aussichtspunkte *(Miradouros)*, das Castelo de São Jorge 10 und die Kathedrale 11 besichtigt werden sollten. Den ersten Abend verbringt man mit Flanieren in der Baixa, besucht ein Lokal in der Kneipenstraße Rua das Portas de Santo Antão (s. S. 127) oder ein Musical/eine Revue im Teatro Politeama (s. S. 133).

Zweiter Tag: nach Belém

Nach dem Besuch der Altstadt sollte man einen Tag Belém mit dem **Jerónimos-Kloster** 33, dem **Torre de Belém** 36, dem **Padrão dos Decobrimentos** 35 sowie dem **Palácio Nacional da Ajuda** 38 widmen. Abends bietet sich je nach Interesse ein **Streifzug durch die Vergnügungsmeile Docas** 28 mit Restaurants und Bars oder der **Besuch eines klassischen Fado-Restaurants** im Bezirk Chiado an.

160lb Abb.: wl

Der Marquês de Pombal (s. S. 52), Begründer der schachbrettartigen Baixa

Dritter Tag: Entdeckungen außerhalb

Das moderne Lissabon erlebt man am besten bei einem **Ausflug in den Parque das Nações** 43 mit dem Ozeanarium. Von dort kann man dann direkt per S-Bahn vom Bahnhof Oriente nach **Sintra** 54 fahren und dort zumindest den Palácio Nacional de Sintra 55, das Castelo dos Mouros 57 und den Palácio Nacional da Pena 58 besuchen. Für den letzten Abend bietet sich vielleicht ein **Shoppingtrip in einem der großen Einkaufszentren** an, z. B. im bis Mitternacht geöffneten Colombo Shoppingcenter (s. S. 135, hier auch Restaurants).

Lissabon in fünf Tagen

Steht vor Ort etwa eine ganze Woche zur Verfügung, könnte ein Rahmenprogramm, natürlich jederzeit nach den eigenen Interessensschwerpunkten abänderbar, wie folgt aussehen:

Hierbei wurden die Tagesprogramme so zusammengestellt, dass man für die vielen innerstädtischen Einzelfahrten der ersten drei Tage eine **Lisboa Card** für 72 Stunden nehmen könnte, dann ab dem vierten Tag für die gezielten Vorortrouten Einzelfahrscheine löst. Es wäre auch kein Fehler, eine weitere Lisboa Card oder 24-Stunden-Karten zu kaufen – allein schon die Tramfahrten durch die Altstadtviertel kann man getrost mehrfach zusätzlich zu den Ausflügen der Tage 4 und 5 unternehmen, sie sind immer wieder ein großes Vergnügen!

Ausflug zum Märchenschloss Palácio Nacional de Sintra 55

Erster Tag

Am ersten Tag unternimmt man einen **Streifzug durch die Altstadtviertel** (Baixa, Alfama, Castelo, Chiado) mit Kastell 10, Kathedrale 11, Vinzenzkloster 7, Baixa, Rochuskirche 15, Basílica da Estrela 39 und/oder dem botanischen Garten 18. Alle Punkte können wunderbar **mit der alten Tram angefahren** werden, wobei man nicht nur eines der schönsten städtischen Verkehrsmittel kennenlernt, sondern auch zahlreiche Einblicke in das Leben der Altstadtbewohner gewinnt. Den Abend könnte man in einem typischen Lokal in der Altstadt verbringen.

Zweiter Tag

Auch der zweite Tag ist dem innerstädtischen Bereich vorbehalten, z. B. mit dem Besuch zweier der **großen zentralen Museen** (C. Gulbenkian 20, Museu Nacional do Azulejo 42 usw.). Auch einen der großen Stadtparks (z. B. Eduardo VII.) und das überwältigende Colombo Shoppingcenter (s. S. 135) sollte man gesehen haben.

162lb Abb.: wl

Dritter Tag

Den **Parque das Nações** 43 mit dem berühmten Ozeanarium und ein Einkaufsbummel im Centro Vasco da Gama (s. S. 135) sollte man ganztägig am dritten Tag erleben. Hier kommen nicht nur Freunde der Meeresflora und -fauna auf ihre Kosten, der „Park der Nationen“ bietet Unterhaltungs- und Freizeitmöglichkeiten für alle Altersstufen.

Vierter Tag

Der **Stadtteil Belém** mit seinen Prachtbauten und großen Sehenswürdigkeiten darf bei keinem Besuch in Lissabon ausgelassen werden. So könnte man am vierten Tag per Fähre zur Cristo-Rei-Statue 44 fahren und von dort wieder per Fähre direkt nach Belém übersetzen. Dort besteht die Qual der Wahl: Jerónimos-Kloster 33, Torre de Belém 36, Padrão dos Descobrimentos 35, Palácio Nacional de Ajuda 38 ... Am Abend fährt man schließlich mit der Straßenbahn direkt zurück ins Zentrum oder genießt den Trubel in einem der Nachtschwärmerviertel (s. S. 126).

Fünfter Tag

Es lohnt sich unbedingt, je nach Interesse einen kompletten Tag für einen der beiden etwas außerhalb gelegenen Orte Sintra oder Cascais/Estoril einzuplanen.

Für Historiker und Architekturfreunde bietet sich eine **Fahrt nach Sintra** (s. S. 97) an. Dort sind insbesondere der Palácio Nacional de Sintra 55, das Castelo dos Mouros 57 und der Palácio Nacional da Pena 58 sehenswert.

Wer dagegen ein eher leichtes Programm mit Baden, Bummeln, Besichtigungen usw. bevorzugt, sollte den Tag am Atlantik (Praia das Maçãs, s. S. 107) verbringen oder einen **Ausflug nach Cascais/Estoril** (s. S. 84) einplanen.

Das gibt es nur in Lissabon

- *Wer sich in der portugiesischen Metropole aufhält, sollte sein Augenmerk auf einige ganz typische Besonderheiten lenken. Manchmal sieht man an einigen Stehausschänken Menschen aller Altersstufen schon vormittags den* ***einzigartigen Kirschlikör Ginjinha*** *genießen – kein ausschweifender Alkoholkonsum, sondern lokal-regionaler Genuss!*
- *Aus der Schule des Eiffelturm-Erbauers Gustave Eiffel stammt eines der ältesten „Verkehrsmittel“ der Stadt, der* ***kunstvolle Aufzug Elevador de Santa Justa*** *5 im Zentrum, der seit Jahrzehnten die Bewohner der Oberstadt Chiado hinunter in die Unterstadt Baixa und wieder zurück befördert.*
- *Das moderne Lissabon sehen die Einheimischen gerne im* ***hypermodernen Parque das Nações*** *43 verwirklicht, insbesondere das einzigartige Oceanário sticht hervor.*
- *Die* ***Manuelinik,*** *jener verspielt-ornamentreiche Baustil aus dem Zeitalter der Entdeckungen, wurde nirgends so ausgeprägt realisiert wie gerade in und um Lissabon (s. S. 65).*

Die Zentralplätze

Am Rossio, DEM Zentralplatz Lissabons, liegt das teilweise monumentale und unbedingt sehenswerte Altstadtzentrum Lissabons, in dem neben einer Handvoll Hotels vor allem Pensionen zu finden sind, ferner unzählige Schänken, Restaurants, Altstadtgassen, urige Trams, wundervolle Aussichtspunkte und, und, und …

1 Praça dos Restauradores ★ [V19]

Der Praça dos Restauradores bildet den Nordwestrand des Altstadtzentrums und das verkehrslogistische Zentrum für Besuche der Avenida da República sowie für Fahrten vom/zum Bahnhof Rossio.

In der Mitte des monumentalen Praça erinnert ein **Obelisk** an die Wiederherstellung der nationalen Unabhängigkeit nach der spanischen Fremdherrschaft (1580–1640). Alljährlich findet hier eine Gedenkfeier an den Aufstand des portugiesischen Adels vom 1. Dezember 1640 statt. Der 30 m hohe Obelisk „Monumento dos Restauradores de Portugal" wurde mit Hinweisen zu den Daten der Kämpfe sowie den Bronzefiguren Viktoria und Genius versehen.

Eine **architektonische Besonderheit** findet man an der Westseite des Platzes: den **Bahnhof Rossio** – einen mächtigen neomanuclinischen Steinbau. Das Erscheinungsbild des Sackbahnhofs lässt mutmaßen, der Erbauer sei ein erzkonservativer Kirchenfürst der strengeren Art aus der Zeit der Inquisition gewesen.

030lb Abb.: wl

EXTRATIPP

Mediterranes Meeresfrüchte-restaurant auf römischem Fundament

2019 wurde beim Umbau des traditionellen Restaurants Solar dos Presuntos im Zentrum ein vorchristlich-römischer Friedhof mit Urnen, Skeletten, Münzen und weiteren historischen Artefakten entdeckt. Der Fund gilt als archäologische Sensation und soll nach der Auswertung Erkenntnisse über die römische Epoche von „Olissipo" bringen.

Die Restaurantbesitzer übergaben die Fundstücke ordnungsgemäß der Stadt Lissabon, der Umbau ist inzwischen abgeschlossen.

5 [V19] **Solar dos Presuntos** €€, Rua das Portas de Santo Antao 150, Tel. 213424253, www.solardospresuntos.com

Tatsächlich versuchte Architekt J. Monteiro, der den Bahnhof 1887 erbauen ließ, eine zu dieser Zeit übliche Wiederbelebung des „Século d'Oro", des goldenen Zeitalters der Entdeckungen, in sein Werk zu integrieren. **Maurische Bögen und manuelinische steinerne Taue** als Verzierung verleihen dem Bahnhofsgebäude ein Aussehen irgendwo zwischen Palast und Klosteranlage. Der Bahnhof Rossio, der auch für den Touristen (S-Bahn-Züge nach Sintra 54 und Queluz 53) von Bedeutung ist, war einst wichtigster Verkehrsknotenpunkt der Stadt und wird auch heute tagtäglich von zahlreichen Fahrgästen frequentiert.

An der Ecke zur Calçada da Gloria fährt eines der urigen, alten Transportmittel Lissabons, welches man auf keinen Fall verpassen sollte: der **Ascensor da Glória** [U20]. Der Begriff *elevador* (Aufzug) passt nicht so ganz, denn es handelt sich um eine schräg gebaute und durch das Gegengewicht einer gleichzeitig in die entgegengesetzte Richtung fahrende Tram angetriebene Bergstraßenbahn (alle 15 Minuten). Aus diesem Grund werden diese Verkehrsmittel von den Lisabonnern auch *funicular* genannt (Funicular da Glória). Zielpunkt ist der **Aussichtspunkt Miradouro S. Pedro Alcântara** 17 (kleiner Park) an der Rua Alcântara mit einem famosen Blick über die Altstadt hinüber zum Castelo S. Jorge 10.

› Metro: Restauradores

2 Rossio (Praça Dom Pedro IV) ★ [V20]

Vom Pr. dos Restauradores dem Straßenknick Richtung Tejo folgend öffnet sich ein weiterer beeindruckender Platz: der Praça Dom Pedro IV bzw. Rossio, seit der vollständigen Restaurierung wieder einer der prunkvollsten Plätze der Innenstadt.

In der Mitte des Platzes bestimmen Springbrunnen und die 23 m hohe Säule mit dem **Standbild des Pedro IV.** das Geschehen. Letzterer war zwischen 1826 und 1828 König von Portugal (später als Pedro I. Kaiser von Brasilien) und verzichtete zugunsten seiner Tochter Maria II. da Gloria auf den Thron. Durch ihre Ehe mit Ferdinand von Sachsen-Coburg wurde das Haus Sachsen-Coburg-Bragança gegründet. Die Säule wurde 1870 aufgestellt und am Sockel mit den Sym-

Der Bahnhof Rossio

bolfiguren Mut, Weisheit, Gerechtigkeit und Bescheidenheit – den Hauptcharaktermerkmalen Pedros – versehen.

Seiner Tochter Dona Maria II. zu Ehren wurde das **Nationaltheater Teatro Dona Maria II** benannt (s. S. 133), das 1842 im neoklassizistischen Stil an der Stelle des früheren Inquisitionspalastes von F. Lodi errichtet wurde. 1964 bei einem Brand zerstört, wurde es bis 1978 restauriert und gleichzeitig modernisiert. Augenfällig sind am Giebel die Symbolfiguren der Komödie (Thalia) und der Tragödie (Melpomene).

Gesäumt wird dieser geschichtsträchtige Platz, der im Volksmund wie auch als Metrostation nur „Rossio" genannt wird, von **Straßencafés und kleineren Geschäften**, auch zahlreiche fliegende Händler, Schuhputzer und Losverkäufer gehen hier ihren Arbeiten nach.

Östlich des Nationaltheaters öffnet sich ein kleiner Platz, der **Largo São Domingos**, ein beliebter Treffpunkt der einfachen Leute und Zuwanderer aus den ehemaligen Kolonien. Man trifft sich zu einem Plausch, trinkt ein Gläschen Ginjinha (Kirschlikör) beim Verkaufsstand an der Ecke oder lässt sich die Schuhe putzen.

Hier am Platz steht auch eine Kirche, die seit Jahrzehnten in Baugerüste gehüllt ist. Die **Igreja de São Domingos** wurde nach 1755 an der Stelle eines zerstörten Dominikanerkonvents errichtet und mit prächtigen *talha dourada* (Holzschnitzereien) ausgekleidet, brannte im Jahr 1959 jedoch nahezu vollständig aus. Das einschiffige Kircheninnere wurde bislang absichtlich nicht restauriert, was dem Gotteshaus einen etwas merkwürdig morbiden Gesamteindruck verleiht.

3 Praça da Figueira ★ [V20]

Ein Durchgang durch die östliche Häuserzeile führt zum Praça da Figueira, ursprünglich ein Garten mit Feigenbäumen aus der Zeit des Wiederaufbaus der Baixa (Unterstadt) unter dem Marquês de Pombal. Ab 1775 wurde der Garten als städtischer Marktplatz benutzt, 1885 die Feigenbäume gefällt und riesige Markthallen errichtet. Um 1950 wurde der Platz schließlich eingeebnet und in seine heutige Form ohne Marktbetrieb umgestaltet, wobei die zentrale **Statue des portugiesischen Königs João I.** als Mittelpunkt aufgestellt wurde. João I. war als Großmeister des Ordem de Cristo (s. S. 152) und als Vater des späteren Infanten Henrique von Bedeutung.

Der Pr. da Figueira ist **deutlich ruhiger als der benachbarte Rossio**, von besonderer Bedeutung sind die hier verkehrenden alten Tramlinien 28 und 12.

Kulinarisches

Rund um die zentralen Plätze im Zentrum reihen sich Snacklokale, Cafés und Restaurants aneinander und nicht zuletzt findet man hier mit der Rua das Portas de Santo Antão [V19] eine der bedeutendsten Kneipenstraßen Lissabons.

- 6 [V20] **Pastelaria O Lírio** €, Largo São Domingos 2, Tel. 213425798, tgl. 10–22 Uhr, So. 12–15 und 19–21 Uhr. Gegenüber der Kirche am L. São Domingos bietet die einfache Pastelaria schmackhafte Kleinigkeiten und Festpreismenüs.
- › **A Tendinha** (s. S. 126). Die traditionelle Bäckerei wurde 1840 gegründet und bietet heute u. a. Crêpes, Sandwiches, Suppen, Kaffee sowie Portweine an.

Stadtspaziergang 1: Zentralplätze und Baixa

*Dieser Rundgang umfasst die „Unterstadt" zwischen dem Rio Tejo und dem Bahnhof Rossio, wobei die großen Plätze und die schachbrettartige pombalinische Baixa-Architektur im Mittelpunkt stehen. Idealer Ausgangspunkt ist der **Praça Dom Pedro IV** 2 mit dem Standbild von König Pedro IV und dem Nationaltheater Teatro Dona Maria II, der einen nachhaltigen Eindruck über die monumentale Größe und die einstige Bedeutung der portugiesischen Metropole hinterlässt. An der Ostseite etwa mittig durchbricht ein kleines Sträßchen, gesäumt von fliegenden Losverkäufern und Schuhputzern, die geschlossene Häuserzeile, um sich unvermittelt zum **Praça da Figueira** 3 mit der Statue des portugiesischen Königs João I. zu öffnen. Die emsige Geschäftigkeit der vorbeieilenden Passanten steht im starken Kontrast zu den mit wiederholtem Klingeln dahinzuckelnden Straßenbahnen. Am Südrand des Praça da Figueira, an der Rua Betesga, beginnt jene vom Marques de Pombal geschaffene Unterstadt **Baixa,** die er nach dem Erdbeben von 1755 als schachbrettartigen Grundriss erschaffen ließ. Hier schlendert man nun die **Rua Augusta** gemächlich hinab, vielleicht einen Blick in die kleinen Läden und Einzelhandelsgeschäfte werfend, die Waren aus aller Welt feilbieten. Am Ende der Rua Augusta wartet das monumentale Portal Arco Triunfal und die Baixa endet auf dem sich geradezu majestätisch zum Fluss hin öffnenden **Praça do Comércio** 4, jenem einstigen Warenumschlagsplatz, an dem die aus den Kolonialgebieten Portugals eintreffenden Waren gehandelt wurden. Die Reiterstatue von König José I. überwacht noch heute in Stille das Schaffen der Ministerien rund um den Prachtplatz Lissabons. Ein Stückchen die Rua Arsenal nach Westen entlang erreicht man den deutlich kleineren **Praça do Municipio,** um den sich die städtischen Verwaltungsbehörden angesiedelt haben.*

*Vom Nordostrand schlendert man wieder hinauf in die Baixa zur **Rua Aurea,** der heutigen Hauptverkehrsader durch die Baixa, der man zurück zum Praça Dom Pedro IV folgt. Hier wäre nun die Gelegenheit, an dem **Stehausschank A Ginjinha** (1, s. S. 123) eine der nationalen Spezialitäten zu kosten oder aber links am Nationaltheater Maria II. vorbei den **Zentralbahnhof Rossio** zu bestaunen. Unmittelbar nördlich schließt sich der Prachtplatz Praça dos Restauradores 1 an, von wo aus die monumentale **Avenida da Liberdade** 26 (s. Stadtspaziergang 4) nach Nordwesten führt. Links wartet eines der urigen städtischen Verkehrsmittel, das **Funicular da Glória,** auf den müden Rundreisenden, um sich mit ihm ein kurzes, aber steiles Stück hinauf in die Oberstadt zur **Rua S. Pedro de Alcântara** zu schleppen. Hier wendet man sich nach rechts, um nach wenigen Metern das Ende dieses Rundganges am Aussichtspunkt **Miradouro S. Pedro Alcântara** 17 mit einem herrlichen Ausblick über die Unterstadt zu erreichen.*

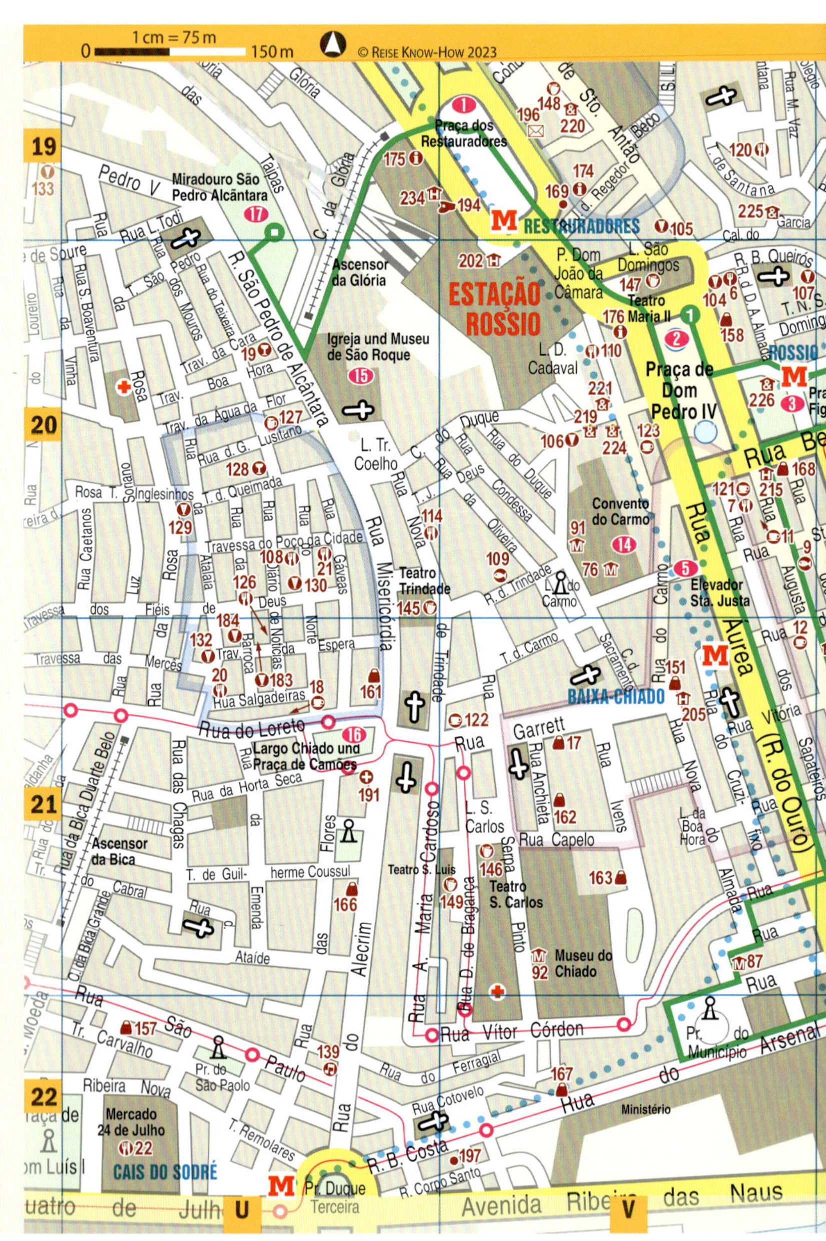
1 cm = 75 m
0
150 m
© Reise Know-How 2023
Praça dos Restauradores
Restauradores
Estação Rossio
Miradouro São Pedro Alcântara
Ascensor da Glória
Igreja und Museu de São Roque
R. São Pedro de Alcântara
Rua Misericórdia
Teatro Trindade
Convento do Carmo
Elevador Sta. Justa
Praça de Dom Pedro IV
Rossio
Teatro Maria II
L. São Domingos
P. Dom João da Câmara
L. D. Cadaval
Rua Áurea (R. do Ouro)
Rua Augusta
Rua dos Sapateiros
Rua do Carmo
Baixa-Chiado
Rua Garrett
Largo Chiado und Praça de Camões
Rua do Loreto
Rua das Chagas
Ascensor da Bica
Rua da Bica Duarte Belo
Rua do Alecrim
Teatro S. Luis
Teatro S. Carlos
Museu do Chiado
Rua Capelo
Rua Ivens
Rua Anchieta
L. S. Carlos
Rua Serpa Pinto
Rua Vítor Córdon
Rua do Arsenal
Pr. do Município
Ministério
Rua São Paulo
Pr. do São Paolo
Mercado 24 de Julho
Cais do Sodré
Pr. Duque Terceira
R. B. Costa
Rua Cotovelo
Rua do Ferragial
Avenida Ribeira das Naus
Rua da Rosa
Rua da Atalaia
Rua do Diário de Notícias
Rua da Barroca
Rua Salgadeiras
Travessa do Poço da Cidade
Rua Nova da Trindade
Rua da Condessa
Rua do Duque
Rua da Oliveira
R. d. Trindade
L. do Carmo
Rua Nova do Almada
Rua Vitória
Rua Santa Justa
Rua dos Fanqueiros
Rua Pedro V
Rua L. Todi
Rua S. Boaventura
Rua Caetano
T. de Santana
Rua M. Vaz
Rua do Crucifixo
Rua Nova do Almada
L. da Boa Hora
Rua do Crucifixo
Rua Ataíde
Rua das Flores
T. de Guilherme Coussul
Rua Emenda
Rua A. Maria Cardoso
Rua D. de Bragança
Tr. Carvalho
Ribeira Nova
T. Remolares
R. Corpo Santo
Rua da Horta Seca
Rua Quatro de Julho
19
20
21
22
U
V

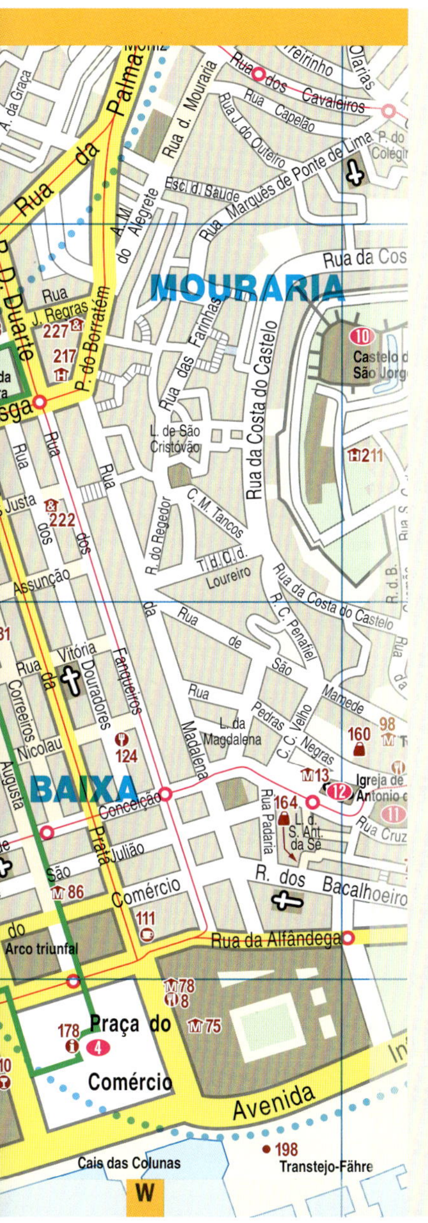

1 [V19] Praça dos Restauradores S. 16

2 [V20] Rossio (Praça Dom Pedro IV) S. 17

3 [V20] Praça da Figueira S. 18

4 [W22] Praça do Comércio S. 22

5 [V20] Elevador de Santa Justa S. 23

10 [X20] Castelo de São Jorge S. 29

11 [X21] Sé Patriarcal (Kathedrale) S. 34

12 [W/X21] Igreja de Santo Antonio da Sé S. 35

14 [V20] Igreja und Convento do Carmo S. 37

15 [U20] Igreja São Roque S. 38

16 [U21] Largo Chiado und Praça de Camões S. 39

17 [U19] Miradouro São Pedro Alcântara S. 44

Alle weiteren Karteneinträge s. S. 248.

Baixa

Die Unterstadt „Baixa" ist jenes ebene, von rechtwinkligen schnurgeraden Sträßchen durchzogene Viertel, das sich vom Rossio/Praça Figueira bis zum Praça do Comércio am Tejo-Ufer erstreckt. 1755 durch das Erdbeben zerstört, wurde die Unterstadt unter dem Marquês de Pombal erneuert (s. S. 52). Der größte Teil der Baixa ist heute Fußgängerzone. Zahllose Cafés und Pastelarias in den Gassen und gleichförmigen Händler-, Bank- und Bürgerhäusern laden zu einem Päuschen ein.

Hauptader des Viertels ist die **Rua Augusta** [V20–W21], die durch den monumentalen Torbogen **Arco Triunfal** (Triumphbogen, kann tgl. 9–19 Uhr, im Sommer 8–20 Uhr, für 3 € bzw. mit Lisboa Card gratis erklommen werden, Eingang „Belveder") zum Praça do Comércio führt. Der 1873 erbaute Triumphbogen zeigt die Statuen von Viriatus (lusitanischer Widersacher gegen die Römer), Vasco da Gama, des Marquês de Pombal und Nuno Álvares Pereira (Unabhängigkeitskämpfer gegen Spanien).

4 Praça do Comércio ★★ [W22]

Früher Warenumschlagplatz, dann Parkplatz, wurde der Praça do Comércio wieder in seinen alten Zustand zurückversetzt und erstrahlt in würdevollem Glanz vor den Wogen des Tejo. Bis 1755 stand hier der Königspalast Paço da Ribeira, der aber beim Erdbeben vollkommen zerstört wurde, nach dem aber noch heute die Anlegestelle Estação Fluvial Terreiro do Paço/Sul benannt ist.

Huldvoll überblickt das heutige Treiben auf dem Platz das 14 m hohe und 30 Tonnen schwere **Standbild José I.**, des großen Königs der Aufklärung und Gönners des Marquês de Pombal. Das Denkmal wurde 1775 im heutigen Militärmuseum 13 gegossen und mit einer Bronzeplakette des M. de Pombal versehen.

Die **Pracht- und Funktionsbauten** rund um den Praça do Comércio, in denen heute zahlreiche Ministerien untergebracht sind, werden **von Arkadengängen gesäumt**, die den Fußgängern auch im Hochsommer kühlenden Schatten spenden. Hier findet man u. a. eine Filiale der Touristeninformation, die Post, die Polizei sowie das traditionsreiche Restaurant-Café Martinho da Arcada (s. S. 124).

Während vom Praça do Comércio die Rua do Arsenal via Praça do Municipio und dem mondänen **Palast der Stadtverwaltung** Richtung Cais do Sodré 19 führt, bietet sich vom Praça do Comércio noch ein kurzer Abstecher in die entgegengesetzte Richtung an. Auf der anderen Seite der Avenida Infante D. Henrique passiert man die Estação Fluvial Terreiro do Paço/Sul (einer der Piers zum anderen Tejo-Ufer).

Sehr zu empfehlen ist hier am Platz auch ein Besuch des **Lisboa Story Centre** (s. S. 112). Eine individuelle Audioguide-Führung lässt den Besucher sehr kurzweilig durch die Geschichte der Stadt reisen. Spannend und informativ!

› Metro: Terreiro do Paço

▷ Der Praça do Comércio mit dem Reiterstandbild König Josés I. und dem Arco Triunfal im Hintergrund

032lb Abb.: wl

5 Elevador de Santa Justa ★★★ [V20]

Diese zweifelsohne spektakulärste und ungewöhnlichste Sehenswürdigkeit der Baixa am westlichen Ende der Rua Santa Justa verbindet die Ober- und die Unterstadt.

Da es recht mühselig war, von der Baixa über die Rua Carmo, Rua Garrett und Rua Sacramento in die westliche Oberstadt Chiado zu gelangen, ersann *der* Fachmann für ungewöhnliche Metallkonstruktionen, kein geringerer als der **Eiffelturm-Erbauer Gustave Eiffel,** einen Unter- und Oberstadt verbindenden Aufzug. Geplant und erbaut wurde der Koloss allerdings von seinem Schüler R. Mesnier de Ponsard im Jahre 1902.

Für einen kleinen Obolus wird man auf eine **Aussichtsplattform in luftigen 32 m Höhe** befördert – hervorragende Rundumsicht inbegriffen. Oben bietet ein kleiner Kiosk Erfrischungen. Über den oberen Übergang zur Rua do Carmo im Chiado-Viertel kann man sich den Gang die Altstadtgassen hinauf auf höchst angenehme und stilvolle Weise ersparen.

Es kann hier zu **langen Warteschlangen** kommen, je früher man dran ist, desto besser.

› Rua do Ouro, www.lisboa.net/elevador-santa-justa. Fahrpreis: 5,30 € (2 Fahrten, Rückfahrt inkl. Aussichtsplattform, tgl. 7–21 Uhr, Sommer bis 23 Uhr), die Karten werden ausschließlich unmittelbar am Aufzug verkauft (Zapping-Karten gelten nur, wenn sie bei Carris oder Metro aufgeladen wurden) und berechtigen auch zum Besuch der Aussichtsterrasse. Man kann auch nur die Aussichtsplattform besuchen (1,50 €, in der Lisboa Card alles inklusive), Metro: Baixa-Chiado.

› Die hübsche **Sacramento-Kirche** in der Rua de Sao Sacramento, die zur Oberstadt hinauf führt, kann Mo.–Fr. 12–17, Sa. 15–18 und So. 15–19 Uhr besucht werden.

Kulinarisches

Mehrere kleine Restaurants der Mittelklasse reihen sich in der Rua dos Correeiros [V20–W21] aneinander.

7 [V20] **A Merendinha do Arco Bandeira** €€, R. dos Sapateiros 230 (hinter dem Torbogen links), Tel. 213425135, Mo.–Fr. 12–20, Sa. 12–15 Uhr. Uriges, traditionelles Einheimischenlokal mit ausgezeichneten Fisch- und Meeresfrüchtegerichten.

8 [W22] **Museum of Beer** €€, Praça do Comércio/Ala Nascente 62/65, Tel. 210987656, tgl. 12–24 Uhr. Reiche Auswahl an portugiesischen Bieren in gutbürgerlichem Restaurant mit portugiesischer Küche.

9 [V20] **Restaurante Concha d'Ouro** €€, 238 Rua Augusta, Tel. 213428369. Ordentliches Lokal, in dem vorrangig Meeresfrüchte serviert werden, donnerstags und samstags wird zusätzlich Fado dargeboten.

10 [W22] **Vini de Portugal**, Praça do Comércio/Terreiro do Paço, Ala Poente, Tel. 213420690, www.viniportugal.pt, tgl. 11–18.30 Uhr. Hier werden Weinproben der bekanntesten nationalen Erzeuger angeboten.

In der Rua Augusta findet man mehrere vorzügliche **Pastéis-de-Nata-Bäckereien** mit offener Backstube zum Zuschauen.

11 [V20] **Fábrica da Nata**, Rua Augusta 275, tgl. 8–22 Uhr, jeweils mit angeschlossenem Café

12 [V21] **Manteigaria (1)**, Rua Augusta 195, tgl. 8–24 Uhr

Die Tram Nr. 28 nimmt Fahrgäste mit auf Entdeckungstour

Mouraria und Alfama

Die kleinen, hügeligen Viertel östlich der Baixa sind für den Besucher Lissabons eines der attraktivsten Ziele der Stadt – und das nicht nur wegen der vielen historischen und kulturellen Sehenswürdigkeiten oder der wunderbaren Aussichtspunkte. Das Besondere ist hier auch der höchst komfortable Umstand, dass man die engen und teilweise recht steilen Gassen bequem mit zwei alten Einkabiner-Trams durchqueren kann – eine nostalgische Zeitreise für Jung und Alt.

Auf Entdeckungstour mit den Tramlinien 12 und 28

Am Praça da Figueira 3 bietet es sich an, mit der **rustikalen alten Tram Nr. 12** die östliche Altstadt mit den zusammengewachsenen, kleinen und durch ihre Hanglage urigen Vierteln Mouraria, Graça und Alfama zu erkunden – eine ebenso nostalgische wie faszinierende Tour. Vorbei am **Praça Martim Moniz** [W19], einer Mischung aus Parkanlage und Treffpunkt für multikulturelle Happenings, Straßenmusikanten und -verkäufer, zuckelt die alte Tram Nr. 12 durch die mehr als engen Gassen des Mouraria-Viertels und quält sich hinauf bis zur Burg 10. Die ebenfalls empfehlenswerte und noch berühmtere **Tram Nr. 28** (ab Praça Martim Moniz) fährt einen etwas größeren Bogen und umrundet zusätzlich das Graça-Viertel.

Die Lissabonner Tram (Straßenbahn) blickt auf eine **lange Geschichte** zurück. Die erste Bahn wurde am 17. November 1873 in Betrieb genommen, damals noch von Pferden gezogen. Mitte 1901 begann die Elektrifizierung, die binnen

Jahresfrist abgeschlossen werden konnte. Das 90-cm-Schienennetz wurde stetig erweitert und erreichte im Jahr 1959 seine größte Ausdehnung, als insgesamt 27 Linien (davon sechs Ringlinien) verkehrten. Mit dem Startschuss zur Metro wurden zahlreiche der alten Straßenbahnlinien eingestellt, obgleich mehrere Gutachten für einen Beibehalt bzw. eine Erweiterung des Lissabonner Straßenbahnsystems plädierten.

Das Netz mit fünf Linien wird nach einem festen Fahrplan betrieben und gilt als eine **touristische Hauptattraktion Lissabons,** vielleicht verdankt die Tram dem Tourismus sogar ihr Überleben. Man darf jedoch nicht außer Acht lassen, dass die alten Linien **teilweise in extrem engen, sonst fahrzeugfreien Gassen fahren** und somit eine über die Touristenattraktion hinausgehende Aufgabe erfüllen. Als unbedingtes Muss für jeden Besucher sei die Linie 28 (Pr. Martim Moniz – Prazeres; Abfahrt rechts anstellen, Ankunft links) empfohlen, auch die 12 (Pr. Martim Moniz – Alfama) wird sehr gerne gefahren.

Die Eigentümergesellschaft Carris betreibt auch **drei Standseilbahnen** in Lissabon, sogenannte *funiculares,* straßenbahnähnliche Einkabinenzüge mit Streckenlängen zwischen 182 und 265 m, die mittels Oberleitungen mit Strom versorgt werden (s. S. 212).

6 Convento da Nossa Senhora da Graça ★★ [X19]

Das **Graça-Viertel** liegt in unmittelbarer Nähe rund um einen Nachbarhügel des Kastells und bietet sich als erste Haltestation an, wenn man mit der Tram 28 die größere Schleife um das Kastell wählt (auf braunes Hinweisschild „Igreja da

175lb Abb.: wl

Graça" achten, hier aussteigen und in Fahrtrichtung 100 m rechter Hand in die Straße hinein). Mit der Tram 12 kommt man auch hierhin, dann steigt man am Largo de Freitas aus und läuft nach links 300 m die Calçada da Graça hinauf.

Weniger die Kuppelkirche des Klosters, sondern vielmehr der famose Aussichtspunkt **Miradouro Nossa Senhora do Monte** an der Klosteranlage lohnt die paar Schritte von der jeweiligen Tramstation. Das ehemalige Augustinerkloster aus dem 13. Jh. gilt als eines der seinerzeit reichsten mit insgesamt weit über 1000 betenden Brüdern. Während des Erdbebens zerstört, stammt die heutige Form aus der Wiederaufbauphase im späten 18. Jh. Die Kirche selbst ist reichhaltig mit Marmor und Stuck ausgekleidet, kann aber nur unregelmäßig und ohne feste Zeiten besucht werden, da das Gesamtgelände dahinter als Kaserne dient.

› Largo da Graça 1

7 Igreja und Convento de São Vicente de Fora ★★★ [Y20]

Die 28 rollt vom Convento da Graça aus die gleichnamige Rua da Graça hinunter und hält unmittelbar an der den Platz Largo de São Vicente überragenden Kirche Igreja de São Vicente de Fora mit dem ehemaligen Augustinerkloster.

Der **heilige Vinzenz** *(São Vicente de Fora)* wird auf der gesamten Iberischen Halbinsel verehrt. In Portugal ist er Schutzheiliger der Seeleute und Weinbauern, auch im Lissabonner Stadtwappen wurde er festgehalten. Legenden zufolge wurde der Leichnam des São Vicente im 4. Jh. in einem von Krähen begleiteten Schiff an der Algarve bei Sagres angetrieben und nach ihm das Cabo de São Vicente, der südwestlichste Festlandspunkt bei Sagres, benannt. König Afonso Henrique ließ die sterblichen Überreste im 12. Jh. in eine Vorgängerkirche an der Stelle der heutigen São Vicente de Fora überführen, die der spanische König Philipp II. während der spanischen Fremdherrschaft 1582 abreißen und prinzipiell in der heutigen Form neu errichten ließ. Verantwortlicher Baumeister war der Italiener Filippo Terzi, der die Anlage nach dem Vorbild der römischen Il-Gesù-Kirche im Stile der ausgehenden Renaissance entwarf. Im Wesentlichen um 1630 fertiggestellt, dauerten die Bauarbeiten und Innenausgestaltungen noch bis in das frühe 18. Jh. hinein an.

Der Gesamteindruck der von zwei später angebauten Türmen flankierten Hauptfassade wirkt **monumental und sehr symmetrisch**, die Figurennischen beherbergen die Statuen der Heiligen Sebastião, Agostinho und Vicente.

Das 75 m lange einschiffige Kircheninnere wurde mit hellem Marmor ausgekleidet, die Vierung von einem Kuppelgewölbe überbaut, das jedoch dem Erdbeben von 1755 zum Opfer fiel und durch eine kleinere Kuppel ersetzt wurde. Den **Hauptaltar**, der als Prunkstück des portugiesischen Barockkünstlers Machado de Castro gilt, überdeckt ein barocker Baldachin.

Rechts neben der Kirche durchquert man einen kleinen Vorpark mit Zisterne und betritt die eigentlichen **Kloster-**

033lb Abb.: wl

räumlichkeiten. Zugang und Kreuzgänge wurden mit **Azulejo-Bildnissen** aus dem 18. Jh. ausgestaltet, in der Halle auch mit Szenen des Kirchenbaus. Auffallend sind dabei historische Ungenauigkeiten wie etwa Kleidung, Karavellen oder Gebäude, die es bei der Eroberung Lissabons 1147 unter Dom Afonso Henrique noch gar nicht gegeben haben kann.

Zwischen den Kreuzgängen liegt die **ehemalige Sakristei** mit marmorverkleideten Wänden sowie einer prunkvollen holzgetäfelten Decke mit Barockmalereien, u. a. ein Lamm mit der Ordensflagge des Ordem de Cristo und dem Schriftzug „Sion Agnum" („Lamm Zions"). Der Thron des Abtes besteht aus fein gearbeitetem brasilianischem Edelholz.

Das einstige Refektorium beherbergt seit 1855 die **letzten Ruhestätten der Bragança-Dynastie** von João IV. bis Dona Amélia von Orléans-Bragança. Die Steinsarkophage entstanden auf Geheiß der Salazar-Regierung und ersetzten die mit Glasoberteilen versehenen hölzernen Sarkophage.

Das umlaufende Obergeschoss des Klosters beherbergt eine **interessante Dauerausstellung** bestehend aus **40 Azulejo-Bildnissen** aus dem 18. Jh., die ursprünglich die Wände der Kreuzhöfe zierten und Fabelszenen des Poeten Jean de la Fontaine zum Thema haben (mit engl. Erläuterungen). Außerdem wird derzeit ebenfalls im OG eine kleine Sammlung an Gebrauchsgegenständen und Töpfereien zusammengetragen, die teils aus Klosterbeständen stammen, teils beim Bau gefunden wurden.

Auf dem Dach der Igreja de São Vicente de Fora

Unbedingt lohnt auch ein Aufstieg auf die **weitläufige Dachterrasse** mit einem famosen **360-Grad-Panoramablick** über die gesamte Stadt.

› Largo de São Vicente, Tel. 218244400, Di.–So. 10–17 Uhr, Klostermuseum 5 €, Jugendliche/Studenten/Senioren (mit Nachweis) 3 €, unter 12 J. sowie für die Kirche generell Eintritt frei, Führung zusätzlich 2 €. Eine kleine Cafeteria bietet Erfrischungen.

8 Panteão Nacional (Pantheon) ★★ [Z20]

Vom Vicente-Kloster aus bietet es sich an, einige in der Nähe, aber nicht unmittelbar an der Tramlinie gelegene Punkte in eine Besichtigungstour einzubeziehen. Hierzu geht man durch den Torbogen links vom Kloster die Campo de Santa Clara hinein, wo an Sonn- und Feiertagen ein großer **Flohmarkt** stattfindet. Hinter dem Klosterkomplex windet sich nach rechts ein Sträßchen hinunter zum Pantheon (Panteão Nacional).

Per definitionem ein **Ehrenhaus nationaler Größen,** verbirgt sich hinter dem Pantheon nicht nur **eines der optisch markantesten Bauwerke Lissabons,** sondern auch eine recht interessante Entstehungsgeschichte. Bis ins 17. Jahrhundert stand an dieser Stelle eine Vorgängerkirche, die Igreja de Santa Engrácia aus dem 16. Jh. Um 1630 wurde hier ein Diebstahl begangen, für den ein – wie sich später herausstellte unschuldiges – Mitglied der jüdischen Gemeinde Lissabons verurteilt wurde. Die „geschändete" Kirche wurde abgerissen, wobei der Unschuldige prophezeit haben soll, der Neubau werde wegen des Unrechtsurteils niemals vollendet werden.

034lb Abb.: wl

Tatsächlich brach der erste Neubau schon 1681 aus ungeklärter Ursache zusammen, mit dem Neubau des heutigen Bauwerks wurde 1682 unter dem Sakralbaumeister João Antunes begonnen. Antunes hatte eine große Kuppel vorgesehen, die sich aber nicht realisieren ließ. Daher wurde die Igreja de Santa Engrácia tatsächlich unvollendet belassen und bis Anfang des 20. Jh. als Lager genutzt. 1916 beschloss die damalige Regierung, die Kirche als Pantheon fertigzustellen – dennoch dauerte es bis 1966, dass die heutige Betonkuppel fertiggestellt wurde.

⍓ *Symbolische letzte Ruhestätte nationaler Größen: das Pantheon*

Das Innere wirkt hauptsächlich **durch die Leere sehr pompös,** barocke Elemente und farbige Marmorauskleidungen stehen in einem augenfälligen Kontrast zur eher nüchtern wirkenden Betondachkonstruktion. In der Haupthalle wurden **sechs Kenotaphe** (symbolische Sarkophage) für Nuno Alvares Pereira (Nationalheld im Unabhängigkeitskampf gegen Spanien), Dom Infante Henrique (Heinrich der Seefahrer, Vater der portugiesischen Entdeckungsfahrten), Vasco da Gama (s. S. 151), Luís de Camões (Nationalpoet, s. S. 40), Afonso de Albuquerque (s. S. 75) und Pedro Álvares Cabral (Entdecker Brasiliens) aufgestellt. In den Seitenräumen schließen sich die Grabmäler eher zeitgenössischer nationaler Größen an, etwa die von Amália Rodrigues, Humberto Delgado, der Poeten Almeida Garrett, Guerra Junqueiro und João de Deus sowie der früheren portugiesischen Präsidenten Teófilo Braga, Oscar Carmona und Sidónio Pais – und Portugals Fußballer-Legende Eusébio.

Humberto Delgado gilt darunter als eine Art Paradebeispiel des modernen Märtyrerhelden, der nicht aufgrund einer „politisch-kulturellen Lebensleistung" Aufnahme im Pantheon fand. Delgado war der mit Abstand brillanteste militärische Kopf des „Estado Novo" unter Salazar, hielt sich auch oft im Ausland (darunter in den USA) auf und nahm mit der Zeit einige für das Salazar-Regime untragbare liberale Ideen in sich auf. 1958 brach er mit dem Regime. Bei den Wahlen zum Staatspräsidenten im selben Jahr war er aufgrund seiner großen Beliebtheit der aussichtsreichste Kandidat, wurde jedoch wegen massiver Unregelmäßigkeiten bei den Auszählungen nicht zum Wahlsieger erklärt. Aus Furcht vor Verfolgung ging Delgado nach Brasilien ins Exil und kehrte erst im Jahr 1965, nachdem ihm freie Rückkehr zugesichert wurde, nach Portugal zurück. Nach seiner Heimkehr wurde er vom Geheimdienst ermordet und erst nach der sogenannten Nelkenrevolution offiziell rehabilitiert.

Über enge Wendeltreppen wurde der **Kuppelbereich** innen und außen zugänglich gemacht. Von oben bieten sich sehr schöne Überblicke über die Alfama und den Tejo.

› Campo de Santa Clara, Di.–So. 10–17 Uhr (Sommer bis 18 Uhr), Eintritt 4 €, Studenten/Senioren 2 €, Kinder bis 14 J. und So. bis 14 Uhr Eintritt frei

9 Miradouro Santa Luzia ★★ [X21]

Zurück an der Tramlinie zuckelt man mit Tram 28 vom Vicente-Kloster 7 hinauf zum Largo Santa Luzia unterhalb der Kastellmauern. Hier sollte man einen Blick in die kleine **Kapelle Santa Luzia** werfen, die im Besitz des Malteserordens ist. Die Hospitalier-Ordensritter wirkten an der Befreiung Lissabons von den Mauren (1147) mit, wovon die Azulejo-Bildnisse im Inneren der nur sporadisch geöffneten Kapelle zeugen.

Unmittelbar an der Kirche lädt ein kleiner Biergarten am **Aussichtspunkt Miradouro Santa Luzia** zum Verweilen ein, weitere Aussichtspunkte rund um die Kapelle Richtung Kathedrale 11 bieten wundervolle Ausblicke über den Rio Tejo.

Schräg gegenüber der Kapelle liegt im Palast Azurara das **Museu de Artes Decorativas Portuguesas**, eine Sammlung von Möbeln, Gemälden und Alltagsgegenständen des 15. bis 19. Jh.

› Largo Santa Luzia, Tel. 218814600, Mi.–Mo. 10–17 Uhr, Eintritt 4 €, mit Lisboa Card 3,20 €, Kinder bis 14 J./Studenten bis 25 J./Senioren 2 €

10 Castelo de São Jorge ★★★ [X20]

Das beeindruckende Kastell auf seinem 110 m hohen Festungshügel dominiert die östliche Altstadt und geht vermutlich auf eine eisenzeitliche Siedlung zurück, die um 200 v. Chr. von den Römern in Besitz genommen wurde. Von hier aus begann dann die Ansiedlung von Wohn- und Handelsbauten, die der Ausgangspunkt für die gesamte städtische Entwicklung Lissabons wurde.

Stadtspaziergang 2: Mouraria und Alfama

Hier kann man getrost zwei Besuche einplanen, einmal zunächst zur ersten Orientierung als Fahrt mit der alten Tram und später zu Fuß zur Erkundung einzelner Sehenswürdigkeiten. Ausgangs- und Endpunkt dieser mit zahlreichen Sehenswürdigkeiten gespickten Route ist der ***Largo da Magdalena*** *am Südostrand der Baixa. Hier lohnt zunächst ein kurzer Besuch der* ***Igreja dc Santo Antonio da Sé*** *12, um wenige Meter weiter am Largo de Santo Antonio da Sé vor einem der bedeutendsten Sakralbauwerke Lissabons zu stehen, der großen* ***Kathedrale Sé Patriarcal*** *11 mit dem Museu Teatro Romano (s. S. 117). Links der Kathedrale folgt man dann den Schienen der alten Tram die Rua Rosa hinauf, um am* ***Miradouro Santa Luzia*** *9 den phänomenalen Ausblick über die östliche Altstadt und die behäbig auf dem Rio Tejo dahingleitenden Schiffe zu genießen. Kunstliebhaber werfen einen Blick in das* ***Museu de Artes Decorativas Portuguesas*** *(s. S. 114) oder man schleppt sich unmittelbar die (beschilderte) steile Gasse zum* ***Castelo de São Jorge*** *10 hinauf, dessen Besuch keinesfalls ausgelassen werden sollte.*

Nach diesem kulturhistorischen Höhepunkt bewegt man sich weiter entlang der Tramschienen nach Norden und biegt nach links in die Rua dos Cedros bis zum Largo M. Deus ab, über den hinweg man der Calçada da Graça durch das Wohngebiet der Mouraria bis zum ***Convento da Nossa Sen-***

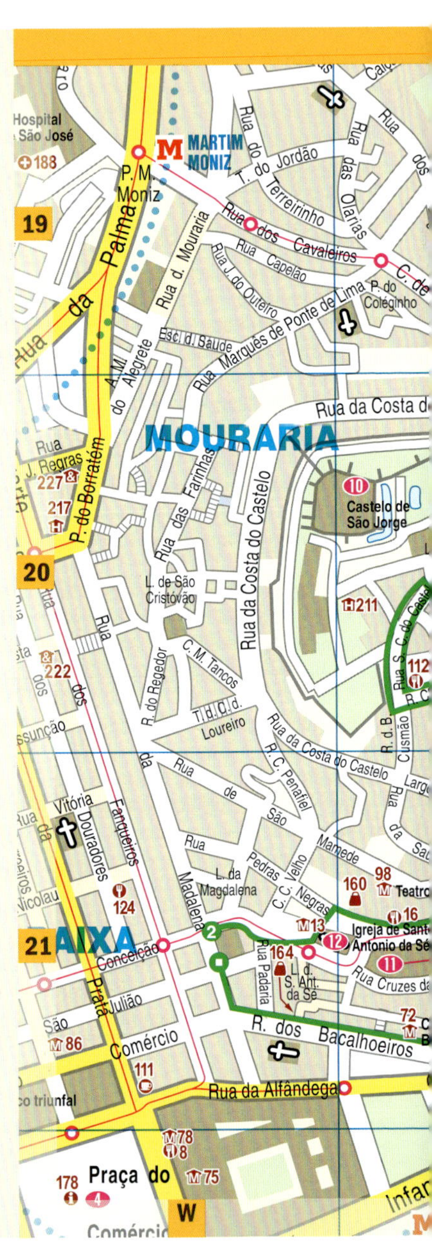

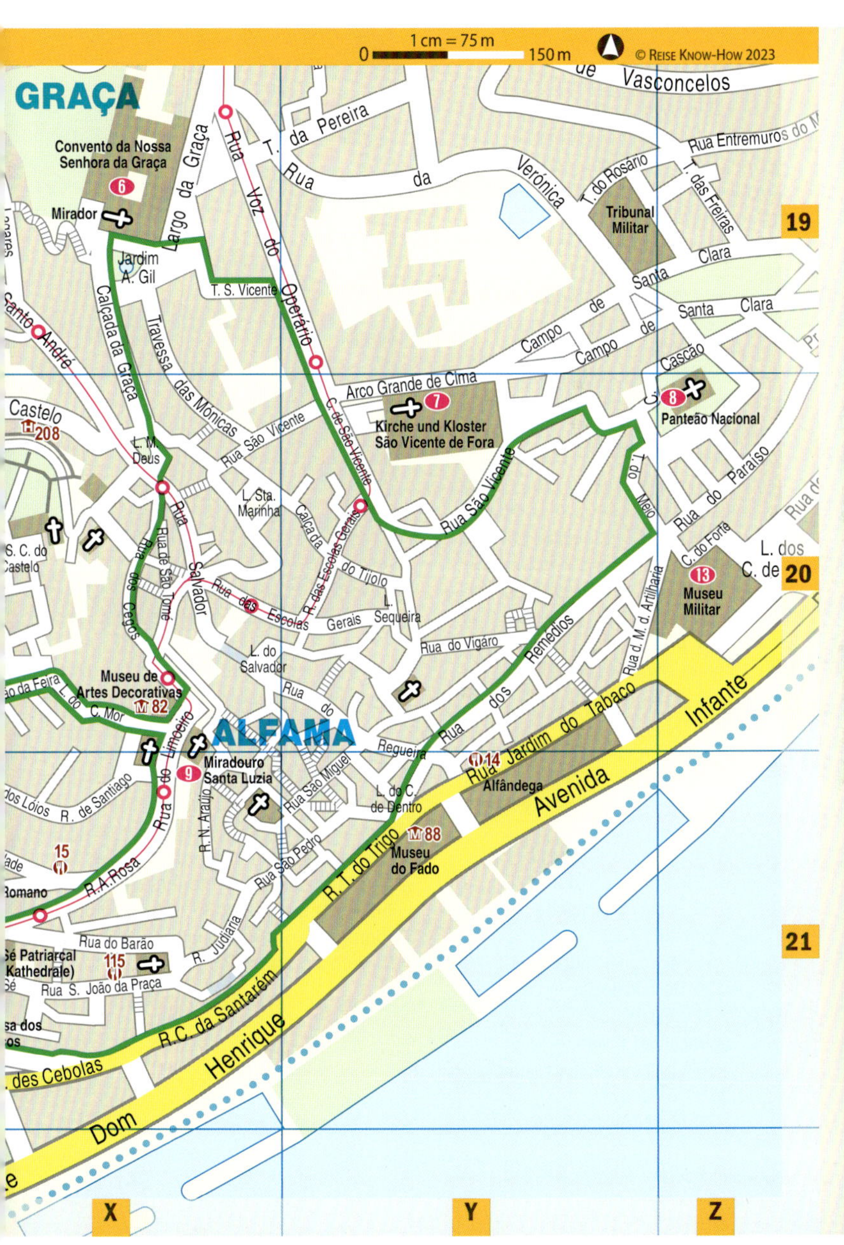
1 cm = 75 m
0 150 m
© Reise Know-How 2023
GRAÇA
Convento da Nossa Senhora da Graça
6
Mirador
Largo da Graça
Rua Voz do Operário
T. da Pereira
Rua da Verónica
de Vasconcelos
Rua Entremuros do M
T. do Rosário
T. das Freiras
Tribunal Militar
19
Jardim A. Gil
T. S. Vicente
Campo de Santa Clara
Santa Clara
Calçada da Graça
Travessa das Mónicas
Santo André
Castelo
208
Arco Grande de Cima
C. de São Vicente
7
Kirche und Kloster São Vicente de Fora
Rua São Vicente
Cascão
8
Panteão Nacional
L. M. Deus
L. Sta. Marinha
Calçada do Tijolo
R. das Escolas Gerais
T. do Meio
Rua do Paraíso
S. C. do Castelo
Rua de São Tomé
Rua dos Cegos
Rua Salvador
Rua das Escolas Gerais
L. Sequeira
C. do Forte
13
Museu Militar
L. dos C. de
20
Rua do Vigário
L. do Salvador
Remédios
Rua d. M. d. Artilharia
Museu de Artes Decorativas
82
L. do C. Mor
Rua do Regueira
Rua dos
Rua Jardim do Tabaco
Infante
ALFAMA
Rua do Limoeiro
Miradouro Santa Luzia
9
14
Alfândega
Avenida
R. de Santiago
dos Lóios
R. N. Araújo
Rua São Miguel
L. do C. de Dentro
88
Museu do Fado
R. T. do Trigo
15
Romano
R. A. Rosa
Rua São Pedro
R. Judiaria
Rua do Barão
Sé Patriarcal (Kathedrale)
115
Rua S. João da Praça
R.C. da Santarém
21
des Cebolas
Dom Henrique
X
Y
Z

hora da Graça ❻ *folgt. Vor der Kirche führt die kleine Travessa São Vicente nach Osten. Dort trifft man wieder auf Tramschienen, denen man nach rechts zum* ***Kloster Convento de São Vicente de Fora*** ❼ *folgt, dessen hübscher Garten zu einer Pause einlädt. Der Rua São Vicente nach Osten folgend, erblickt man gleich das monumentale* ***Panteão Nacional*** ❽ *mit den sterblichen Überresten zahlreicher portugiesischer Größen. Von hier aus ist es nur ein kleines Stück die Travessa do Meio steil hinunter zum* ***Museu Militar*** ⓭ *und dem Bahnhof Santa Apolónia. Nun wendet man sich nach Westen zurück zum Zentrum, wobei Interessierte das* ***Museu do Fado*** *(s. S. 116) besuchen können, um einen tieferen Einblick in diese besondere musikalische Kunstform Portugals zu gewinnen. Über die Rua da Santareím und die Rua Bacalheiros gelangt man schließlich zurück in die Baixa zum Ausgangspunkt am Largo da Magdalena.*

- ❹ [W22] Praça do Comércio S. 22
- ❻ [X19] Convento da Nossa Senhora da Graça S. 25
- ❼ [Y20] Igreja und Convento de São Vicente de Fora S. 25
- ❽ [Z20] Panteão Nacional (Pantheon) S. 27
- ❾ [X21] Miradouro Santa Luzia S. 29
- ❿ [X20] Castelo de São Jorge S. 29
- ⓫ [X21] Sé Patriarcal (Kathedrale) S. 34
- ⓬ [W/X21] Igreja de Santo Antonio da Sé S. 35
- ⓭ [Z20] Museu Militar S. 36

Alle weiteren Karteneinträge s. S. 248.

176lb Abb.: wl

Goten und Mauren fanden für die Anlage als Wehrkastell Verwendung, ehe nach der Eroberung Lissabons unter Portugals erstem König Dom Afonso Henrique (1147) mannigfaltige Umbauten und Erweiterungen sowie die Benennung nach dem heiligen Georg (dem Drachentöter) vorgenommen wurden. Die Herrscherdynastie nahm hier Ende des 13. Jh. ihren Sitz bis zum Jahr 1511 und der Errichtung der (nicht erhaltenen) Residenz Terreiro do Paço beim Praça do Comér-

Die mächtigen Festungsmauern des Kastells ❿ *sind fast rundum begehbar*

cio. Ab dann verlagerte sich das städtische Zentrum zunehmend in die Baixa. Im 17. Jh. fand das Kastell vielerlei Verwendung, u. a. als Gefängnis, Nationalbibliothek und Waffenarsenal. Das Erdbeben von 1755 zerstörte auch hier weite Teile der Anlage. Zwischen 1938 und 1944, unter der Regierung Salazars, wurde der gesamte Burgkomplex restauriert und in seiner heutigen Form gestaltet.

Der **Zentralbereich des Komplexes** besteht aus einer Mauer mit zehn Türmen, die äußeren Mauern sind vollständig begehbar und bieten die besten **Ausblicke über die Stadt** – eine Panoramatafel hilft bei der Identifizierung der großen Bauwerke Lissabons. In südwestlicher Richtung erkennt man das gegenüberliegende Tejo-Ufer und das Monumento Cristo Rei, jenseits der Ponte 25 de Abril kann man Belém mit dem Padrão dos Descobrimentos 35 und den Atlantik erkennen.

Die Palastreste wurden zu einem schicken Nobelrestaurant mit Gewölbekeller umgestaltet, der Außenbereich zu einem **ansehnlichen Park** mit schönen Spazierwegen, kleinen Brunnenanlagen, schattigen Plätzchen und Sitzgelegenheiten.

In einem kleinen Museum sind archäologische Funde aus dem Kastellbereich ausgestellt. Im Ulysses-Turm ist ein **Periskop** installiert, mit dem in halbstündigen Vorführungen das Stadtleben Lissabons in einem Blickwinkel von 360 ° live auf eine kreisrunde Leinwand projiziert wird.

› Castelo de São Jorge, Tel. 218800620, www.castelodesaojorge.pt, März–Okt. tgl. 9–21 Uhr (Nov.–Feb. 9–18 Uhr), Eintritt 15 € inkl. Câmara Escura (letzte Vorführung jeweils 30 Minuten vor der Schließungszeit des Kastells, Câmara Escura 10–17 Uhr, alle 20 Min. abwechselnd auf Englisch/Portugiesisch), Kinder unter 10 und Senioren (Ausweis) 12,50 €, Studenten 7,50 €. Führungen sind täglich von 13 bis 16 Uhr möglich, Dauer 80–90 Minuten. Um langes Schlangestehen an der Kasse zu vermeiden, sollte man schon frühmorgens zum Kastell fahren (dann ist auch die alte Tram noch leer). Alternativ kann man online vorab Tickets kaufen und an der Kassenschlange vorbei zu den Eingängen mit Barcode-Lesegeräten marschieren.

177lb Abb.: wl

Das Kastell des Heiligen Georg 10 *überragt die Altstadt*

Im Kastellbereich am Largo Santa Cruz do Castelo befindet sich eine **kleine Kapelle** gleichen Namens. Im Inneren dieser steht eine **Figur des hl. Georg,** die während der Fronleichnamsprozessionen einst durch den Kastellbezirk getragen wurde. Die Kapelle wurde nach der Eroberung Lissabons vermutlich auf einer maurischen Andachtsstätte errichtet.

Ebenfalls zum Kastellbereich gehört am Ostrand die außerhalb der Mauern gelegene **Igreja do Menino de Deus.** Sie wurde unter João V. 1711 auf einem oktagonalen Grundriss errichtet und blieb bei dem großen Erdbeben (1755) unversehrt. Da der Bau aus diversen Gründen nie gänzlich fertiggestellt wurde, fehlen etwa Kirchtürme oder die Figuren der Außenfassade über Haupt- und Nebeneingang. Das schlichte Innere unterstreicht die außergewöhnliche achteckige Grundrissform, im dazugehörigen dreistöckigen Kreuzgang sind diverse Azulejo-Bildnisse zu bewundern.

11 Sé Patriarcal (Kathedrale) ★★★ [X21]

Per Tram (12 oder 28) zuckelt man nun hinunter zum Largo da Sé mit der Kathedrale. Die **älteste Kirche der Stadt** soll um 1150, nach der Eroberung Lissabons durch König Afonso Henrique auf den Fundamenten einer früheren maurischen Moschee errichtet worden sein, der maurische Vorgängerbau wiederum auf den Fundamenten einer christlichen Kirche aus dem 4. Jh. Der Begriff „Sé" leitet sich von *sede* (Hauptquartier, Sitz) ab und bezeichnet in portugiesischen Gebieten einschließlich ehemaliger Kolonien wie etwa die „Da Sé" (große Kathedrale in Macau) einen Bischofssitz.

Die **trutzige romanische Hauptfassade** erklärt sich aus der damals latent vorhandenen Angst vor islamischen Vergeltungsschlägen nach der Eroberung Lissabons durch die Christen. Mehrere Erdbeben und Restaurierungsphasen führten zu einer Stilvermischung, die sich besonders im gotischen Kreuzgang und dem Chor äußert, dessen barocke Ausschmückung in dem ansonsten eher schlichten dreischiffigen Sakralbau beinahe prunkvoll anmutet.

Nach einem frühen Erdbeben bereits 1344 vollkommen zerstört, wurde die Kathedrale völlig neu gestaltet. Ende des 14. Jh. kamen die markanten, **wehrturmartigen Zwillingstürme** hinzu, deren barocke Spitzen im 18. Jh. ebenso ergänzt wurden wie die schlanken romanischen Fensterluken. Erst im 20. Jh.

0691b Abb.: wl

wurde während des Salazar-Regimes die relativ schlichte Rosette anstelle eines zweiten Portals über dem Haupteingang eingebaut.

Das **Innere** ist schlicht und klar in ein höheres Hauptschiff sowie zwei Seitenschiffe gegliedert, wobei im vorderen Abschnitt romanische, in Chor und Chorumgang gotische Elemente dominieren. In der Vierung hingegen wurden romanische Bogenreste unmittelbar mit gotischen vermischt. Die Deckenbemalungen und Ausschmückungen im Altarbereich wie auch die Orgeln stammen aus der Epoche des Barock.

In den später angebauten **Chorumgang** sind zehn Kapellen integriert. Links vom Eingang befindet sich die Franziskus-Kapelle mit einer Fliesendarstellung der Predigt des heiligen Franziskus zu den Fischen. Im Taufbecken dieser Kapelle soll der Schutzpatron Lissabons, Santo Antonio, getauft worden sein. Ebenfalls in einer der Kapellen des linken Seitenschiffs ist eine modernisierte Krippendarstellung zu sehen, die das städtische Leben im Zeitalter des Barock widerspiegelt.

Im Stile des Barock wurde auch der **Hauptaltarbereich** mit dem Bischofsthron ausgestaltet, abgesetzt davon befinden sich die Sarkophage von König Afonso IV. und seiner Frau Beatrix. Im Chorgang sind ferner die Sarkophage von Lopo Fernandes Pacheco, einem der Noblen von König Afonso IV., und seiner Frau Maria Vilalobos aus dem 14. Jh. zu sehen. Pacheco leistete dem König nachhaltige Unterstützung während der Reconquista gegen die Araber.

[Pfeil links] Die wehrturmartigen Zwillingstürme der Kathedrale Sé Patriarcal

Vom Umgang aus kommt man zum **Kreuzgang** mit weiteren Sarkophagen portugiesischer Adeliger. Hier wurden bei umfangreichen, noch nicht abgeschlossenen archäologischen Ausgrabungen Mauerreste aus phönizischer, römischer und maurischer Zeit freigelegt, die vermutlich bis in das erste vorchristliche Jahrhundert zurückreichen.

Interessant ist ferner ein Blick auf den **Kirchenschatz** in einem eigens dafür abgetrennten Raum oberhalb der Sakristei mit Reliquien, Messgewändern und liturgischen Utensilien.

› Largo da Sé, Mo.–Fr. 10–18, Sa. 10–13 Uhr, Eintritt 5 €, Kinder (7–12 J.) 3 €

12 Igreja de Santo Antonio da Sé ★★ [W/X21]

50 m die Rua da Sé hinunter ließ König Manuel I. um die Wende vom 15. zum 16. Jh. dem heiligen Antonius von Padua zu Ehren die Kirche Igreja de Santo Antonio da Sé errichten. In der Krypta soll der Heilige am 15. August 1195 geboren worden sein – allein schon aufgrund des späteren Baubeginns wohl nicht mehr als eine Legende. Dennoch glauben anscheinend sehr viele Einwohner an die Wunderkraft des Antonius und seiner Kirche – die Bettler der Stadt sind vor diesem Kirchlein zu finden, nicht vor der großen Kathedrale gegenüber.

Der einschiffige Hauptraum wirkt durch die Oberlichter in der kleinen Kuppel lichtdurchflutet. Auf dem Hochaltar steht eine **Statue des heiligen Antonius**, die alljährlich während der Prozession am 13. Juni im Mittelpunkt des

Geschehens steht. Die Sakristei wurde mit Azulejos mit Blumenmotiven ausgekleidet, in der Krypta ist ebenfalls ein Azulejo-Motiv festgehalten, das den Besuch von Papst Johannes Paul II. anlässlich des 750. Todestages des Heiligen dokumentiert.

Natürlich ranken sich um den **Lokalheiligen** etliche Legenden, wobei sich naturgemäß Glaube und historische Realität bisweilen nicht voneinander trennen lassen. Antonius von Padua oder Fernando Martins de Bulhões, wie er mit bürgerlichem Namen hieß, wurde Ende des 12. Jh. in Lissabon geboren, lebte lange Zeit in Italien und verstarb 1532 in Padua, was ihm später seinen Heiligennamen „Antonius von Padua" zutrug. Die Igreja de Santo Antonio da Sé soll genau an der Stelle stehen, an der Antonius geboren wurde, angeblich soll sich der Geburtsraum genau an der Stelle der Krypta befunden haben. Auch **zahlreiche Wunder** werden dem häufig als Franziskanermönch mit Christuskind im Arm dargestellten Antonius von Padua zugeschrieben, von der Krankenheilung über das Wiedererwecken Toter bis hin zum Sprechen mit Fischen. Der Stadtheilige wird hier, im Viertel Alfama, ganz besonders verehrt und als sehr volksnaher Heiliger betrachtet, der vor allem Kindern, Liebenden und Vergesslichen seinen Beistand gewährt. Ihm zu Ehren finden jedes Jahr am 13. Juni zahlreiche prächtige Prozessionen statt (s. S. 143).

› Rua Pedras Negras 1, Mo.–Fr. 8–19 Uhr, Sa., So., Fe. bis 19.45 Uhr

Nebenan befindet sich das **Museu Antoniano** mit Stichen, Gemälden und liturgischen Gegenständen rund um den Heiligen. Bei dem Gebäude handelt es sich um das mutmaßliche Geburtshaus des Antonio, der auch als „heiliger Antonius von Padua" (wo er verstarb) bekannt ist.

M13 [W21] **Museu de Lisboa Santo António,** Largo de Santo António da Sé 22, Tel. 218860447, www.museudelisboa.pt/pt/nucleos/santo-antonio, Di.–So. 10–18 Uhr, Eintritt 3 €, ermäßigt 2 €, mit Lisboa Card Eintritt frei, ebenso So., Fe 10–14 Uhr).

13 Museu Militar ★ [Z20]

Mit dem Aufbau des portugiesischen Weltreichs wurden um 1650 die besten Waffenschmiede des Landes zusammengezogen, um die dringend benötigten zahlreichen Kanonen und Geschütze für die portugiesischen Festungen weltweit zu produzieren. Hierzu errichtete man am Largo Museu da Artilharia eine **Waffenmanufaktur**, in der auch Pulver hergestellt wurde. Eine Explosion beschädigte die Fabrik teilweise, der heutige Bau stammt aus dem 18. Jh. und diente bis zu Beginn des 20. Jh. als Rüstungsbetrieb.

Ab 1955 begann man zielgerichtet, Schusswaffen, historische Kanonen, Musketen, Vorderlader, aber auch Uniformteile usw. zusammenzutragen, dabei teilweise auch Stiftungen aus Sammlungen militärischer Einheiten Portugals. **Bedeutende Exponate** sind die Gemälde der zeitgenössischen Maler Condeixa, Columbano und Malhoa, die die militärische Expansion Portugals festhielten. Ein eigener Saal ist den Afrika-Feldzügen (1961–1974) gewidmet, als waffentechnisch brillant gelten die ausgestellten Leichtwaffen aus dem 17./18. Jh.

› Largo dos Caminhos de Ferro, Tel. 218842453, www.exercito.pt, Di.–So. 10–17 Uhr, Eintritt 3 €, ermäßigt 1 €, Familie 5 €, Do.nachm. frei, Metro: Santa Apolónia

Kulinarisches

Den **Fado**, jene gedankenschwangere Volksmusik der leisen Töne, die nur in Portugal und besonders in Lissabon zu finden ist, genießt man idealerweise in Kombination mit einem Abendessen in einem der Restaurants (Reservierung ratsam) rund um die Kathedrale.

Nahe der Kathedrale, vom Aussichtspunkt unterhalb vom Kastell der Straße folgend (das touristische Sol Nascente oben am Platz ist eher überteuert), bieten kleinere Lokale neben Speis und Trank auch Fado-Unterhaltung. Hier im Viertel sind besonders zu empfehlen:

- 14 [Y21] **A Muralha (Tasca)** €€, R. Jardim do Tabaco 112, Tel. 218867089, Mo.–Sa. 12–23 Uhr. Innen- und Außenbereich, Sportübertragungen, gelegentliche Liveevents. Auch wer nicht zum Klang des Fados landestypisch und gediegen speisen möchte, wird in der Alfama fündig – schräg gegenüber vom Museu do Fado (s. S. 116). Das A Muralha Tasca Tipica reicht – angeblich – bis in die Zeit der Lissabonner Altstadtmauer aus dem 14. Jh. zurück und erweist sich als ordentliche Mischung aus gutbürgerlichem Restaurant und Weinstube. Man findet reichlich Kleinigkeiten, aber auch viele Fleisch- und Fischgerichte.
- 15 [X21] **Le Petit Café** €€, Largo Sao Martinho 6, Tel. 218881304, Do.–Di. 12–23 Uhr. Weniger ein Café, sondern vielmehr ein ansprechendes (Terrassen-)Restaurant mit sehr variabler Karte (international, weniger portugiesisch) und nettem Ambiente.
- 16 [X21] **Tasca da Sé** €€, Rua Augusto Rosa 162, Tel. 218 875 551, Mo.–Sa. 12–22 Uhr. Kleines, sehr angenehmes und preiswertes, familiengeführtes (Fisch-)lokal, wo man unbedingt die Bacalhau-Gerichte aus der Heimat der Betreiber (Minho in Nordportugal) probieren sollte.

Chiado

Direkt oberhalb der Baixa thront das ebenfalls zur unmittelbaren Altstadt gehörende Viertel Chiado, das zahlreiche historische Bauten, die berühmte Ruine des Karmeliterkonvents, zahlreiche Theater, aber auch belebte, kleine Plätze sowie verwinkelte Straßenzüge und das vielleicht urigste Kneipenviertel sein Eigen nennt.

14 Igreja und Convento do Carmo ★★ [V20]

Unmittelbar am Hang zur Baixa (Zugang über Elevador de Santa Justa 5) thronen die **Ruinen des gotischen Karmeliterkonvents** (Convento do Carmo), einst eine der schönsten Kirchen Lissabons, die jedoch bei dem Erdbeben von 1755 mit Ausnahme der Außenmauern zerstört und aus Kostengründen nicht mehr restauriert wurde.

Und selbst diese wurde bei der Feuersbrunst der unmittelbar darunter liegenden Häuserzeile im Jahr 1988 angegriffen, sodass die im Inneren der Ruinen untergebrachte **archäologische Sammlung** (Museu Arqueológico do Carmo, einschl. kolumbianischer und ägyptischer Mumien) jahrzehntelang nur sporadisch zugänglich war. Der Hauptteil des Gebäudes stammt aus dem 14. und 15. Jh., die archäologische Sammlung wurde bereits 1389 von D. Nuno Àlvares Pereira begründet, der erheblichen Anteil am Sieg bei der Schlacht von Aljobarrotta hatte, als 1385 Kastilien vernichtend besiegt und Portugals Unabhängigkeit vorerst bewahrt werden konnte. Die Exponate sind nicht beschriftet oder erläutert, interessant und identifizierbar sind römische Mosaiken, Sarkophage portugiesischer Persönlichkeiten und in der ehemaligen Konventsbibliothek eine ägyptische sowie eine präkolumbianische Abteilung mit Mumien und Schrumpfköpfen.

Von der Polizeistation unmittelbar neben do Carmo ging übrigens jener Aufstand im April 1974 aus, der die Diktatur beendete und Portugal in die Demokratie führte: die Nelkenrevolution. Auch in diesem historischen Zusammenhang lohnt ein Blick in das angeschlossene **Polizeimuseum** (Museu Guarda Nacional Republicana, s. S. 116).

› Largo do Carmo, Mo.–Sa. 10–18 Uhr, im Sommer bis 19 Uhr, Eintritt 5 €, erm./Lisboa Card 4 €, bis 14 J. Eintritt frei, Metro: Baixa-Chiado

15 Igreja São Roque ★★★ [U20]

Einen Steinwurf entfernt liegt die äußerlich eher unscheinbare, im Inneren dagegen vielleicht prunkvollste Kirche Lissabons, die in einem auffallenden Kontrast zur Schlichtheit der meisten anderen Gotteshäuser der Stadt steht.

Als in Europa zwischen dem 14. und dem 18. Jh. der „schwarze Tod“ wütete, suchten viele Gläubige imaginären Schutz bei dem **hl. Rochus, der Schutzheilige gegen die Pest.** Ihm zu Ehren wurde Ende des 15. Jh. in Lissabon die Renaissancekirche São Roque errichtet. Ursprünglich stand an dieser Stelle eine Kapelle im manuelinischen Stil. Der Jesuitenorden ließ die heutige Kirche vom italienischen Kirchenbaumeister Filipo Terzi errichten, der auch die später gebaute Igreja de São Vicente de Fora 7 gestaltete.

Beim Erdbeben von 1755 wurde das Äußere stark in Mitleidenschaft gezogen und später vollständig restauriert, während das Innere des einschiffigen Gotteshauses überwiegend unbeschädigt blieb. Auf eine die gleichmäßige Harmonie störende Unterteilung mit Seitenschiffen wurde bewusst verzichtet, die acht Seitenkapellen wurden erst im 16./17. Jh. ergänzt und bis ins 19. Jh. ausgestaltet.

Typisch für den sakralen Stil der Renaissance ist **die illusionistische Flucht der ebenen Holzdecke** im Inneren. Die Decke ist flach, der Eindruck eines Kuppelgewölbes entsteht lediglich aufgrund der perspektivischen Bemalung. Da derartig große Deckenbalken nicht aus lokalen Wäldern gewonnen werden konnten, mussten sie eigens aus Deutschland herbeigeschafft werden.

Die weitere **Innengestaltung mit Azulejos und Marmor** stellt eine gelungene Mischung aus italienischen Einflüssen und nationalem Kunstcharakter dar. Insbesondere die **Seitenkapelle Capele de São João Baptista** (Johannes der Täufer), 1742 im Auftrag von König João V. von den italienischen Renaissancebaumeistern Luigi Vanvitelli und Nicola Salvi gestaltet, **sucht an Prunk in Lissabon ihresgleichen.** Die komplette Kapelle wurde in Rom (!) im italienischen Barockstil zusammengestellt, vom Papst geweiht und anschließend wieder zerlegt und nach Lissabon verschifft. Der Zusammenbau dauerte mehrere Jahre, von Marmor über Elfenbein bis zu Gold, Silber, Edelsteinen, Lapislazuli und Alabaster wurden nur feinste Materialien verwendet.

Die Bildnisse der Kapelle („Taufe Christi“, „Pfingsten“ und „Verkündigung“) wie auch die Bodenbeläge wurden aus Mosaiksteinen zusammengefügt. König João V. konnte seinerzeit auf die reichen Bodenschätze Brasiliens zurückgreifen und verfügte aus diesem Grund eine besonders prunkvolle Ausgestaltung.

Eine weitere Seitenkapelle ist der Titularfigur **São Roque** (hl. Rochus) gewidmet und wurde bereits ab 1580 ausgestaltet. Die Azulejo-Auskleidungen stammen von Francisco de Matos und zeigen Szenen aus dem Leben des Heiligen, das Seitenbildnis „Der Engel erscheint" zählt zu den schönsten Werken des lokalen Künstlers Gaspar Dias.

Sehenswert ist auch das **Museu de São Roque** in der unmittelbar angeschlossenen Casa da Misericordia (ehemaliges Findelhaus) mit sehr kostbaren und seltenen Exponaten zur Sakralkunst des 16. bis 18. Jh., wo auch ein Großteil des legendären Kunstschatzes der erwähnten Seitenkapelle Johannes des Täufers zu sehen ist.

› Largo Trindade Coelho, Kirche: tgl. 8.30–17 Uhr (außer zu Messezeiten, an Wochenenden ab 9.30 Uhr), Museum: Tel. 213235065, Di., Mi., Fr.–So. 10–18 Uhr, Do. 14–21 Uhr, Eintritt 2,50 €, ermäßigt 1 € (Kinder, Senioren, Lisboa Card), Familien 5 €, So. bis 14 Uhr frei

16 Largo Chiado und Praça de Camões ★ [U21]

Von der Rochus-Kirche in südliche Richtung gehend passiert man den Largo Trindade mit dem gleichnamigen **Stadttheater** (s. S. 133) und erreicht bald darauf die unmittelbar benachbarten Plätze Largo Chiado und Praça de Camões (hier

0371b Abb.: wl

⌃ *Die Rochuskirche – schlichtes Äußeres …*

038lb Abb.: wl

› *… und grandiose Innenausstattung*

auch Tram 28 von/bis Praça Figueira). Auf letzterem steht ein Denkmal zu Ehren des bedeutendsten portugiesischen Nationalpoeten Luis de Camões (s. Exkurs), dessen Todestag als Nationalfeiertag begangen wird.

Der Largo Chiado wird von den beiden Kirchen Igreja Nossa Senhora do Loreto und Igreja Nossa Senhora da Encarnação gesäumt. Von hier bis zur Rua Garrett erstreckt sich eine beinahe **biedermeier-pittoreske Einkaufs- und Flaniermeile** mit Cafés, alten Buchhandlungen und Einzelhändlern aller Art. Ganz besonders sei hier für einen Kaffee das traditionsreiche Café A Brasileira do Chiado empfohlen (s. S. 126). In der Parallelstraße am Largo São Carlos bieten gleich zwei Theaterhäuser kulturelle Abendunterhaltung: das Schauspielhaus Teatro S. Luiz (s. S. 133) sowie die berühmte Oper Teatro Nacional de São Carlos (s. S. 133).

Die Rua Serpa Pinto hinunter schließlich wird der „künstlerische Bereich" des Chiado vom **Museu Nacional de Arte Contemporânea** (s. S. 116) abgerundet. Auf dem Areal des ehemaligen Franziskanerkonvents wurde das städtische Kunstmuseum untergebracht. Gezeigt werden vorrangig die Werke der portugiesischen Malerei von Romantik über Postnaturalismus bis hin zur modernen portugiesischen Kunst bis etwa 1950.

› R. Serpa Pinto 4, 213432148, Di.–Fr. 10–18, Sa., So. 10–14, 15–18 Uhr, Eintritt 4,50 €, Besucher bis 25 und über 65 Jahre 2,25 €, mit Lisboa Card sowie an Sonn- und Feiertagen bis 14 Uhr Eintritt frei

› Metro: Baixa-Chiado

Das Angebot eines typischen Lissabonner Imbisslokals

Luís de Camões, Portugals Nationaldichter

Luís Vaz de Camões (1524–1580) war der berühmteste portugiesische Lyriker und Dichter in der Blütezeit der portugiesischen Seefahrt. Sein ***abenteuerliches Leben*** *verschlug ihn in alle Welt. Als junger Soldat wurde er 1549–1551 in Nordafrika eingesetzt, später in den indischen Besitzungen Portugals (z. B. Goa, 1553–1556). Im weiteren Verlauf seines Lebens soll er nach Macau gegangen und von dort 1569 nach Lissabon zurückgekehrt sein. Luís de Camões starb 1580 in Lissabon an der Pest, die zu dieser Zeit auch in Portugal wütete.*

Sein berühmtestes Werk, die ***Lusiaden*** *(„Os Lusíadas"), gelten als* ***das bedeutendste portugiesische Epos*** *überhaupt. In diesem werden die Entdeckungsfahrten und Eroberungen der portugiesischen Seefahrer besungen. Eine der Zentralfiguren hierin soll der nicht namentlich erwähnte Vasco da Gama sein, der mit seinen Entdeckungsfahrten Portugal zur führenden Seefahrernation machte und den Camões geradezu verherrlichte. Die Lusiaden sollen angeblich im Camões-Garten in der portugiesischen Kolonie Macau entstanden sein, tatsächlich wird heute aber teilweise bestritten, dass Camões überhaupt jemals in Macau gewesen sei.*

078lb Abb.: wl

Einkaufen

Im Chiado-Viertel findet man v.a. zwischen Largo do Chiado und Rua Garrett einige ältere Fachgeschäfte, die teilweise auf etliche Dekaden erfolgreicher Vertriebstätigkeit zurückblicken können.

› **Armazéns do Chiado** (s. S. 135). Klassisches Kaufhaus in der Altstadt mit sechs Verkaufsetagen und Food-Court im OG.

17 [V21] **Livraria Bertrand,** Rua Garrett 71, Mo.–Sa. 10–18.30 Uhr, im Sommer Mo.–Sa. 9–22, So. 11–20 Uhr, Tel. 213476122. Eine der größten Fachbuchhandlungen Lissabons, hier bekommt man auch englische Bücher und Zeitschriften.

Kulinarisches

Das Chiado-Viertel wird gern tagsüber durchstreift, Essen geht man eher im benachbarten Bairro Alto. Von den hiesigen Lokalen seien folgende empfohlen:

› **Café A Brasileira do Chiado** (s. S. 126). Hier bedeutet der Kaffee noch Genuss. Eine Tasse Kaffee kostet an der Theke 1,40 €, am Tisch 2 € und draußen 2,60 €. Eine Institution und ein Touristen-Hotspot gleichermaßen.

› **Cervejaria da Trindade** (s. S. 124). Als gutes Mittelklasselokal ist dieses Brauhaus mit angeschlossenem zünftigen Restaurant und Bierkeller zu empfehlen.

18 [U21] **Manteigaria (2),** Rua do Loreto 2, Tel. 213471492. täglich 8–24 Uhr. Hier werden in offener Backstube Pastéis de Nata in mehreren Variationen gebacken, es wird Ginjinha verkostet und Espresso gebrüht.

› **Kleinigkeiten und Snacks** findet man reichlich in der **Futtermeile** im Obergeschoss des Kaufhauses Armazéns do Chiado (s. S. 135), wo sich zahlreiche Snacklokal-Ketten (u. a. Vitaminas, Casa dos Sandes, Frango da Guia) angesiedelt haben.

115lb Abb.: jg

› *Der Largo do Carmo in der Oberstadt*

Stadtspaziergang 3: Chiado und Bairro Alto

Ein Rundgang durch die westliche Oberstadt bietet sehr abwechslungsreiche Einblicke in die portugiesische Hauptstadt, wobei verwinkelte Altstadtgassen, sakrale und weltliche Bauten, kleine Plätze, Aussichtspunkte und Museen gleichermaßen in den hier vorgestellten Rundgang integriert sind. Gleich der Startpunkt an einem der Wahrzeichen Lissabons, dem ***Elevador de Santa Justa*** *5, gilt als ein Muss für den Besucher. Der beeindruckende Aufzug überwindet die Höhendifferenz zwischen Baixa und Chiado und führt bequem hinauf zum bemerkenswert ruhigen Largo do Carmo mit dem gleichnamigen* ***Konvent*** *14 und dem* ***Archäologischen Museum*** *(s. S. 113). Südlich des Rossio-Bahnhofes führt die Calçada do Duque zum Largo Tr. Coelho mit der fantastischen Igreja São Roque und dem angeschlossenen* ***Museu de Arte Sacra*** *15. Unmittelbar westlich schließt sich mit den Altstadtgassen des Chiado das vielleicht beliebteste* ***Kneipen- und Restaurantviertel*** *Lissabons an. Wer beispielsweise der Rua Gáveas bis zum Ende folgt, wird den starken Kontrast zwischen verwinkelter Altstadt und den belebten Plätzen* ***Largo Chiado*** *und* ***Largo Pr. de Camões*** *16 mit Händen greifen können.*

Hier bietet sich eine Pause im traditionellen Café A Brasileira (s. S. 126) oder für den etwas kulturbeflisseneren Besucher eine Visite im ***Museu Nacional de Arte Contemporâ-***

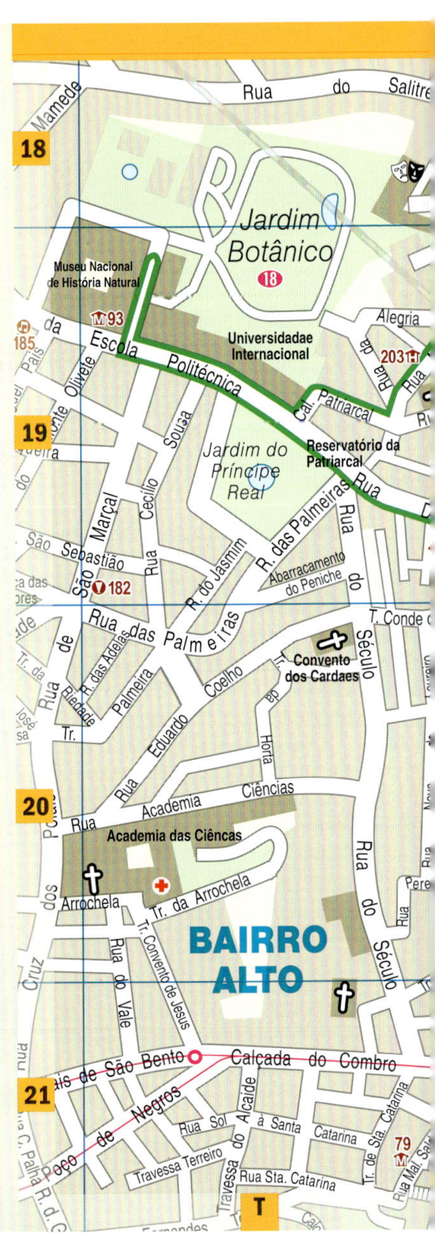

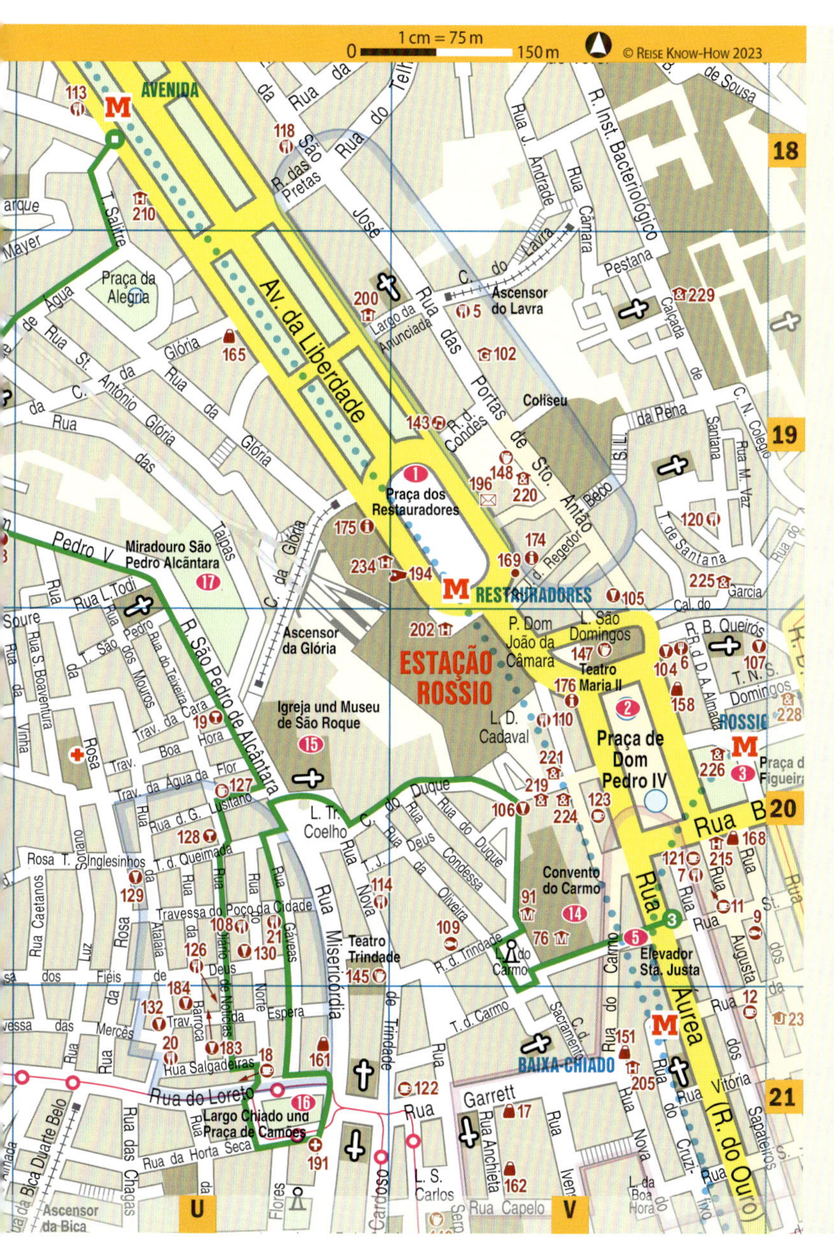

1 cm = 75 m
0
150 m
© Reise Know-How 2023
AVENIDA
Av. da Liberdade
Praça da Alegria
Rua das Portas de Sto. Antão
Ascensor do Lavra
Coliseu
Praça dos Restauradores
RESTAURADORES
Miradouro São Pedro Alcântara
Ascensor da Glória
ESTAÇÃO ROSSIO
Igreja und Museu de São Roque
R. São Pedro de Alcântara
Rua da Misericórdia
Teatro Trindade
Teatro Maria II
Praça de Dom Pedro IV
ROSSIO
Convento do Carmo
Elevador Sta. Justa
Rua Áurea (R. do Ouro)
BAIXA-CHIADO
Rua Garrett
Largo Chiado und Praça de Camões
Rua do Loreto
Ascensor da Bica
Rua Augusta
Rua da Vitória
Rua dos Sapateiros
L. S. Carlos
Rua Capelo
18
19
20
21
U
V

nea (s. S. 116) und den Kirchen Igreja Nossa Senhora do Loreto und Igreja Nossa Senhora do Loreto und Igreja Nossa Senhora da Encarnação an. Auf der Rua Diário de Notícias durchstreift man nochmals die Chiado-Altstadt bis zur Rochuskirche und die Rua S. Pedro de Alcântara entlang zum gleichnamigen ***Aussichtspunkt*** *17 mit wunderbarem Blick über die Unterstadt. Schräg gegenüber mögen Portweinliebhaber im* ***Solar do Vinho do Porto*** *(s. S. 45) den edlen Tropfen verkosten, um danach der Rua Dom Pedro V. folgend den botanischen Garten* ***(Jardim Botânico*** *18) zu durchstreifen und das Naturkundemuseum* ***(Museu Nacional de História Natural e da Ciência,*** *s. S. 117) zu besichtigen. Abschließend schlendert man die Calçada Patriarcal und die Rua Mãe de Agua hinunter bis zur Avenida da Liberdade und der Metrostation Avenida.*

- 1 [V19] Praça dos Restauradores S. 16
- 2 [V20] Rossio (Praça Dom Pedro IV) S. 17
- 3 [V20] Praça da Figueira S. 18
- 5 [V20] Elevador de Santa Justa S. 23
- 14 [V20] Igreja und Convento do Carmo S. 37
- 15 [U20] Igreja São Roque S. 38
- 16 [U21] Largo Chiado und Praça de Camões S. 39
- 17 [U19] Miradouro São Pedro Alcântara S. 44
- 18 [T19] Jardim Botânico S. 45

Alle weiteren Karteneinträge s. S. 248.

Bairro Alto

Im alten Hauptviertel der Oberstadt, das beim Erdbeben 1755 glimpflich davonkam, wohnten traditionell Handwerker und einfache Angestellte. Außerdem war das Viertel Standort wichtiger Zeitungsverlage, ehe industrielle Modernisierungen viele Firmen zum Umzug in Vorstädte mit breiteren Straßen zwangen. Immerhin druckt hier noch immer die kleine Fußballzeitung A Bola. Mit der Presse siedelten sich Journalisten, Dichter und Intellektuelle an, Restaurants, Bars und auch das Rotlichtgewerbe folgten. Heute gilt das Bairro Alto als das bedeutendste Unterhaltungsviertel Lissabons, insbesondere für den traditionellen Fado.

17 Miradouro São Pedro Alcântara ★ [U19]

Ein paar Schritte nördlich des Chiado-Viertels erreicht man am **Ascensor da Glória** (mit dem man schnell hinunter zum Pr. dos Restauradores 1 gelangt) den **hübschen Aussichtspunkt** Miradouro São Pedro Alcântara und das gleichnamige Kirchlein schräg gegenüber. Das kleine Gärtchen bietet sich zum Rasten an, hauptsächlich genießt man von hier die Sicht hinunter zur breiten Avenida da Liberdade 26 und der Pr. dos Restauradores 1. Gleichzeitig kann man vor allem an den Sommerabenden Rentner beim Plausch oder Reisegruppen im Blitzlichtgewitter erleben.

› R. de São Pedro de Alcântara, Metro: Baixa-Chiado

☐ Der botanische Garten bietet viel Schatten an heißen Tagen

⑱ Jardim Botânico ★ [T19]

Die bedeutendste Sehenswürdigkeit im Bairro Alto ist zweifelsohne der botanische Garten (Jardim Botânico) mit dem angeschlossenen **Museu Nacional de História Natural e da Ciência** (Naturkundemuseum, 10 Minuten die Dom Pedro V. entlang, s. S. 117). Dieses Museum „zum Anfassen" mit Planetarium und Observatorium bietet eine interaktive Dauer- sowie eine thematische Wechselausstellung zu besonderen Themen der Wissenschaft. Die Aktivitäten des Planetariums richten sich nach der jeweils aktuellen planetarischen Konstellation.

Um die Ecke befindet sich der städtische **botanische Garten,** der lange als **einer der schönsten in ganz Europa** galt. Er erstreckt sich über eine Gesamtfläche von 34.000 m² in den Hängen zwischen der Avenida da Liberdade ㉖ und der Rua da Escola Politécnica im Bairro-Alto-Viertel.

116lb Abb.: jg

KLEINE PAUSE

Portwein gefällig?

🍷19 [U20] **Solar do Vinho do Porto,** Rua de S. Pedro de Alcântara 45, Tel. 222071693, https://ivdp-ip.azurewebsites.net/en (Menü: Tourism), Mo.–Fr. 11–13, 14–19 Uhr. Der durstige Lissabonbesucher wird sich dieser Portweinprobierstube an der oberen Haltestelle des Ascensor da Glória erfreuen. In angenehmem Ambiente lassen sich diverse charaktervolle Tropfen degustieren.

Die naturwissenschaftliche Fakultät der polytechnischen Universität (gegründet 1837) ließ ihn bereits im Jahre 1873 anlegen und integrierte dabei Pflanzen aus allen mit Portugal assoziierten Ländern. Bäche, schattige Ruhezonen, ein Schmetterlingshaus (kostet 1 € extra) mit Exemplaren in allen Entwicklungsstadien sowie ein hier bereits zehn Jahre vor der Gartenanlage eröffnetes meteorologisches und astronomisches Observatorium gehören zum Gelände.

› R. da Escola Politécnica 58, Bus: 58, Museum: Di.–So. 10–17 Uhr, Eintritt 6 € (Kinder und mit Lisboa-Card 4 €, Familien 15 €); Botanischer Garten: tgl. 10–17 Uhr, Sommer bis 20 Uhr, Eintritt 5 € (ermäßigt 3 €, Familienkarte 15 €); Kombikarten Museum und Garten 8/5/20 €

› Der **Eingang** liegt in der Rua da Escola Politécnica. Es existiert noch ein (deutlich zentrumsnäherer) Seitenzugang unten in der Liberdade, dieser ist aber leider meist verschlossen.

19 Cais do Sodré ★ [U22]

Keine Sehenswürdigkeit, aber **wichtiger Transfer- und Verkehrsknotenpunkt** sind die Cais do Sodré, von denen aus viele Orte der Stadt schnell zu erreichen sind. Von der Fährstation hinter dem Busplatz kann man gemütlich nach Caçilhas bzw. zur Cristo-Rei-Statue 44 fahren, nach Belém (s. S. 62) per moderner Straßenbahn Nr. 15 (vor dem Bahnhofsgebäude) oder auch per S-Bahn im Bahnhof selbst (das geht schneller). Mit den von hier verkehrenden Buslinien (Busplatz zwischen Bahnhof und Fähre) können der Flughafen (Linie Aero 1) und zahllose Punkte der Innenstadt erreicht werden. Sehr schön ist auch das Flanieren entlang der neuen **Promenade** bis zum Praça do Comércio

› Metro: Cais do Sodré

EXTRATIPP

Foodcourt in ehemaliger Markthalle

Ein Großteil des alten Marktes **Mercado da Ribeira** wurde zur gigantischen Futter- und Trinkhalle Time Out Lisboa umgestaltet. Die rund 700 Sitzplätze an langen Tischen sind keinem der über 30 Stände zugeordnet, es besteht freie Platzwahl. Man bestellt und bekommt einen Buzzer, der zu brummen beginnt, wenn das Essen fertig ist. Wein, Bier und sonstige Getränke können ebenfalls an jedem beliebigen Stand geordert werden.

22 [U22] **Time Out Market Lisboa,** Av. 24 de Julho 49, www.timeoutmarket.com/lisboa, tgl. 10–24 Uhr

Kulinarisches, Nachtleben

Unmittelbar westlich der Rua São Pedro Alcântara/Rua da Misericordia [U20] beginnt das **Nachtschwärmerviertel des Bairro Alto** (vgl. „Lissabon am Abend“, S. 126). Vor allem Fado-Restaurants reihen sich in dieser Gegend dicht an dicht aneinander. Absolutes Zentrum sind hier die **urigen, schachbrettartig angelegten Fußgängergassen** zwischen Travessa da Queimada und Travessa da Espera.

170lb Abb.: ©aro49, stock.adobe.com

20 [U21] **Restaurante 1° de Maio** €€, Rua Atalia 8, Tel. 213426840, Mo.–Fr. 12–15 und 19–23 Uhr, Sa. 19–23 Uhr. Das unscheinbare Speisenrestaurant bietet leckeren Käse, Entradas (z. B. Königsgarnelen) sowie Fisch- und Fleischgerichte an.

21 [U20] **Restaurante Sinal Vermelho** €, Rua das Gáveas 89, Ecke Travessa do Paço da Cidade), Tel. 213461252 und 213423845, Mo.–Fr. 12.30–23.30, Sa. 18.30–23.30 Uhr. Für ein Essen empfiehlt sich das auf Fischgerichte spezialisierte Lokal. Thunfisch mit Zwiebeln oder gegrillter Lachs stehen hier ebenso wie der Bacalhau mit Tomatenreis auf der Speisekarte, der Grillteller bietet viel für Fleischliebhaber.

Die nördlichen Bezirke

Die Stadtgestaltung rund um die beiden Plätze Praça de Espanha [R13] und Pr. M. de Pombal [T17] nördlich vom Zentrum mutet **großzügig und weit angelegt** an, etliche moderne Neubauten wechseln sich mit Wohnblöcken und Zweckbauten ab. Außerdem liegen hier rund 90% der Hotels, mit denen sowohl portugiesische Anbieter als auch jene des Heimatlandes zusammenarbeiten. Wer nicht als Selbstorganisator in der Baixa (s. S. 22) unterkommt, wird sehr wahrscheinlich irgendwo hier in diesem Bezirk sein Quartier aufschlagen.

Der **„spanische Platz" Praça de Espanha** selbst ist lediglich eine weitläufige Verkehrsinsel mit einem torähnlichen modernen Kunstwerk, das ein Symbol der Freundschaft zwischen den iberischen Bruderstaaten darstellen soll.

20 Fundação und Museu Gulbenkian ★★★ [S13]

Von größerem Interesse dürfte das Museu Calouste Gulbenkian an der Ecke Av. de Aguiar/Av. de Berna sein, das vor allem für Kunstliebhaber von seiner Bedeutung her ein „Muss" während eines Lissabonbesuchs darstellt. Der Multimillionär C. Gulbenkian (1869–1955) machte Anfang des 20. Jh. im Ölgeschäft ein märchenhaftes Vermögen und wählte Lissabon zur Residenz für seinen Lebensabend. Testamentarisch vermachte er der Stadt sein gesamtes Vermögen und seine gesammelten Kunstschätze.

◻ *Im Mercado 24 de Julho kann man regionale Produkte verköstigen*

Im Rahmen der von ihm gegründeten **Gulbenkian-Stiftung** („Fundação Gulbenkian") baute man in Lissabon ein riesiges Kulturzentrum mit Theater-, Konzert- und Konferenzsälen, einer Bibliothek und einem weltberühmten Museum. Darüber hinaus werden auch Einzelstipendien vergeben und hohe Summen fließen in die Förderung kultureller, sozialer und wissenschaftlicher Forschungen. Politisch ist die Stiftung nicht ganz unumstritten, fiel doch ihre Gründung 1955 in die Zeit der Salazar-Diktatur. Zudem nimmt sie bis heute auf kulturellem Gebiet eine starke Machtstellung ein.

Aus Furcht vor Kritik aus dem Kultursektor profitierte zunächst nur die Musik von der Stiftung (eigenes Orchester, Chor und Ballett), in den frühen 1970er-Jahren verschob sich der Schwerpunkt hin zur Unterstützung der Produktion einheimischer Filme. Erst 1969 – zum 100. Geburtstag des Mäzens Gulbenkian – wurde schließlich das **Museu Calouste Gulbenkian** eröffnet, seine rund 6000 Exponate aus aller Welt waren nunmehr der Öffentlichkeit vollständig zugänglich.

Das vielseitige Kunstinteresse Gulbenkians äußert sich in einem außergewöhnlich **breiten Spektrum an Kunstobjekten aus allen Epochen**, die Sammlung wird stetig erweitert. Vor dem Gebäudekomplex steht übrigens ein 3 m hohes Bronzebildnis Calouste Gulbenkians vor einem steinernen Horusfalken.

Überlick über die Sammlung

- **Saal 1:** Altägyptische Kunst, Skulpturen, Reliefs und Torsi aus der Zeit 2700 bis zum 1. Jh. v. Chr.
- **Saal 2:** Griechisch-römische Abteilung mit griechischen Fayencen, Marmorskulpturen und römischen Glaswaren.

- **Saal 3:** Griechische, römische und mesopotamische Abteilung, Schmuck aus der hellenistischen Epoche, Fayencen aus dem mesopotamischen Raum sowie eine Sammlung griechischer Goldmünzen.
- **Saal 4:** Orientalisch-islamische Abteilung mit persischen und türkischen Fayencen (12.–16. Jh.) sowie persischen Teppichen (13.–18. Jh.).
- **Saal 5:** Orientalisch-islamische Abteilung und armenische Kunst. Buchillustrationen (17. Jh.), türkische Teppiche, Fayencen und Fliesen (16./17. Jh.), kleinasiatische Glaslampen aus dem 14. Jh.
- **Saal 6:** Fernöstliche Abteilung mit chinesischem Porzellan (Ming-Dynastie, 1368–1644, und frühe Qing-Dynastie, 18. Jh.), Lackwaren (Japan), chinesischen Teppichen.
- **Saal 7:** Europäische Abteilung (11.–15. Jh.). Buchillustrationen aus Frankreich, Flandern, Italien, Holland und England (12.–15. Jh.) sowie Elfenbeinschnitzereien aus Frankreich (11.–14. Jh.).
- **Saal 8:** Gemälde und Skulpturen (14.–17. Jh.). Tilman Riemenschneider (zwei Holzstatuetten), Stefan Lochner („Darstellung im Tempel"), Peter Paul Rubens („Flucht nach Ägypten", „Porträt der Helene Fourment", „Zentauren"), Anton van Dyck („Porträt eines Mannes"), Jan Gossaert („Jungfrau und Kind"), Rembrandt („Pallas Athene", „Bildnis eines Alten"), Frans Hals (Porträt), Jacob Ruisdael mit Landschaftsbildern, Domenico Ghirlandaio und Giuliano Bugiardini mit Porträtmalereien.
- **Saal 9:** Italienische Renaissance. Kunst mit Wandteppichen, Wandbespannungen, Skulpturen, Gewändern, Medaillons und Büchern.
- **Saal 10:** Französische Dekorkunst (18. Jh.) mit Malereien, Interieurs, Uhren, Porzellan und Möbeln.
- **Saal 11:** Gemälde und Skulpturen aus Frankreich (18. Jh.), u. a. eine Diana-Skulptur (Houdon) aus dem ursprünglichen Besitz der russischen Zarin Katharina II., die Gulbenkian aus der Sammlung der Eremitage ersteigerte.
- **Saal 12:** Silberarbeiten und Gebrauchsutensilien aus Frankreich (18. Jh.).
- **Saal 13:** Gemälde aus England (18. und 19. Jh.), u. a. Thomas Gainsborough (Porträts und Landschaftsmalereien), Sir Thomas Lawrence und Joseph Turner.
- **Saal 14:** Gemälde aus Italien (18. Jh.), u. a. venezianische Veduten von Francesco Guardi.
- **Saal 15:** Gemälde und Skulpturen aus Frankreich, England und den USA (19. Jh.), u. a. Charles-François Daubigny (Landschaftsmalereien), Jean-Baptiste Camille Corot, Henri Fantin-Latour, Edouard Manet („Junge mit Kirschen", „Seifenblasen"), Claude Monet, Edgar Degas, Auguste Renoir, Auguste Rodin, Jean-Baptiste Carpeaux, Antoine-Louis Barye und Gemälde des englischen Malers Edward Burne-Jones („Spiegel der Venus").
- **Saal 16:** Sammlung von Jugendstilstücken des französischen Künstlers René Lalique mit zahlreichen Glasarbeiten und Schmuckstücken. Lalique, der mit Gulbenkian befreundet war, stellte etliche Arbeiten im Auftrag von Gulbenkian her.

Ebenfalls im Gulbenkian-Park befindet sich das 1983 angefügte **Zentrum für Moderne Kunst (Centro de Arte Moderna)**, das für Kunstveranstaltungen, als Archiv und als Präsentationsfläche für Kunst des 20. Jahrhunderts in Wander- und Wechselausstellungen dient. Daneben gibt es eine permanente Abteilung mit Kunstwerken bekannterer portugiesischer Künstler des 20. Jh., u. a. Almada Negreiros (1893–1970), der das berühmte Porträt von Fernando Pessoa geschaffen hat. Recht bekannt ist außerdem die Malerin Maria Vieira da Silva (1908–1992), deren Werke auch in einigen Metrostationen zu sehen sind. Von den Bildhauern ist hier vor allem João Cutileiro (*1937) erwähnenswert, aber auch jüngere portugiesische Künstler wie R. Sanches, T. Magalhães oder P. Rego sind vertreten.

Es lohnt auch ein Gang durch den **Parque Gulbenkian** selbst, der mit einheimischen und tropischen Pflanzen bewachsen ist und mit Seerosenbecken und Wasserläufen aufgelockert wurde. Moderne Plastiken von Bildhauern unterschiedlichster Nation sind allgegenwärtig und betonen das künstlerische Gepräge der Gesamtanlage.

› Av. de Berna 45A, Tel. 217823461, Mi.–Mo. 10–18 Uhr, Eintritt 11,50 € (Kombiticket für alle Ausstellungen; einzeln 5–10 €), mit Lisboa Card 20 % Rabatt, bis 29 J. und über 65 J. 50 % Rabatt, So. ab 14 Uhr für alle u. für Kinder generell Eintritt frei, Metro: Praça de Espanha

› **Aktuelle Infos** zu Wechselausstellungen, Veranstaltungen usw. unter www.gulbenkian.pt

Standbild von Calouste Gulbenkian im Park

21 Jardim Zoológico (Zoo) ★ [O11]

Noch eine Metrostation weiter lockt der 1884 gegründete städtische Zoo vor allem jüngere Gäste. In seiner über 100-jährigen Geschichte baute der Tiergarten **eine der größten Tiersammlungen weltweit** mit mittlerweile 2000 Tieren bzw. etwa 350 Arten auf, darunter einen „Streichelzoo“, Animationspark (Animax), Delfinshow, Reptilienshow und vieles mehr. Wer keine Lust hat, zu Fuß das Zoogelände zu durchstreifen, kann während einer **Seilbahnfahrt über das Areal** das Geschehen von oben verfolgen. (Die Fahrt in einer der Kabinen dauert etwa 20 Minuten.) Der vordere Bereich mit Pizzerien, Snacklokalen, Kinderspielplatz, Primatenanlagen (sogenannte Eichhörnchenaffen) und einigen Volieren ist frei zugänglich, danach schließt sich erst der eigentliche Tierpark an.

› Estrada de Benfica 158, Tel. 217232910, www.zoo.pt, April–Sept. tägl. 10–20 Uhr (Okt.–März 10–18 Uhr), Eintritt 27,50 € (Kinder 3–12 Jahre 17 €, mit Lisboa Card 12,50 €), Senioren 19,50 €, Metro: Jardim Zoológico

22 Palácio dos Marqueses de Fronteira ★ [M12]

Der Privatpalast der adeligen Familie Fronteira entstand ab 1670 im Renaissancestil unter João de Mascarenha, der den Grafentitel als Anerkennung für seine Verdienste während der Restaurationskriege erhielt. Diese Thematik ist auch im „Schlachtensaal“ verewigt worden, wo auf Fliesenbildern martialische Azulejo-Bilder von den Ereignissen bis 1640 zeugen. Des Weiteren sind **prächtige Speise- und Musikzimmer** zu besichtigen sowie der **Juno-Raum mit einem prachtvollen Deckengemälde** der römischen Göttin. Importierte Antiquitäten aus aller Welt sowie Porträts von Angehörigen der Mascarenhas de Fronteira sind allgegenwärtig.

Etwas abgesetzt steht eine kleine Kapelle aus dem Jahre 1584, also noch vor dem Bau des Hauptpalastes. An den Palast schließt sich der **Venusgarten** an, benannt nach dem zentralen Brunnen und der Göttin Venus, die aus einer von drei Delfinen getragenen Muschel aufsteigt. Merkwürdigstes Detail dieses Gartenabschnittes ist eine Grotte, in die zahlreiche Scherben eingearbeitet wurden. Angeblich stammen sie vom Festmahl der Palasteinweihung, wobei das Geschirr nur einmal verwendet werden sollte und daher zerschlagen wurde. Hauptteil der Parkanlage ist der etwa 4000 m² große **italienische Garten** mit einem gewaltigen, von Freitreppen flankierten Wasserbecken, das mit dunkelblauen Fliesen verkleidet und mit Büsten portugiesischer Könige versehen wurde.

Mehr aus steuerlichen Gründen überführte die noch heute hier ansässige Familie Mascarenha de Fronteira den Besitz 1989 in eine Privatstiftung. Das hat den Nachteil zeitlich relativ eingeschränkter Besuchsmöglichkeiten, deswegen und auch wegen der Abgelegenheit sowie des relativ hohen Eintrittspreises wird der Palácio dos Marqueses de Fronteira relativ selten besucht.

⊡ *Der weitläufige Parque Eduardo VII* 25 *bietet eine spektakuläre Aussicht*

- Largo de S. Domingos de Benfica 1, Tel. 217782023, www.fronteira-alorna.pt, Palastbesichtigung nur im Rahmen einer Führung möglich (Juni–Sept. Mo.–Sa. 10.30, 11, 11.30 und 12 Uhr, Oktober bis Mai Mo.–Sa. 11, 12 Uhr, 14 € inkl. Garten)
- **Anfahrt** per Metro (Jardim Zoológico) oder S-Bahn (Sete Rios), dort per Stadtbus 70

23 Campo Pequeno ★ [U11]

Der Campo Pequeno ist die **berühmteste Stierkampfarena des Landes.** Die 1892 eröffnete Arena wurde mehrfach modernisiert und verfügt über ein Einkaufszentrum mit Supermarkt, Restaurantbetrieben und Fachgeschäften.

Architektonisch interessant sind die **orientalisch anmutenden Zwiebeltürme** der roten Backsteinarena. Das innere Rondell hat einen Durchmesser von 41 m, die Tribünen bieten 8500 Zuschauern Platz. Früher war es Schauplatz der traditionellen Stierkämpfe *(Touradas)*, heute wird das Areal hauptsächlich für Konzerte genutzt.

Im Untergeschoss findet man Gastronomiebetriebe, eine Kinowelt, Bars sowie ein Einkaufszentrum mit Supermarkt. Bildliche Eindrücke zeigt die offizielle Website www.campopequeno.com.

- Centro de Lazer de Campo Pequeno, 3. Piso, www.campopequeno.com, Metro: Campo Pequeno

24 Museu Cosme Damião und Estádio do Sport Lisboa e Benfica ★ [L8]

Etwas weiter nordwestlich steht das berühmte Benfica-Stadion (auch Estádio da Luz genannt), wo der „FC Bayern Portugals", Benfica Lissabon, seine Heimspiele in der portugiesischen Fußballliga und

118lb Abb.: jg

regelmäßig auch in internationalen Wettbewerben austrägt und seit Jahrzehnten als einer der mitgliederstärksten Vereine der Welt gilt. Unmittelbar angeschlossen ist dem Stadion das Vereinsmuseum Museu Cosme Damião, benannt nach dem Gründer des Vereins Júlio Cosme Damião (1885–1947), der als Multitalent eine der herausragenden Spieler- und Führungspersönlichkeiten des Vereins war. Zu sehen ist sowohl Fußballhistorisches als auch die Trophäensammlung des Clubs.

› Estádio do Sport Lisboa e Benfica, Av. Eusébio da Silva Ferreira, Tel. 217805000, www.slbenfica.pt, tgl. 10–17 Uhr, es kann wahlweise das Stadion oder das Museum (je 12,50 bzw. 10 €) besucht werden, die Kombikarte kostet 17,50 €.

› Metro: Colégio Militar/Luz, aus dem Colombo Shopping Center Ausg. Oriente über die Straße und links durch die Unterführung (Tor) zum Stadion, dort rechts um die innere Arena herum zu Eingang 9.

25 Parque Eduardo VII ★★ [S16]

Diese zwar nicht sonderlich spektakuläre, aber großzügige Anlage **lädt zum Verweilen ein** und gestattet großartige Blicke über den Pr. M. de Pombal hinweg hinunter in die Baixa (Altstadt) bis auf den Tejo. Im oberen Bereich des Parks, an der Rua Fronteira, thront auf einer hübschen Anhöhe der **Justizpalast** (Palácio da Justiçia).

An der östlichen Parkseite steht der **Pavilhão Carlos Lopez**, ein mit herrlichen Azulejo-Motiven bestückter, kirchenähnlicher Gedenkbau an die brasilianische Epoche, an der Westseite des Parks liegt ein **kleiner botanischer Garten** mit Vogelvolieren, Gewächshaus und kleineren Insektarien („Estufa Fria“, tgl. 10–19 Uhr, Winterhalbjahr 9–17 Uhr, Eintritt 3,25 €, Studenten und Senioren 1,63 €, So. bis 14 Uhr kostenloser Zugang, mit Lisboa Card frei).

› Metro: Parque oder M. de Pombal

26 Avenida da Liberdade ★★ [U18]

Die wichtigste Hauptverkehrsader der Innenstadt erstreckt sich vom Praça M. de Pombal bis zum Praça dos Restauradores über etwa 1,5 Kilometer Länge bei knapp 100 Meter Breite. Ursprünglich im 18. Jahrhundert ein lang gezogener Fußgängerpark an einem alten Bachbett, entstand im späten 19. Jahrhundert eine Prachtstraße – analog zu jenen in vielen anderen Metropolen Eu-

Der Marquês de Pombal

*Nach **jahrzehntelanger Misswirtschaft** unter dem absolutistischen João V. geriet Portugal in der ersten Hälfte des 18. Jh. trotz beachtlicher Erträge aus den brasilianischen Goldfördergebieten zunehmend in britische Abhängigkeit. Die mit dieser Misswirtschaft **wachsende Verarmung breiter Bevölkerungsschichten** ließ den Unmut der Landbevölkerung und des Kleinadels wachsen.*

*Einer der Unzufriedenen war der aus dem Lager des kleinen Landadels stammende Sebastião José de Carvalho e Mello Marquês de Pombal (1699–1782), kurz Marquês de Pombal genannt. Er, der **im Geiste der Aufklärung aufgewachsen** war, machte sich als kleiner Gesandter in Wien und London vor allem als Finanzreformator einen Namen. König José I. (1750–1777) erkannte das Talent de Pombals und betraute ihn 1750 mit dem Amt des Außenministers, 1756 machte er ihn gar zum Premierminister.*

*Hier legte de Pombal einen nahezu **„petrinischen Reformeifer“** (in Anlehnung an den russischen Zaren Peter den Großen) an den Tag und schien mit allem Alten brechen zu wollen: Bildungswesen, Wirtschaftssystem, Abschaffung der Sklaverei und Ordnung der Staatsfinanzen waren seine zentralen Themen. Dabei ließ er rigoros jeden aus dem Weg räumen, der ihn in seinem Reformeifer behinderte. Die Jesuiten, die wegen ihres Grundsatzzieles, den katholischen Glauben in die Welt zu tragen, im Portugal der Expansion mit offenen Armen aufgenommen worden waren, bekämpfte Pombal ebenso leidenschaftlich wie die überkommenen Privilegien des Kleinadels – dem er ja selbst entstammte.*

*Sein großes Verdienst war seinerzeit der **Wiederaufbau von Lissabon nach dem Erdbeben von 1755,** als er die Baixa (Unterstadt) in geraden und rechtwinkligen Straßen wiedererrichten ließ. Ähnlich ging er in Vila Real de Santo António an der Ostalgarve vor, das er nach einer Hochwasserkatastrophe auf schachbrettartigem Grundriss wieder aufbauen ließ. Das Schachbrettsystem erdachte der italienische Festungsbaumeister Francesco Laparelli (1521–1570), der von Papst Pius IV. 200 Jahre zuvor nach Malta entsandt worden war und dort Valetta als Grundmuster dieses Städtetyps entwarf.*

*Die politischen Ideen de Pombals hatten geringere Überlebenschancen: Unter Josés Nachfolgerin Maria I. wurden 1776 alle pombalischen Reformen revidiert und der Marquês in Pombal **unter Hausarrest gestellt,** wo er 1777 verstarb.*

ropas – als Schauplatz von Militärparaden und Kundgebungen sowie als Standort hochpreisiger Geschäfte.

Hotels, Banken und Verwaltungsinstitutionen haben heute hier ihren Sitz. Wer bei der Touristeninformation (s. S. 181) beginnend bis zum Pr. M. de Pombal und auf der anderen Seite zurückgeht, entdeckt noch einige der klassischen, älteren Elemente aus den Anfängen der Avenida.

Am unteren Ende der Avenida kurz hinter der Touristeninformation im Palácio Foz stößt man auf den **Ascensor da Glória** [U20], der – vorbei an zahllosen, riesigen Graffitis – hinauf zum gleichnamigen Aussichtspunkt und in die Oberstadt Chiado führt. Ein Stückchen weiter folgen die **Wasserspiele Tejo und Douro** mit Figuren, die Wasser aus Gefäßen schütten – sie symbolisieren Portugals wichtigste Flüsse, den Tejo und den Douro bei Porto. Links hinter der Häuserfront wurde ein kleiner Park namens **Praça da Alegria** [U19] eingerichtet, der dem deutschstämmigen Komponisten, Autoren und Maler Alfredo Keil (1850–1907) gewidmet wurde. Von ihm stammt auch das 1911 zur Nationalhymne erkorene Lied „A Portuguêsa“.

Es folgt das markante **Weltkriegsdenkmal Mortos da Grande Guerra**, das an die Gefallenen des Ersten Weltkriegs erinnert. Viele Straßen in Portugal tragen den Namen „Rua das Combatantes da Grande Guerra“, womit nicht der Zweite Weltkrieg gemeint ist – Portugal blieb hierbei ein neutraler Staat –, sondern der Erste, in dem Deutschland Portugal am 9. September 1916 den Krieg erklärte. Auf der Höhe der Rua Rosa Araújo [T17/18] steht seit 1936 ein Denkmal zu Ehren des ehemaligen Lissabonner Bürgermeisters Rosa Araújo, der den Bau der Avenida seinerzeit initiierte.

Das obere Ende der Prachtstraße wird durch den großen Kreisel rund um das 36 m hohe **Denkmal zu Ehren des Marquês de Pombal**, flankiert von einem Löwen, markiert. Der Reformer und Städtebauer blickt Richtung Tejo auf die von ihm nach dem Erdbeben von 1755 wiedererrichtete Unterstadt Baixa (Exkurs s. S. 154).

An der Ostseite der Avenida reihen sich zahlreiche **neoklassizistische Prachtbauten** aneinander, gleich am Kreisel liegt der Sitz der alteingesessenen Tageszeitung Diário de Notícias (Nr. 266). Weitere Prachtbauten sind das einstige Tivoli-Kino von Architekt R. Lino (Nr. 188), das 1936 von C. Branco entworfene Hotel Vitória (heute Sitz der Kommunistischen Partei Portugals, Nr. 170) sowie die Casa Lambertini (Nr. 166), die um die vorletzte Jahrhundertwende erbaut wurde.

An die Gefallenen des Ersten Weltkriegs wird auch durch die Benennung der Straßen gedacht

Stadtspaziergang 4: Avenida

Kein Besuch Lissabons wäre vollständig ohne eine unmittelbare Erfahrung der monumentalen Architektur des Bereiches zwischen dem Praça Marques de Pombal und dem Praça dos Restauradores und an den Seiten des Prachtboulevards Avenida da Liberdade. Von der ***Metrostation Avenida*** *aus erreicht man nach Osten gehend die Nebenstraße Rua das Portas de Santo Antão. Tagsüber eher verschlafen erwacht diese kleine Straße erst gegen Abend und bietet mit zahllosen* ***Kneipen und Restaurantbetrieben*** *auch den Reisenden Speis' und Trank. Zum hügelseitigen Stadtteil Anjos führt der* ***Elevador do Lavra,*** *einer der Lissabonner Funiculare, hinauf. Oben angekommen wendet man sich nach links und geht in die Rua J. Andrade hinein zum* ***Jardim de Torel,*** *einem der feinen Aussichtspunkte über die Unterstadt. Nach diesem kleinen Abstecher geht es weiter die Rua das Por*

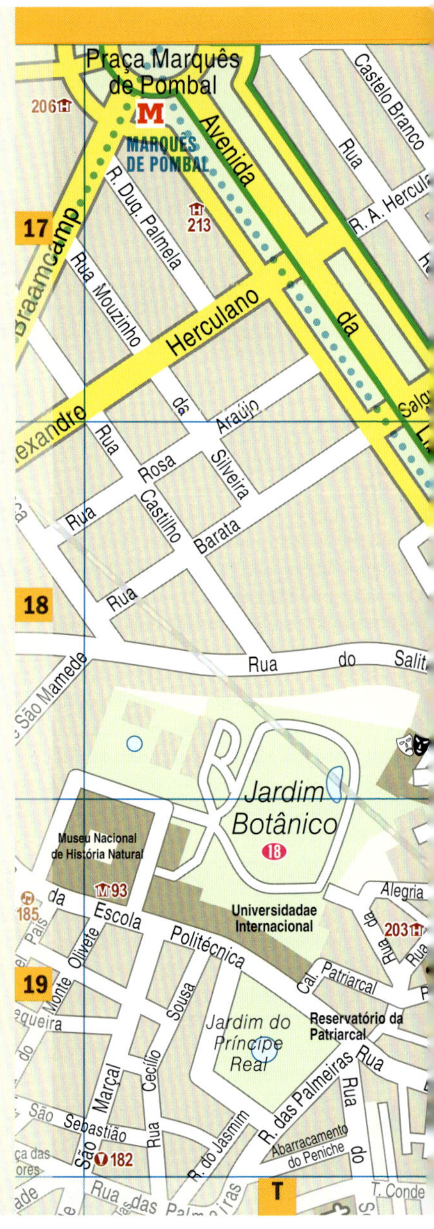

- ❶ [V19] Praça dos Restauradores S. 16
- ⓱ [U19] Miradouro São Pedro Alcântara S. 44
- ⓲ [T19] Jardim Botânico S. 45
- ㉖ [U18] Die Avenida (da Liberdade) S. 51

Alle weiteren Karteneinträge s. S. 248.

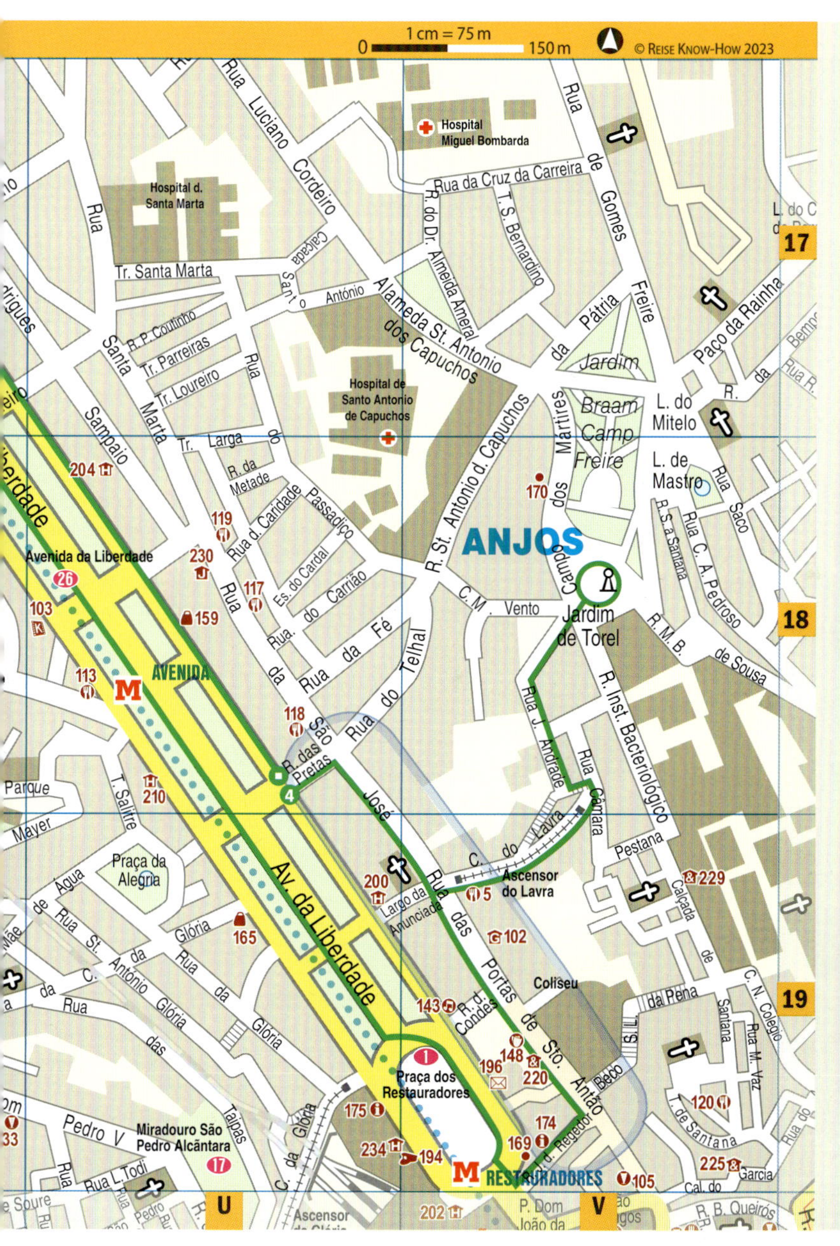
1 cm = 75 m
0 150 m
© Reise Know-How 2023
Hospital Miguel Bombarda
Hospital d. Santa Marta
Rua Luciano Cordeiro
Rua da Cruz da Carreira
Rua de Gomes Freire
Alameda St. Antonio dos Capuchos
Hospital de Santo Antonio de Capuchos
R. St. Antonio d. Capuchos
Campo dos Mártires da Pátria
Jardim Braam Camp Freire
L. do Mitelo
L. de Mastro
Rua Saco
Paço da Rainha
ANJOS
Jardim de Torel
R. Inst. Bacteriológico
Rua J. Andrade
Rua Câmara Pestana
Ascensor do Lavra
C. do Lavra
Rua das Portas de Sto. Antão
Rua de São José
Rua do Telhal
Rua da Fé
Avenida da Liberdade
AVENIDA
Av. da Liberdade
Praça dos Restauradores
RESTAURADORES
Coliseu
Praça da Alegria
Miradouro São Pedro Alcântara
Rua da Glória
Largo da Anunciada
Tr. Santa Marta
Rua Santa Marta
Rua Sampaio
Tr. Larga
Rua d. Caridade
Passadiço
Rua do Carrião
17
18
19
U
V

120lb Abb.: jg

tas de Santo Antão entlang bis zum ***Praça dos Restauradores*** ❶ *und dem zentrumsseitigen Ende der Avenida da Liberdade. Entlang der Avenida in nördliche Richtung sind zahlreiche interessante Punkte zu bestaunen, etwa der berühmte Bahnhof Rossio oder gleich darauf ein zweiter Funicular, der Ascensor da Glória zum Aussichtspunkt Miradouro S. Pedro Alcântara mit einem herrlichen Ausblick über die Unterstadt (s. Stadtspaziergang 1).*

Der Avenida immer nach Nordwesten folgend, passiert man zahlreiche Stadtpaläste sowie ein Denkmal zum Gedenken an die Opfer des Ersten Weltkrieges. Am Nordende der Avenida schließlich überragt die löwenbewehrte Statue des ***Marquês de Pombal*** *(s. S. 52) den nach ihm benannten Platz, einer der Verkehrsknotenpunkte der Innenstadt. Unmittelbar dahinter erstreckt sich der weitläufige Stadtpark Parque Eduardo VII mit der kleinen Sammlung der Estufa Fria. Auch hier gibt es einige schöne Möglichkeiten, zu verweilen oder den Ausblick über die Avenida und die Statue des Marques zu genießen. Abschließend folgt man der Avenida hinunter zurück zum Ausgangspunkt oder kann am Pr. M. de Pombal die Metro zu weiteren Zielen nehmen.*

◁ Monument für die Opfer des Ersten Weltkriegs (Avenida da Liberdade)

In der Parallelstraße Rua das Portas de Santo Antão – heute eine beliebte Kneipenmeile – fährt das 1884 in Betrieb genommene **Funicular Elevador da Lavra** [V19] gegenüber der Kapelle São José hinauf zur R. Camara. Oben liegt in der Rua de Júlio de Andrade der **Jardim de Torel,** ein kleiner Stadtpark mit schönem Blick hinunter auf die Altstadt.

› Metro: Restauradores, Avenida und M. de Pombal, Busse: 22, 44, 45, 46, 48, 49, 91

Kulinarisches

Entlang der Hauptverkehrsadern nördlich der Altstadtviertel haben sich hauptsächlich Verwaltungszentren und Hotels angesiedelt. Von einigen wenigen Snacklokalen und Bierbars abgesehen beschränkt sich das gastronomische Angebot daher auch hauptsächlich auf den Hotels angeschlossene Restaurants, die im mittleren bis gehobenen Preissegment rangieren.

› **Antikuario** €€ (s. S. 124). Wenige, aber leckere Gerichte und vor allem sehr nettes Ambiente.

› **Cervejaria Ribadouro** (s. S. 124). Eher gehobene Küche, mit Schwerpunkt auf Fisch- und Meeresfrüchtegerichten.

› **Eleven** (s. S. 124). Ohne Zweifel ist das Eleven eine der herausragenden kulinarischen Stätten Lissabons.

› **Kiosk Banana-Café Lisboa** hat mehrere Filialen, darunter alleine zwei auf der Avenida (grüne, runde Kioske), und bietet Snacks sowie kühle Getränke.

› **New Himalaia Restaurante** €€ (s. S. 124). Gute indische Küche, große Portionen, dabei sehr preiswert.

› **The Fam Kitchen** €€ (s. S. 124). Gute Steaks, aber auch Kabeljau und eine Riesenauswahl an Desserts.

123lb Abb.: jg

Am Ende der Avenida da Liberdade

Lapa und Alcântara

Die beiden Viertel westlich der Altstadt werden auf dem Weg nach Belém von den meisten Besuchern nur durchfahren. Dies ist zum Teil verständlich, liegt hier doch einer der großen Hafenbereiche Lissabons, der sehr weitläufig und wenig attraktiv erscheint. Außerdem befinden sich die touristisch interessanten Punkte dieser Gegend nicht oder nur eingeschränkt in Laufnähe zueinander.

27 Museu Nacional de Arte Antiga ★★★ [Q22]

Das Museum der antiken Kunst zeigt neben einer umfangreichen und beeindruckenden Gemäldegalerie eine Sammlung ägyptischer, griechischer und römischer Skulpturen, Keramiken sowie ausgezeichnete Silber- und Goldschmiedearbeiten. Altes portugiesisches Mobiliar, Gobelins und indisch-portugiesisches Kunsthandwerk gehören ebenfalls zur Museumskollektion.

Im Rahmen des ausgeschilderten Rundgangs sind zunächst Möbel und Inneneinrichtungen aus dem 15. bis 17. Jh. zu sehen, daran schließt sich die alte **St.-Albert-Klosterkapelle** mit blauweißen Azulejo-Bildern und Talha-Dourada-Verzierungen an. In ihrem Vorraum ist eine Krippenszene in portugiesischer Landschaft von Machado de Castro, der auch die Krippe in der Kathedrale 11 sowie die Statue von José I. auf dem Praça do Comércio 4 gestaltete, besonders bemerkenswert.

Der Hauptteil des Erdgeschosses beherbergt **europäische Malerei** des 14.–19. Jahrhunderts mit Werken u. a. von Albrecht Dürer, Lukas Cranach d. Ä., Hans Holbein d. Ä., Bassano, Pieter Brueghel

d.J., van Dyck, Zurbaran und Courbet. Das Altarbild „Versuchung des heiligen Antonius“ von Hieronymus Bosch gehört zu den berühmtesten Werken der Ausstellung. Aus der flämischen Schule stammt das Triptychon „Abstieg vom Kreuz“ von Pieter van Aelst (16. Jh.). Daran schließt sich eine kleinere Sammlung europäischer Kunst aus dem 15.–19. Jh. (Teppiche, Fayencen, Möbel, Silber und Porzellan) an.

Im ersten Stock des Museume sind vorwiegend **indisch-portugiesische Stücke,** chinesische und japanische Fayencen aus dem 18. Jh. sowie Glasarbeiten und Keramik aus Portugal und China (16.–19. Jh.) ausgestellt. Einige der Silber- und Goldschmiedearbeiten datieren bis in das 12. Jh. zurück. Auch geschnitzte Elfenbeinschatullen aus Rhinozeroshorn aus dem 18. Jh. sowie fein gearbeitetes Teakholzmobiliar mit Elfenbeinintarsien aus dem 17. Jh. sind hier ausgestellt.

Eine kleinere Abteilung wurde der **„Namban-Kunst“** gewidmet. Sie leitet sich von der japanischen Bezeichnung *Nanbanjin* für die portugiesischen Fremdlinge ab und weist auf die Kontakte Portugals mit Japan zwischen 1543 und 1639 hin. Auf Wandschirmen und Lackarbeiten haben japanische Handwerker und Künstler die ersten Kontakte der Portugiesen mit Nippon festgehalten.

Die zweite Etage beherbergt **portugiesische Kunst** (Malereien und Skulpturen) vom 15. bis zum 19. Jh. (Kunstinteressierte finden Werke von 1850 bis 1950 im Museu Nacional de Arte Contemporânea (s. S. 116), spätere Werke im Mu-

Die Ponte 25 de Abril (30) *überspannt den Tejo*

124lb Abb.: jg

seu Calouste Gulbenkian 20). Zu den bekanntesten Vertretern der hier ausgestellten Stücke gehören u. a. Frei Carlos und Cristovao de Figueiredo (16. Jh.), Francisco Vieira Portuense und Filipo Lobo (17. Jh.) sowie Domingos Antonio de Sequeira (18. Jh.).

Als herausragendstes Stück des Museums, für das ein eigener Raum abgetrennt wurde, gilt das 1910 restaurierte **Polyptychon „Veneração a São Vicente"** (Anbetung des hl. Vinzenz) des Vinzenz-Altars, das 1882 im Kloster São Vicente de Fora 7 gefunden wurde. Das Entstehungsdatum wie auch der Künstler konnten bislang nicht eindeutig bestimmt werden, man geht davon aus, dass der Hofmaler Afonsos V., Nuno Gonçalves, das sechsteilige Altarbild in der zweiten Hälfte des 15. Jh. geschaffen hat. Das Polyptychon gilt als bedeutendes kulturhistorisches Dokument wegen der Vielzahl der abgebildeten Persönlichkeiten des 15. Jh., u. a. im dritten Teil von links König Afonso V. (kniend), darüber Dom Infante Henrique sowie daneben der hl. Vinzenz.

Das gesamte Anwesen wurde im späten 17. Jh. als Stadtpalast der Adelsfamilie Alvor erbaut, wobei auch eine Kapelle aus dem 16. Jh. integriert wurde. Die hölzernen Fensterläden des Palastes wurden jahrhundertelang stets grün gestrichen, was der Straße und dem Palast den Namen „Rua" bzw. „Casa das Janelas Verdes" („Straße/Haus der grünen Fenster") zutrug. Vom kleinen Park vor dem Eingang des Museums hat man einen hervorragenden Blick über die Hafenanlagen von Alcântara und den Tejo.

› Rua das Janelas Verdes 95, www.museudearteantiga.pt, Di.–So. 10–18 Uhr, Eintritt 6 €, Schüler/Studenten/Senioren/Familien (mind. 4 Pers.) 50 % Rabatt, So. bis 14 Uhr frei, mit Lisboa Card und Circuito Lisboa (s. S. 113) frei. Nur Kartenzahlung.

› **Anfahrt:** Tram 15 von/nach Belém oder Bus 714 entlang der Avenida Quatra de Julho, die am Tejo-Ufer parallel zu den Straßenbahnschienen verläuft. Direkt vor das Museum fahren die Busse 760 (ab Pr. Martim Moniz und Pr. do Comércio), 713 (ab Pr. do Comércio) und 727 (ab Pr. M. de Pombal) vom/zum Zentrum.

EXTRATIPPS

Docas bei Tag

Auch wenn der Bar-/Discobetrieb den Hauptteil der Docas ausmacht, bieten sich auch tagsüber und am frühen Abend einige Lokale für ein gepflegtes Essen an, allen voran das **Doca de Santo.** Hier gibt es täglich wechselnde preiswerte Tagesmenüs, Komplettangebote für Gruppen und hervorragende portugiesische Küche à la carte. Später am Abend wird gelegentlich Livemusik/-entertainment geboten. Innen- und Außensitzgelegenheiten.

23 [N24] **Doca de Santo** €€, Doca de Santo Amaro, Tel. 213963535, https://docadesanto.com.pt, Mo.–Fr. 12–15 und 19.30–24, Sa., So. 12–24 Uhr

Kleine Pause mit Hafenblick

Mit Nägeln („pregos") haben die Speisen in diesem Lokal direkt am Jachthafen nichts zu tun. Pregos heißen auch die Schnitzelbrötchen, die es hier gibt, außerdem werden Meeresfrüchtegerichte, Fischsalate und Holzfällersteak mit Spiegelei serviert.

24 [N24] **Rui dos Pregos** €€, Passeio Doca de Santo Amaro, Tel. 967723483, Mo. 11.30–24, Di.–So. 10–24 Uhr

28 Docas de Santo Amaro ★ [N24]

Die „Docas“ spielen hauptsächlich abends und nachts eine Rolle (s.a. S. 129), haben aber auch tagsüber ihr Publikum. Zum einen hat man von hier einen schönen Blick auf die große Brücke Ponte 25 de Abril, zum anderen bieten hier auch tagsüber **etliche Cafés und Restaurants** ihre Dienste an – die auch gerne angenommen werden, denn im Zentrum selbst gibt es keine Möglichkeit, so dicht am Flussufer zu sitzen. Und schließlich beginnt hier eine **schöne Uferpromenade**, die bis Belém führt.

› **Anfahrt:** Ab Cais do Sodré Tram 15 Richtung Belém bis Avenida Infante Santo fahren, hier gibt es dann einen Zugang zu den Docas via Unterführung (sieht alles ein wenig dubios aus, ist eben kein Nobelviertel!), einfacher: eine Station per S-Bahn ab Cais do Sodré (bis Alcântara-Mar) fahren, dann den Ausgang „Gare-Maritim“ zu den roten Backsteinbauten.

29 Museu da Carris ★ [L23]

Carris, der bedeutendste Verkehrsbetreiber Lissabons, hat in einem ausgedienten Sammellager für Busse und Straßenbahnen ein **nicht unbedeutendes Verkehrsmuseum** aufgebaut. Anhand alter Uniformen, Karten, Bildern und restaurierter Originalfahrzeuge von den ersten pferdegezogenen Straßenwagen bis zu den auch aktuell verkehrenden Trams wird die Geschichte des Unternehmens gezeigt.

Der Museumsbesuch umfasst auch eine kurze Fahrt auf dem Gelände mit einer historischen Straßenbahn.

› Zugang in der Rua 1. Maio 100–103, Tel. 213613087, http://museu.carris.pt, Mo.–Sa. 10–13 und 14–18 Uhr, Eintritt 4,50 €, ermäßigt 2,50 €, mit Lisboa Card 30 % Rabatt, bis 6 J. frei, Tram 15 nach Belém, Haltestelle „Santo Amaro“, nützlich sind auch Bus 714 vom/zum Museu Nacional de Arte Antigua, 760 vom/zum Pr. M. Moniz und 727 (M. de Pombal)

30 Ponte 25 de Abril ★ [M26]

Eines der **Wahrzeichen Lissabons** kann man zwar nicht unmittelbar besichtigen, steht aber unübersehbar am westlichen Rand des Zentrums: die Brücke Ponte 25 de Abril. Bis in die 1960er-Jahre verkehrten ausschließlich Fahrzeugfähren über den Tejo, lediglich 30 km außerhalb der Stadt bei Vila Franca de Xira existierte seinerzeit eine Brücke.

Der Fluss verengt sich kurz vor dem Eintritt in den Atlantik an dieser Stelle noch einmal auf eine Breite von 2 km. Unter der Regierung Salazar wurde der Bau einer auf amerikanischen Plänen fußenden Stahlbetonbrücke mit 2,3 km Länge in Angriff genommen. Die Fahrbahn selbst (keine Fußgänger!) liegt 70 m über dem Meeresspiegel, die Fundamente über 80 m unter dem Meeresspiegel, die Höhe der beiden Stahlpfeiler beträgt 190 m.

Am 6. August 1966 als „Ponte de Salazar“ eingeweiht, wurde die wichtige (mautpflichtige) Verkehrsader über den Tejo später **in Gedenken an die Nelkenrevolution am 25. April 1974** (s. S. 158) umbenannt. Eine Mautgebühr wird nur für Fahrzeuge verlangt, die in Süd-Nord-Richtung (stadteinwärts) unterwegs sind (Pkw 1,95 €). Den schönsten Blick auf die Brücke genießt man von der Cristo-Rei-Statue 44 am anderen Tejo-Ufer aus.

125lb Abb.: jg

Belém

Kein Besuch Lissabons wäre vollkommen, würde man auf einen Ausflug in den Stadtteil Belém (Bethlehem) mit seinen zahlreichen Monumenten und Museen von überragender Bedeutung verzichten. Bedingt durch seine nähere Lage zum Atlantik am Tejo-Ufer entstanden im Zuge der Entdeckungsreisen der portugiesischen Entdecker das berühmte Hieronymus-Kloster und zahlreiche weitere Prachtbauten. Im Lauf der Zeit nahmen hier viele Ämter und Funktionsträger ihren Sitz und ließen repräsentative Bauten errichten. Noch heute residiert der portugiesische Staatspräsident in Belém.

Direkt am Tejo und nicht zu übersehen: Padrão dos Descobrimentos (35), das Denkmal der portugiesischen Entdecker

Zwei bis drei Museumsbesuche vorausgesetzt, sollte man durchaus einen ganzen Tag für Belém einplanen.

› **Anfahrt:** Belém ist am bequemsten ab Praça Figueira (3), Praça do Comércio (4) oder Cais do Sodré (19) jeweils mit der Straßenbahn (Linie 15, Haltestelle: Mosteiro) zu erreichen, alternativ pendelt Bus 727 zwischen Pr. M. de Pombal [T17] und Pr. A. de Albuquerque [H25] in Belém. Nützlich ist auch die 714 vom/zum Museu Nacional de Arte Antigua.

Orientierung

Die Tramlinie 15 hält unmittelbar zwischen Kloster (33) und dem Park Praça do Império (31) (Haltestelle: Mosteiro; dabei dreht die „alte" Tram direkt am Kloster, die „moderne" 15 fährt weiter bis Alges/Belém West). Die Punkte am Flussufer zwischen Padrão dos Descobrimentos 35 und Torre de Belém 36 sind am besten durch einen Fußgängertunnel in Höhe des Padrão dos Descobrimentos oder über eine Fußgängerbrücke über die vierspurige Straße zu erreichen.

Alle Sehenswürdigkeiten in Belém kann man bequem zu Fuß erkunden, außerdem pendelt ab Praça do Império 31 zwischen 10 und 18 Uhr etwa alle 30 Minuten eine **Minibahn** *(Comboio turistico)* zwischen den wichtigsten Sehenswürdigkeiten.

31 Praça do Império ★ [G25]

Der 1940 zur Weltausstellung angelegte „Reichsplatz“ (Praça do Império) dient als **kleiner ufernaher Park** mit als Stadtwappen Portugals zugeschnittenen Hecken und einem ebenfalls mit Wappen verzierten Brunnen. Rastbänke laden zum Verweilen ein, sonntags findet an der Ostseite ein Flohmarkt statt.

32 Centro Cultural de Belém ★ [F25]

Unmittelbar westlich des Praça do Império befindet sich das Centro Cultural de Belém (Kulturzentrum) mit Sälen für nationale und internationale Konferenzen, Ausstellungen, Konzerte und Aufführungen sowie Geschäfte und Restaurants. Ursprünglich nur als Sitz der portugiesischen EU-Ratspräsidentschaft 1992 konzipiert, stellt das nach Plänen von Vittorio Gregotti und Manuel Salgado errichtete Kulturzentrum auf einer Fläche von 97.000 m² heute den **Mittelpunkt des Lissabonner Kulturlebens** dar.

Teil des modernen Komplexes ist auch das **Museu Colecção Berardo**, eine Sammlung moderner Kunst des portugiesischen Multimillionärs J. Berardo (Weinimperium Bacalhôa Vinhos) mit knapp 1000 Einzelstücken, darunter u. a. Picassos und Warhols. Ein eigenständiger Ableger des Museums ist das **Museu do Design** (s. S. 114) mit Exponaten namhafter Designer wie T. Taveira, Álvaro Vieira, P. Starck oder J. Morrison.

› Praça do Império, www.ccb.pt, **Museu Colecção Berardo:** Di.–So. 10–19 Uhr, Eintritt 5 €, Sa. frei, Audioguide 3,50 €

KLEINE PAUSE

Markt im Kulturzentrum

Jeden ersten Sonntag im Monat wird im Centro Cultural 32 von 10 bis 18 Uhr ein großer überregionaler Markt mit Lebens- und Genussmitteln, Textilien, Zierrat, Duftseifen u. v. m. abgehalten.

EXTRAINFO

Museumsbesuche in Belém

Wer viele Museen in Belém besuchen möchte, sollte sich die **Lisboa Card** (s. S. 205) zulegen oder eines von etlichen **Kombitickets**, bei denen man zwei oder mehr Sehenswürdigkeiten in Belem kombinieren kann, in Betracht ziehen (z. B. Mosteiro dos Jerónimos 33 und Torre de Belém 36 für zusammen 12 €). Die Kombitickets können an den Tageskassen oder schon vorab online erworben werden. Sowohl an den Kassen (v. a. Torre und Jéronimos-Kloster) als auch beim eigentlichen Zugang ist es immer sehr voll, mit der Lisboa Card oder Vorabbuchung spart man viel Wartezeit.

› https://bilheteira.patrimoniocultural.pt/pos/event/list

33 Mosteiro dos Jerónimos (Hieronymus-Kloster) ★★★ [G24]

Das Hieronymus-Kloster gilt als das vielleicht bedeutendste Bauwerk ganz Lissabons, in architektonischer Hinsicht als Paradebeispiel der Manuelinik und aufgrund der Museen im und am Klosterareal. Das imposante Gebäude liegt unmittelbar vor einem Park am Ufer des Tejo.

Die tejoseitige **Südfassade der Igreja de Santa Maria** wird vom Südportal mit seinem reichhaltigen manuelinischem Dekor dominiert (s. Exkurs rechts), Portal und Balustrade entschärfen den strengen Eindruck der recht kompakten Fassade. Auch der achteckige Kuppelturm über dem Westportal wirkt durch die Verzierungen und die Weiterführung der acht Eckpfeiler in Spitztürme weniger massiv. Die Fensterverzierungen weisen klare, zurückhaltende manuelinische Stilelemente auf, die heutige Kuppel stammt nach mehrfachen Modifikationen aus dem 19. Jahrhundert.

Das **prächtige Südportal** stammt vom Architekten João de Castilho, der auch für das Portal der Igreja de Conceição Velha verantwortlich war. Zwischen den Türen sind als Wappentier des heiligen Hieronymus zwei Löwen dargestellt. Darüber thront Dom Infante Henrique (Heinrich der Seefahrer) als stilisierte Figur, unter dem Hauptbaldachin mit dem Christusritterkreuz hält ein Engel das königliche Wappen in Händen. Die Reliefs über den Türen beschreiben Szenen aus dem Leben des heiligen Hieronymus. Unter den 25 Figuren zwischen Pfeilern und Säulen sind u. a. die zwölf Apostel, portugiesische Könige und Königinnen sowie klerikale Würdenträger zu sehen.

Das **schlichtere Westportal** wurde von Nicolas Chanterene entworfen. Neben der Tür kniet links Manuel I. mit dem hl. Hieronymus, auf der rechten Seite sieht man seine Gattin Maria von Kastili-

☐ *Vor dem Eingang des Klosters bilden sich oft lange Schlangen*

178lb Abb.: wl

Die portugiesische Manuelinik

Im Grunde begann die Entwicklung dieser ***eigenständigen, rein portugiesischen Stilrichtung*** *der Baukunst im Anschluss an die Spätgotik mit einem banalen Schwur: König Manuel I. (1495–1521, genannt „der Glückliche") versprach, in Belém ein außergewöhnliches Kloster errichten zu lassen, falls Vasco da Gama den Seeweg nach Indien entdecken sollte. Als der Seefahrer im Herbst 1498 tatsächlich reich beladen aus Calicut (Kozhikode) zurückkehrte, löste Manuel sein Versprechen umgehend ein und ließ mit dem Hieronymus-Kloster in Belém* ㉝ *das schönste Bauwerk der damaligen Zeit errichten – der clevere König Manuel hatte sich für sein Vorhaben bereits 1496 eine entsprechende Genehmigung bei Papst Alexander VI. eingeholt.*

Der ***nach Manuel benannte Stil*** *ist dekorativ im Sinne der Spätgotik und verbindet die in Flamboyant-, Mudéjar- und Plattereskenstil geprägten Formen mit Elementen nautischen, maritimen und exotischen Ursprungs (Anker, Muscheln usw.).*

Der geradezu überladen-verspielt wirkende Baustil ist ***von verschiedenen historischen Umständen beeinflusst worden.*** *Erstens bewirkte der Erfolg da Gamas und die damit errungene Vorherrschaft Portugals in Europa und der Welt einen unbändigen Optimismus und Stolz aller Portugiesen, unmittelbar einhergehend mit Berichten über vollkommen Fremdes, Unbekanntes und Schönes, ja Märchenhaftes. Zweitens hatte sich der Hofbaumeister Manuels, Diogo de Francisco de Arruda, lange in Marokko aufgehalten und war daher teilweise auch von*

127lb Abb.: jg

der arabischen Bautradition beeinflusst worden. Und schließlich darf mit hoher Wahrscheinlichkeit davon ausgegangen werden, dass Manuel einiges Gedankengut des Templerordens (u. a. Kulturoffenheit), dessen portugiesischem Zweig er als Großmeister vorstand (s. S. 152), in die Geisteshaltung am Hof einbrachte, was letztlich auch seinen Ausdruck in der Architektur fand. Wichtigste Bauwerke waren dabei das Mosteiro dos Jéronimos ㉝ *und der Torre de Belém* ㊱.

Die vielen Schnörkel und Verzierungen im Hieronymus-Kloster waren eine Wiedergabe des Erlebten, regten die Fantasie an und luden geradezu dazu ein, die Gedanken schweifen zu lassen, statt der traditionellen kontemplativen Meditation ohne jede Ablenkung nachzugehen. Die Manuelinik ist insgesamt ***ein Ausdruck von Optimismus, der Wertschätzung des Schönen und des Prinzips der Weltoffenheit,*** *im Ergebnis eine Mischung unterschiedlicher Geisteshaltungen und Einflüsse der Spätgotik bzw. der Frührenaissance.*

Manuel I., der sich in all seinen Bauwerken mit den Initialen „MR", (lat. Manuel Rex, „König Manuel") verewigen ließ, war zudem der Initiator der typisch portugiesischen Azulejo-Kunst.

en mit Johannes dem Täufer. Das Giebelfeld über dem Türsturz (Tympanon) zeigt die Geburt Christi, darunter zwei Engel mit dem portugiesischen Wappen und die Anbetung der Hirten.

Das **dreischiffige Innere** misst vom Westportal zum Ende des Ostchores 92 m bei maximal 25 m Breite und einer einheitlichen Höhe von 25 m. Der auffällige, im Stil der späten Renaissance gehaltene Hauptchor kam erst 1571 hinzu. Einen schönen Überblick über den Kirchenraum gewinnt man von der über den Kreuzgang zu erreichenden Westempore mit dem holzgeschnitzten Renaissance-Chorgestühl der Mönche.

Über die vier durch ihre feine Ornamentik schmächtig wirkenden Säulen im Hauptschiff und zwei etwas stärkere Vierungssäulen erstreckt sich ein **gotisches Netzgewölbe.** Die früher einen zentralen Platz im Innern einnehmende Monstranz von Belém (Gefäß zum Zeigen der geweihten Hostie), ein Werk des Goldschmieds Gil Vicente, ist heute im Museu Nacional de Arte Antiga 27 zu sehen.

Unübersehbar sind die **Sarkophage einiger bedeutender Persönlichkeiten der portugiesischen Geschichte,** rechts vom Haupteingang etwa der Kenotaph (= leeres, symbolisches Grab) des Dichters Luís Vaz de Camões (s. S. 40), links jener für Vasco da Gama. Beide Grabmäler entstanden Ende des 19. Jh. während der Wiederentdeckung der goldenen Ära Portugals, was sich in der Einarbeitung vieler Details aus jener Zeit (portugiesisches Wappen, Christusritterkreuz, Armillarsphäre und eine Karavelle) zeigt.

Abgesetzt – und vergleichsweise beengt – befinden sich im Querschiff die Sarkophage diverser **Mitglieder des einstigen Königshauses,** u. a. der Kenotaph des Königs Sebastião oder die von Elefanten getragenen Grabmäler von Manuel I. und seiner Frau Maria. Rechts im Querschiff ruhen Jojo III. und seine Frau Catarina, die nach dem Ableben König Manuels die Fertigstellung des Klosters überwachten.

Den in reinster Manuelinik von Diogo de Boytaca (unten) und Jojo de Castilho (oben) ausgestalteten **zweistöckigen Kreuzgang** *(Claustro)* erreicht man vom Westportal aus. Der quadratische Kreuzhof – früher ein kleiner Teich, heute als Gärtchen angelegt – wird von zweistöckigen Kreuzgangarkaden mit jeweils 55 m Länge umgeben. Auch hier kann der aufmerksame Betrachter Armillarsphären, Christusritterkreuz, Königswappen und stilisierte Pflanzen aus Übersee als **Symbol der Entdeckungsreisen** finden. In der Nordwestecke befindet sich der Löwenbrunnen mit dem Wappentier des heiligen Hieronymus, in der Mitte der nördlichen Kreuzgangarkade wurde im späten 20. Jh. ein Grabgedenkstein für Fernando Pessoa (s. S. 115) hinzugefügt. Auch weiteren Dichtern wurde die Ehre der Verewigung in Belém zuteil, etwa dem Dichter und Geschichtsschreiber Alexandre Herculano (1810–1877), der im ehemaligen Kapitelsaal in der Nordostecke des Kreuzgangs beigesetzt wurde. Im ehemaligen Mönchsspeisesaal (Refektorium) lohnt ein Blick auf die **feinen Fliesenwandverkleidungen** aus dem 17. Jahrhundert.

› Largo dos Jerónimos 1, www.mosteirojeronimos.pt, Di.–So. 10–17, im Sommer 10–18 Uhr (Kartenverkauf nur bis 1 Std. vor Schließung), Eintritt 10 €, bis 25/über 65 Jahre 5 €, Familienkarte (2+2) 50 %, LisboaCard-Besitzer, Kinder bis 14 J. frei, Kirchenbesuch kostenlos, Kombitickets s. S. 63

34 Museu da Marinha ★★ [F25]

Ganz am Westrand des ehemaligen Klosterareals, wo ursprünglich die Klosterbibliothek untergebracht war, ließ König Luis I. bereits 1863 das nationale Museu da Marinha (Museum zur Seefahrtsgeschichte) einrichten. Es wurde später mehrfach erweitert, u.a. 1962 durch einen Neubau gegenüber der alten Klosteranlage. Ausgestellt sind im Wesentlichen **Repliken historischer Gemälde und Artefakte aus Portugals Militär- und Kolonialgeschichte** bis ins 20. Jh.

Die Ausstellung wird ergänzt durch einige Originale (z. B. alte Seekarten), Navigationsgeräte und Waffen sowie Porträts und Büsten herausragender Persönlichkeiten. Hier sieht man auch Nachbildungen jener **mit dem Christusritterkreuz versehenen Steinsäulen** *(Padrões)*, die die Portugiesen auf ihren Entdeckungsfahrten aufstellten, wo sie an Land gingen. Im Neubau des Museums findet man zudem originale Galeeren aus dem 18. und 19. Jh. sowie das mit Christusritterkreuzen verzierte Wasserflugzeug „Santa Cruz", mit dem Cabral und Coutinho 1922 auf der Route Lissabon – Rio de Janeiro den Atlantik überquerten.

› Praça do Império, Tel. 213620019, http://museu.marinha.pt, tgl. 10–17 Uhr (Sommer bis 18 Uhr), 6,50 €, Familie 14,60 €

EXTRATIPP

Planetário de Marinha

Unmittelbar hinter der Klosteranlage zwischen dem Westflügel des Klosters und dem Marinemuseum 34 wurde 1964 das moderne Planetarium mit einem Kuppeldurchmesser von 23 Metern erbaut. Wechselausstellungen zur Planetenforschung sowie diverse Multimediavorträge (auch auf Englisch, Spanisch und Französisch) im 330 Plätze fassenden Auditorium stehen auf dem Programm.

25 [F24] **Planetário de Marinha,** Praça do Império, Di.–Fr. 9.45–16 Uhr, Sa., So. 10–12, 13.30–16.30 Uhr), Eintritt 7 €, ermäßigt 3,50 €, Familie (2+2) 18 €, https://ccm.marinha.pt/pt/planetario

35 Padrão dos Descobrimentos ★★ [G26]

Durchquert man den parkähnlichen Praça do Império 31 Richtung Tejo, fällt ein seltsam anmutendes Denkmal ins Auge, das Padrão dos Descobrimentos („Denk-

128lb Abb.: jg

Von der „Rückseite" offenbart der Padrão dos Descobrimentos eine Kreuzform, in die ein Schwert eingelassen ist

mal der Entdeckungen“). Es ist aus Beton gegossen, wirkt hypermodern bis sozialistisch-monumental und soll **das Zeitalter der Entdeckungen symbolisieren.**

Auf dem Bug eines Schiffes, einer Karavelle aus dem Zeitalter der Entdeckungen nachempfunden, halten Dom Infante Henrique (Heinrich der Seefahrer), König Manuel I., Luís de Camões und weitere Vorreiter der großen Epoche Portugals sehnsüchtig über den Tejo hinweg Ausschau nach neuen Eroberungen. Dabei erinnern die hehren Herrschaften in ihrer Aufstellung allerdings ein wenig an die Bremer Stadtmusikanten ...

Diktator Salazar ließ das Denkmal 1960 anlässlich des 500. Todestages des Infanten Henrique errichten. Der Besuch der **Aussichtsplattform** lohnt sich, denn von hier hat man einen wunderbaren Blick auf Kloster 33, Tejo, Ponte 25 de Abril 30 und Cristo-Rei-Statue 44.

› Av. Brasília, Aussichtsturm und Auditorium im Innern Di.–So. 10–18 Uhr (März–September tgl. 10–19 Uhr), Eintritt 5 €, Studenten und Senioren 2,50 €, Familienkarte (2+2) 12,50 €, mit Lisboa Card und für Kinder bis 12 Jahre Eintritt frei, Tel. 213031950

Auf dem Denkmal der Entdeckungen späht Heinrich der Seefahrer sehnsüchtig in die Ferne

36 Torre de Belém ★★★ [D26]

Etwa 300 m hinter dem Museum ragt ein weiteres Paradebeispiel der späten Manuelinik aus dem Tejo hervor: der Torre de Belém („Turm von Bethlehem“). Er wurde 1515–1521 mitten in den Fluss gebaut und diente als kanonenbewehrte Verteidigungsanlage der Tejo-Mündung, von den Spaniern wurde er ab 1580 als Kerker benutzt.

Im frühen 19. Jh. von Napoleon Bonaparte zerstört, wurde der Torre de Belém 1846 in seiner jetzigen Form rekonstruiert. Der Torre de Belém, der 1983 als **UNESCO-Weltkulturerbe** klassifiziert wurde, ist heute eines der berühmtesten Bauwerke und damit **Wahrzeichen Lissabons.** Auch in der Geschichte Portugals spielt der Turm eine besondere Rolle: Mit seiner Eroberung (1580) durch die Spanier begann die 60 Jahre andauernde spanische Fremdherrschaft über Portugal. Ursprünglich als Leuchtturm und Verteidigungsfestung für den Hafen von Restelo konzipiert, ließ König Manuel I. den Turm 1515 auf einer damals dem Ufer vorgelagerten Insel errichten. Durch die **Verschiebung des Flusses** (Aufschüttung, Erdbebenschutt) ist der Turm mittlerweile vom Ufer aus zugänglich, ein Steg führt über ein Was-

Stadtspaziergang 5: Belém

Auch Kurzurlaubern mit vergleichsweise wenig Zeit sei ein Besuch von Belém wärmstens ans Herz gelegt. Einige der bedeutendsten kulturhistorischen Monumente, die in einem mittelbaren oder unmittelbaren Zusammenhang mit dem Zeitalter der portugiesischen Entdeckungsreisen stehen, warten auf den interessierten Reisenden. Ausgangspunkt ist der ***Praça do Império*** *31 mit seinen nachts beleuchteten Brunnenfontänen gegenüber vom* ***Hieronymus-Kloster*** *33. Daran schließt sich unmittelbar das Areal des Kulturzentrums (***Centro Cultural*** *32) mit der hier ausgestellten Berardo-Sammlung an. Durch eine Fußgängerunterführung gelangt man ans Tejo-Ufer mit dem berühmten Padrão dos Descobrimentos 35, dem Denkmal der Entdecker mit Prinz Henrique an der Spitze und der gigantischen Windrose vor der Anlage. Von hier aus erstreckt sich der Weg am Ufer entlang, vorbei am Museu de Arte Popular, bis zum* ***Torre de Belém*** *36, einem der beliebtesten Fotomotive Lissabons. Hinter dem Turm mit seiner kleinen Grünanlage mögen militärisch Interessierte einen Blick ins Militärmuseum des Forte de Bom Sucesso sowie den benachbarten Märtyrerschrein werfen.*

Nach diesen beeindruckenden Monumenten am Flussufer kann man nun landseitig der Avenida da India, besser (und schöner) aber denselben Weg über das Kulturzentrum zurück gehen. Jetzt kann man das vielleicht bedeutendste manuelinische Bauwerk Lissabons – wenn nicht des ganzen Landes – besuchen: das ***Hieronymus-Kloster*** *33 mit dem benachbarten Marinemuseum (***Museu da Marinha*** *34).*

Im Anschluss an diese sicherlich famosen Eindrücke bietet sich eine Rast entweder im Restaurant des Kulturzentrums oder in einer der kleinen Caféterias entlang der Rua de Belém an.

So gestärkt erreicht man ein Stück weiter östlich den ***Praça Alfonso de Albuquerque,*** *der einem der großen Eroberer Portugals gewidmet ist. Direkt gegenüber bietet sich ein Abstecher ins* ***Museu dos Coches,*** *dem nationalen Kutschenmuseum, an.*

Auf den Staatspalast des Präsidenten, den ***Palácio Nacional de Belém*** *37 an der Ecke der Rua de Belém zur Calçada da Ajuda, wird der Besucher nur einen Blick von außen werfen können. Hier folgt man der Ajuda, entlang des schönen Jardim do Ultramar linker Hand, 500 m hinauf und biegt links hinein in die Rua Almeida, sofort rechts in die Amorim und dann wieder links in die Castilho hinein bis zur Travessa da Memoria mit der gleichnamigen Kirche. Anschließend geht die Travessa da Memoria weiter bis zur Travessa Paolo Martins (rechts) und die Ajuda dann weiter hinauf zum botanischen Garten sowie dem sehenswerten* ***Palácio da Ajuda*** *38, dem Schlusspunkt dieses Belém-Rundganges.*

Von hier aus kann man abschließend bequem mit der Tram 18E zurück ins Zentrum (Cais do Sodré) fahren oder aber ab Kloster den Bus 727 zum Pr. M. de Pombal nehmen.

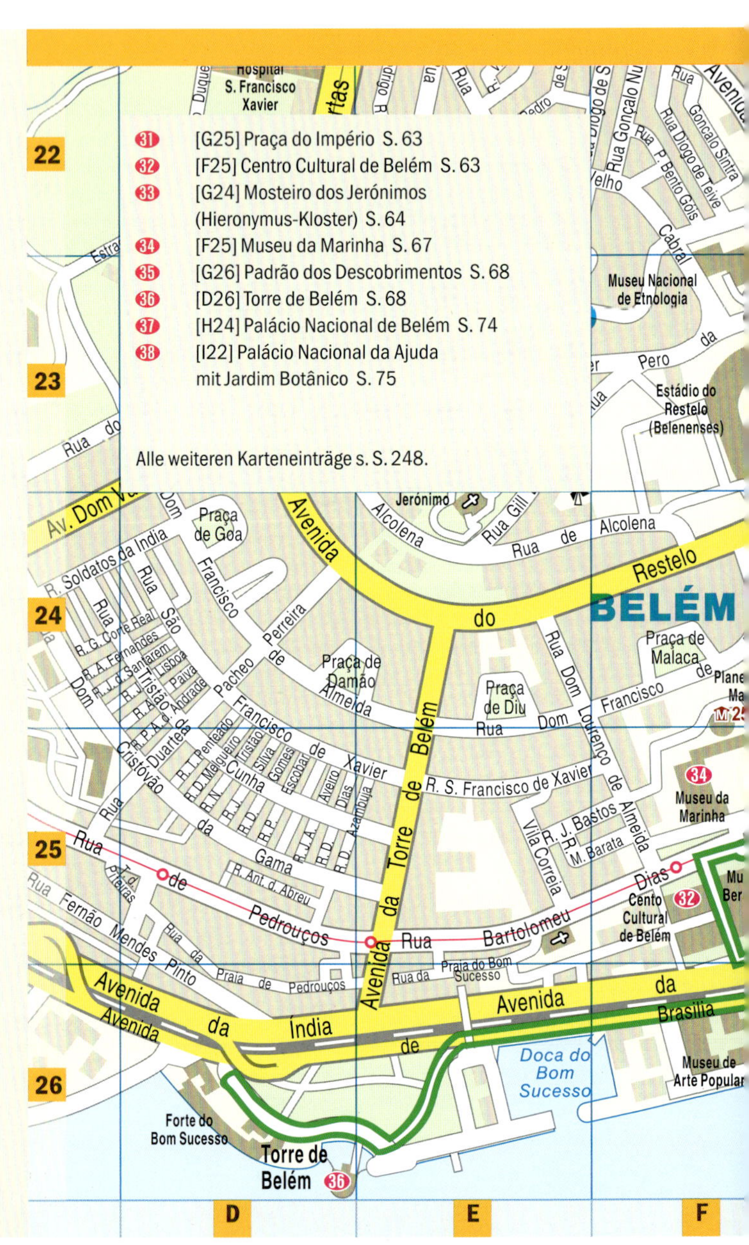
31 [G25] Praça do Império S. 63
32 [F25] Centro Cultural de Belém S. 63
33 [G24] Mosteiro dos Jerónimos (Hieronymus-Kloster) S. 64
34 [F25] Museu da Marinha S. 67
35 [G26] Padrão dos Descobrimentos S. 68
36 [D26] Torre de Belém S. 68
37 [H24] Palácio Nacional de Belém S. 74
38 [I22] Palácio Nacional da Ajuda mit Jardim Botânico S. 75
Alle weiteren Karteneinträge s. S. 248.
22
23
24
25
26
D
E
F
BELÉM
Hospital S. Francisco Xavier
Museu Nacional de Etnologia
Estádio do Restelo (Belenenses)
Praça de Goa
Praça de Damão
Praça de Diu
Praça de Malaca
Avenida do Restelo
Avenida da Torre de Belém
Rua de Alcolena
Rua Dom Lourenço de Almeida
R. S. Francisco de Xavier
Rua de Pedrouços
Rua Bartolomeu Dias
Rua Fernão Mendes Pinto
Avenida da Índia
Avenida de Brasília
Museu da Marinha
Centro Cultural de Belém
Doca do Bom Sucesso
Museu de Arte Popular
Forte do Bom Sucesso
Torre de Belém

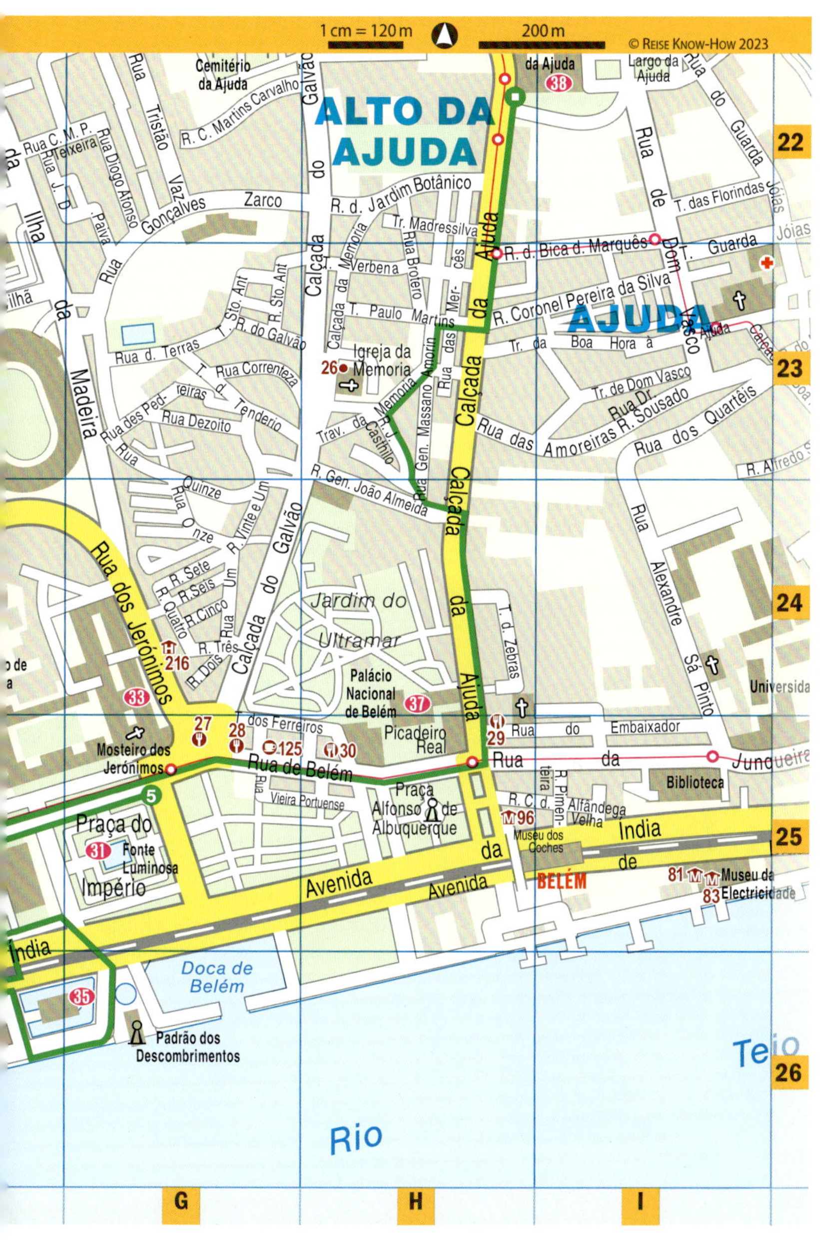
1 cm = 120 m
200 m
© Reise Know-How 2023
ALTO DA AJUDA
AJUDA
Cemitério da Ajuda
da Ajuda
38
Largo da Ajuda
Igreja da Memoria
26
Jardim do Ultramar
Palácio Nacional de Belém
37
Picadeiro Real
Mosteiro dos Jerónimos
33
27
28
125
30
29
216
Praça Alfonso de Albuquerque
Praça do Império
31
Fonte Luminosa
35
Padrão dos Descombrimentos
Doca de Belém
96
Museu dos Coches
BELÉM
81
83
Museu da Electricidade
Biblioteca
Universida
Rio Tejo
Rua de Belém
Rua dos Jerónimos
Calçada da Ajuda
Calçada do Galvão
Avenida da Índia
Rua da Junqueira
Rua do Embaixador
Rua das Amoreiras
Rua dos Quartéis
Rua Alexandre Sá Pinto
Rua Dom Vasco
Rua da Madeira
Rua Gonçalves Zarco
R. d. Jardim Botânico
R. C. Martins Carvalho
Rua Tristão Vaz
Rua Diogo Afonso
Rua C. M. P. Teixeira
R. d. Bica d. Marquês
R. Coronel Pereira da Silva
Tr. da Boa Hora à Ajuda
Tr. de Dom Vasco
Rua Dr. R. Sousado
T. das Florindas
T. Guarda Jóias
Rua do Guarda Jóias
Tr. Madressilva
Rua Broteiro
T. Verbena
T. Paulo Martins
Calçada da Memoria
Trav. da Memoria
R. J. Castilho
Rua Gen. Massano Amorin
Rua das Mercês
R. Gen. João Almeida
Rua d. Terras
R. do Galvão
Rua Correnteza
T. d. Tenderio
Rua des Pedreiras
Rua Dezoito
Rua Quinze
Rua Onze
R. Vinte e Um
R. Sete
R. Seis
R. Cinco
R. Quatro
R. Três
R. Dois
Rua Um
T. dos Ferreiros
Rua Vieira Portuense
T. d. Zebras
R. Pimenteira
R. C. d. Alfândega Velha
R. Alfredo S
G
H
I
22
23
24
25
26
5

serbecken zum Turmeingang. Baumeister war Francisco de Arruda, der zu den bekanntesten Architekten der Manuelinik gehörte. Sein Stil war von seinem älteren Bruder Diogo de Arruda und seinen Aufenthalten in Nordafrika geprägt, was sich beim Torre de Belém auch in der **Einbeziehung maurischer Elemente** zeigt.

Die Anlage besteht im Wesentlichen aus einem **vierstöckigen Turm** und einer in Form eines Schiffsbugs gestalteten **Bastion auf sechseckigem Grundriss.** Die Hauptfassade der Bastion ist zur Seeseite hin ausgerichtet, in die Mauern sind Schießscharten eingelassen. Miniaturtürme mit Kuppeldach nach maurischem Vorbild *(Vedette)* an den Außenseiten sowie aus aneinandergereihten Wappen bestehende Zinnen prägen das äußere Erscheinungsbild, auch die Balustrade des Turmumgangs besteht aus nebeneinander eingelassenen Wappen. Doppelbogenfenster und eine aus sieben Bögen geformte flussseitige Loggia weisen venezianische Züge auf. Auf der Bastionsfläche diente früher ein Leuchtfeuer **als Warnhinweis für den Schiffsverkehr,** heute findet man hier unter einem Baldachin die gotische Marienstatue „Nossa Senhora do Bom Sucesso" (Unsere Mutter des guten Erfolgs).

130lb Abb.: jg

Manuelinische Ornamente finden sich überall. Neben den zahlreichen Wappen stößt man auf mit Christusritterkreuzen verzierte kleine Balkone, an der Hauptfassade prangt das portugiesische Wappen mit Krone und Armillarsphären. Spitzen, Verzierungen und sich um den Turm ziehende steinerne Taue sind weitere unverkennbare Elemente der manuelinischen Ornamentik.

Die Turmkonsolen sind mit **exotischen Tierköpfen** versehen (Löwen, Widder, Delfine und Nashorn), wobei der am landseitigen Westturm angebrachte Nashornkopf an ein Geschenk an Manuel I. aus Indien erinnert. Es soll sich um das **erste urkundlich belegbare Nashorn in Europa** gehandelt haben, das sich sogar in einer berühmten Holzschnitzarbeit Albrecht Dürers wiederfindet. Das Nashorn erlitt übrigens ein trauriges Ende: Es sollte als Geschenk an Papst Leo X. nach Italien verschifft werden, das Schiff sank jedoch vor der italienischen Küste.

Das **Innere der Turmanlage** nimmt sich dagegen **eher schlicht** aus. Im Erd-

Der Aufstieg lohnt sich: Von der oberen Plattform des Torre de Belém hat man eine tolle Aussicht

129lb Abb.: jg

geschoss befanden sich die Lagerräume für Waffen und Lebensmittel, in den oberen Etagen der Gouverneursraum – ein dem Monarchen vorbehaltener Raum –, ein Audienzsaal sowie eine kleine Kapelle. Von der **oberen Turmplattform** kann man einen herrlichen Blick über den Tejo fast bis zum Atlantik und landeinwärts (zumindest bei klarer Sicht) auf das Hügelland von Sintra mit dem Palácio da Pena 58 genießen.

Ganz unten und durch schwere Gitterluken gesichert richteten die Spanier ein **Verlies** ein. Hier stand bei Flut den Gefangenen das Wasser im wahrsten Sinne des Wortes (beinahe) bis zum Hals.

› Avenida Brasilia, Okt.–April Di.–So. 10–17.30 Uhr, Mai–Sept. Di.–So. 10–18.30 Uhr, Eintritt 6 €, Pers. bis 25 und ab 65 Jahren 3 €, Kinder bis 14 Jahre und mit Lisboa Card Eintritt frei, Kombitickets (s. S. 63)

50 Meter hinter dem Torre de Belém wurde das kleine **Militärmuseum Forte de Bom Sucesso/Museu do Combatante** eröffnet. Zu sehen sind Uniformen, Waffen, Geräte und Bildausstellungen zu Friedensmissionen Portugals usw.

› Avenida Brasilia, im Sommer 9.30–18 Uhr, im Winter 9.30–17 Uhr, Eintritt 3 €, ermäßigt 2 €, Tel. 213017225

Direkt nebenan liegt ein mit Ehrenwachen ausgestatteter **Märtyrerschrein** der im Dienst des klerikal-faschistischen Salazar-Regimes zwischen 1958 und 1974 rund 10.000 gefallenen Soldaten. Auf der Wiese zwischen Fort und Belém-Turm ist der Nachbau eines his-

Das Wahrzeichen der Stadt: der Torre de Belém

131lb Abb.: jg

torischen Flugzeugs zu sehen, der die Maschine von Gago Coutinho und Sacadura Cabral darstellt, die im Jahr 1921 als erste Menschen den Südatlantik von Portugal nach Brasilien auf dem Luftweg überquerten.

⌃ *Das Militärmuseum*

37 Palácio Nacional de Belém ★★ [H24]

Gegenüber dem Praça Afonso de Albuquerque [H25] erstreckt sich ein **prächtiger Gebäudekomplex:** der wegen seiner **rosafarbenen Fassade** im Volksmund auch „Palácio Corde Rosa" genannte Palácio Nacional (Nationalpalast).

1559 von der gräflichen Familie Aveiro gebaut, erwarb 1726 João V. das Ensemble als königliches Quartier in Belém. Er ließ zahlreiche Erweiterungen vornehmen und einen weitläufigen Garten anlegen. Dies sollte sich als Glücksgriff erweisen, da während der Regentschaft von José I. am 1. November 1755 der eigentliche Stadtpalast am Terreiro do Paço (nahe Praça do Comércio 4) während des großen Erdbebens (s. S. 154) vollständig zerstört wurde. Die heutige Anlage geht auf das späte 19./frühe 20. Jh. zurück, heute ist der Palácio **ständiger Sitz des portugiesischen Staatspräsidenten.**

Der Palast selbst ist für die Öffentlichkeit zugänglich, die Posten im klassischen Wachhäuschen davor sind recht fotogen.

EXTRATIPP

Historische Häuserzeile

Zwischen dem Praça do Império 31 und dem Praça Afonso de Albuquerque [H25] sieht man am Rand einer großen Rasenfläche an der Rua Vieira Portuense [G25] einige **schmale Häuser mit auffallend bunten Fassaden,** die größtenteils noch aus dem 16. oder 17. Jahrhundert stammen. Hierbei handelt es sich um bemerkenswerte ehemalige Bürgerhäuser aus der Gründungszeit Beléms.

Afonso de Albuquerque

Im Zentrum des kleinen quadratisch angelegten Parks Praça Afonso de Albuquerque [H25], gegenüber dem Palácio Nacional, steht eine knapp 4 m hohe Bronzestatue ***eines der bekanntesten Portugiesen aus dem „Goldenen Zeitalter“:*** *Afonso de Albuquerque (* 1453 in Alhandra bei Lissabon, † 16. Dezember 1515 vor Goa/Indien). Der aus dem Hochadel stammende, mal „Afonso der Große“, mal „Leão dos Mares“ („Löwe der Meere“) genannte Albuquerque wuchs am Königshof auf und beteiligte sich an Kriegen gegen Kastilien (1476), die Türken (1481) und am Feldzug in Marokko (1489–1495).*

Seinen ***politischen Zenit*** *erreichte Albuquerque ab 1503 mit seiner* ***ersten Indienreise.*** *Er reiste zum indischen Subkontinent mit dem Auftrag, die portugiesische Präsenz in Indien zu stärken, was ihm durch Gefechte, Festungsbauten und die Errichtung von Handelsstützpunkten (Cochin, Calicut, Quilon) auch hervorragend gelang.*

Mitte 1504 kehrte Albuquerque mit reicher Gewürzfracht nach Portugal zurück. Zudem sorgte er auch für eine exotische Ausstattung des Privatzoos von König Manuel I., unter anderem mit einem Rhinozeros aus Indien (das auch als Skulptur beim Turm von Belém 36 verewigt wurde).

Für seine militärischen Verdienste wurde Afonso von Johann II. zum Mitglied seiner persönlichen Leibgarde ernannt und mit dem Ehrentitel eines „Obersten Stallmeisters“ des königlichen Hofes ausgezeichnet.

Mit seiner Tätigkeit ***schuf Afonso die Basis für die nachfolgende Asienexpansion Portugals*** *im 16. Jahrhundert.*

› Calçada da Ajuda 11, www.presidencia.pt, geöffent: 9–19 Uhr (Infos zum Komplex und der Arbeit des portugiesischen Präsidenten, auch auf Englisch)

Im Präsidialpalast ist auch das kleine **Museu da Presidência da República** untergebracht, welches in gemischter Fest- und Wechselausstellung über das politische Leben und Wirken der portugiesischen Staatsoberhäupter informiert.

› Praça Afonso de Albuquerque, Tel. 213614660, www.museu.presidencia.pt, geöffnet Di.–So. 10–18 Uhr, Sa., So. 10–13 und 14–18 Uhr. Eintritt 2,50 €, ermäßigt 1,50 €, Familie 6 €, Kombiticket Präsidialmuseum und Palácio Nacional de Belém 37 5 €

Zur Palastanlage gehörte ursprünglich auch eine sich über rund 7 ha erstreckende Grünfläche, die 1912 als eigenständiger **tropischer Garten** unter der Bezeichnung **Jardim do Ultramar** („Übersee-Garten“) angelegt wurde. Hunderte Exemplare exotischer Fauna gedeihen noch heute in dieser Oase der Stille direkt hinter dem Palácio.

› Zugang vom Largo dos Jeronimos, Di.–So. 10–17 Uhr, Eintritt frei

Ebenfalls zum Palastareal gehörte ursprünglich am Südostrand der abgesetzte königliche Marstall (Reithalle und Stallungen), der heute das **Museu Nacional dos Coches** (s. S. 117) beherbergt. Königin Amélia hatte 1905 die Idee, di-

EXTRATIPP

Igreja de São José da Memoria
Etwa mittig zwischen dem Zugang zum Jardim do Ultramar und Jardim Botânico da Ajuda ließ König José I. 1760 nach einem gescheiterten Attentat auf ihn als Dank für den göttlichen Schutz die hübsche Kuppelkirche nach Vorlagen des Baumeisters Vicente errichten. Als wichtigste Persönlichkeit wurde hier der Minister Josés I. und Wiedererbauer der Altstadt, der berühmte Marquês de Pombal, bestattet.

ii26 [H23] **Igreja de S. José da Memoria**

verse prächtige Pferdekutschen auszustellen. Im Laufe der Jahre konnten 54 höchst unterschiedliche Paradekutschen aus dem 16. bis 19. Jh. zusammengetragen werden. Im Freigang des Obergeschosses sind außerdem Bilder und Gebrauchsgegenstände zur Reiterei und zum Stierkampf zu sehen.

› Di.–So. 10–18 Uhr, Eintritt 8 €, bis 25/ab 65 Jahre 5 €, Familien 50 %, am ersten So. im Monat generell kostenlos, Kinder bis 12 Jahre und Lisboa-Card-Besitzer Eintritt frei

Schließlich kann noch die **ehemalige königliche Reitschule (Picadeiro Real)** in der Grünanlage gegenüber vom Präsidentenpalast besichtigt werden.

› Pr. A. de Albuquerque, Tel. 213610850, 4 €. Kombitickets (PN Ajuda/Kutschenmuseum/Reitschule 8 €) sind im Kutschenmuseum erhältlich. Zu sehen ist eine königliche Bildergalerie sowie im Grunde eine Erweiterung zum Kutschenmuseum.

38 Palácio Nacional da Ajuda mit Jardim Botânico ★★ [I22]

Als Ersatz für die beim Erdbeben 1755 zerstörte königliche Residenz am Terreiro do Paço (nahe Praça do Comércio 4) wurde in den Folgejahren der Palácio Nacional da Ajuda erbaut. Zunächst eine reine Holzkonstruktion, brannte dieser 1754 vollständig ab und wurde ab 1802 nach Plänen des italienischen Palastbaumeisters Fabri neu konstruiert, jedoch **nie gänzlich fertiggestellt.**

Als permanente Residenz wurde das Bauwerk dann lediglich in der zweiten Hälfte des 19. Jh. von König Luís I. und seiner Gattin Maria von Savoyen genutzt, ansonsten diente es diversen administrativen Einheiten als Arbeitskomplex.

Sofern nicht bei Besuchen von Staatsgästen gesperrt, können die **original erhaltenen königlichen Gemächer**, der Kronsaal und die Ballräume sowie die

180lb Abb.: wl

Gigantische verwilderte Kakteen im Jardim Botânico da Ajuda

Kunstgalerie Luís I. im Rahmen einer Führung besichtigt werden.

› Largo da Ajuda, Tel. 213620264, www.palacioajuda.pt, Do.-Di. 10-18 Uhr, 6 €, Studenten, Senioren und Familienkarten 50 %, Kombiticket mit Kutschenmuseum und Reitschule 12 €

Im 1768 im Auftrag von König José I. unter Marquês de Pombal (s. S. 52) angelegten **Jardim Botânico da Ajuda** führen Spazierwege an kunstvoll angelegten Hecken, exotischen Bäumen und anderen Pflanzenarten aus den ehemaligen portugiesischen Kolonialgebieten entlang. Neben einem wild belassenen Kakteenhaus zieht vor allem der zentrale, mit 40 Wasserspeiern versehene Brunnen die Blicke der Besucher auf sich. 1910 wurde der Park der landwirtschaftlichen Abteilung der technischen Universität überschrieben. Leider wirkte die Anlage bei der letzten Recherche etwas vernachlässigt.

› Calçada da Ajuda, www.isa.ulisboa.pt/jba/apresentacao, Mai-Sept. Mo.-Fr. 10-18, Sa., So. 10-20, Okt.-April Mo.-Fr. 10-17, Sa., So. 10-18 Uhr, Eintritt 2 €, Stud./Senioren 1 €, Kinder unter 7 Jahren Eintritt frei

Kulinarisches

27 [G25] **Kiosk Banana-Café Lisboa,** Largo dos Jeronimos, an der Straßenbahn-Endstation am Kloster. Snacks und kühle Getränke, kleiner Außenbereich. Es gibt mehrere Filialen in der Stadt, unter anderem zwei auf der Avenida da Liberdade im Zentrum.

28 [G25] **Pao & Queijo,** Rua Belém 126, Tel. 213626369, tgl. 10-23 Uhr, So. 10-20 Uhr. Leckere warme und kalte Snacks, Sandwiches, Baguettes, Pitabrote, kleiner Außensitzbereich.

› **Pastelaria Pastéis de Belém** (s. S. 126)

29 [H25] **Restaurant Solar do Embaixador Belém** €, etwas versteckt in der Rua do Embaixador 210, Tel. 213625111, Mi.-Mo. 12.30-22.30 Uhr. In dieser Bierschänke geht es wesentlich weniger touristisch zu als in den Lokalen am Ufer. Hier werden rustikale, überwiegend einheimische, zünftige, traditionelle portugiesische Küche und kühle lokale Biere serviert.

30 [H25] **Taberna dos Ferreiros** €, Tv. Ferreiros a Belém 5, Tel. 215873837, Di.-Sa. 12-15 und 19-22 Uhr, So. nur 12-15 Uhr. Ursprünglich eine Handwerkerkneipe, ist die Taberna inzwischen längst ein Geheimtipp für leckere und raffinierte Kreationen. Etwas versteckt um die Ecke der Pastelaria Pastéis de Belém gelegen.

EXTRATIPP

Sightseeing mit der Fähre

Von März bis Oktober bietet der örtliche Fährbetreiber Transtejo in Zusammenarbeit mit Carris 90-minütige Bootsrundfahrten ab Terminal Fluvial do Terreiro do Paço [W22] an. Nach dem „Hop-on-Hop-off"-Prinzip werden alle Transtejo-Fährhäfen (s. S. 212) angefahren und die Sehenswürdigkeiten mehrsprachig erläutert. Das 24 Stunden gültige Ticket kostet 22 € (www.yellowbustours.com/en/lisbon/yellow-boat-belem-river-cruise). So können vom Fluss aus Belém und das Zentrum aus einer gänzlich anderen Perspektive genossen werden - vor allem im Sommer sehr zu empfehlen!

Die Firma Transtejo fährt außerdem von den Cais do Sodré 19 alle 15 Min. nach Cacilhas am Südufer des Tejo für 1,40 € zur Cristo-Rei-Statue 44.

Einzelpunkte

Die bislang genannten Sehenswürdigkeiten umfassen das eigentliche, altstädtische Zentrum oder die geschlossen zu besuchenden Viertel Lissabons und sind in Form von Rundgängen bzw. -fahrten leicht zu besichtigen. Daneben gibt es noch eine ganze Reihe empfehlenswerter Örtlichkeiten, die allerdings gezielt angefahren werden müssen.

39 Basílica da Estrela ★★ [Q20]

Die Tram 28 führt vom Praça Figueira nicht nur um den Burgberg herum durch die Baixa ins Chiado-Viertel, sondern in westliche Richtung weiter die Rua Loreto am löwenbewehrten portugiesischen Parlament (Assembleia da República) entlang und weiter zur Basílica da Estrela. Die vor allem vom Tejo aus **weithin sichtbare Kuppelkirche mit Zwillingstürmen** entstand 1799 unter Maria I., die diese Basilika zum Dank für die Geburt eines männlichen Thronfolgers errichten ließ, 1816 wurde sie hier bestattet.

Das Gotteshaus mit zentraler Kuppel und Empore entstand auf kreuzförmigem Grundriss und wirkt insgesamt eher schmal. Dem barocken Grundkonzept der **weich und licht wirkenden Kirche** wurden klassizistische Charakteristika beigefügt, wofür die italienischen Künstler Pompeu Batoni und Pedro Alexandrino verantwortlich zeichnen.

Der gegenüberliegende **Park Jardim da Estrela** bildet als grüne Oase (Sa. vorm. Trödelmarkt) einen wohltuenden Kontrast zum sonst architektonisch dominierten Stadtbild Lissabons.

› Praça da Estrela, Eintritt frei, tgl. 8–19 Uhr, Tram 28 bis Praça de Estrêla

Einige Haltestellen weiter, an der Endstation der Linie 28, liegt der **Cemitério dos Prazeres** [O20], ein weitläufiger Friedhof mit Grabstätten berühmter Portugiesen.

› Tram 28 bis Campo de Ourique, Metro: Estrela (ab 2024)

40 Aqueduto das Águas Livres ★★ [O15]

Schon beim Landeanflug auf Lissabon erkennt man die Reste eines alten Aquädukts. Südlich vom Bahnhof Campolide steht das sehenswerte **Relikt der frühen Wasserversorgung** der Stadt. Auf einer Länge von knapp 950 m überspannen 35 Bögen auf einer Höhe von bis zu 65 m das darunterliegende Tal. Schon unter König João V. wurde 1731–1748 eine 60 km lange Versorgungslinie von den „Aguas Livres" genannten Quellen nördlich des Zentrums bis in die Innenstadt gebaut, spektakulärster Teil war der noch heute erhaltene Aquädukt. Ende des 19. Jh. wurden moderne Wasserleitungen in Lissabon installiert und die alte Leitung stillgelegt.

Es bietet sich eine famose Aussicht auf weite Teile der Stadt, die von hier wie ein Miniaturmodell aussieht. Der Aquädukt ist beidseitig auf einem Fußweg begehbar.

› Calçada da Quintinha, Besichtigung April–Okt. Di.–So. 10–17.30 Uhr, Eintritt 3 €, unter 12 Jahren frei, Bus 702 ab M. do Pombal bis Cç. Mestres Rua 5 (vier Stationen), ein Schild direkt an der Haltestelle weist in die Richtung, in der sich der Zugang zum Aquädukt befindet.

Noch heute beeindruckend – der begehbare Aquädukt

41 Campo Grande ★ [S8]

Zwischen Universität, Flughafen und modernen Trabantensiedlungen erstreckt sich auf einer Länge von 1,2 km die Grünanlage Campo Grande. Ursprünglich (seit dem 16. Jh.) ein Exerziergelände, ging man im 18. Jh. dazu über, hier ein städtisches Naherholungsgebiet mit Teichen und Grünanlagen anzulegen. Heute dient der Park mit Ruderbootverleih und Cafés als **bevorzugtes Naherholungsgebiet** der Stadt.

Am Nordwestrand der Parkanlage befindet sich das **Museu de Lisboa** (Stadtmuseum, s. S. 114) das 1962 im Palácio Pimenta, dem einstigen Sitz der Mätresse von König João IV., eingerichtet wurde. Archäologische Funde, historische Gemälde und eine Abteilung zum Erdbeben von 1755 bieten einen Einblick in die Stadtgeschichte. Auch die Räumlichkeiten des Palastes selbst sind sehenswert.

42 Museu Nacional do Azulejo ★★★ [b17]

Wenngleich etwas abgelegen in einem ansonsten eher unattraktiven Viertel gelegen, empfiehlt sich dennoch unbedingt ein Besuch des in eine ehemalige Klosterkirche integrierten Azulejo-Museums. 1509 begründete Königin Leonora das Convento a Madre de Deus als **Klarissenkloster im manuelinischen Baustil.** Während des Erdbebens von 1755 weitgehend zerstört, wurde der Bau unter König José I. weitergeführt und 1872 in der heutigen Form fertiggestellt. Vorlage für die Restaurationsarbeiten war eine Abbildung aus dem 16. Jh., die heute im Museu Nacional de Arte Antiga 27 zu sehen ist.

181lb Abb.: wl

Neben den typisch manuelinischen Zierelementen sind im Außenbereich auch Pelikan und Netz, Leonoras Embleme, integriert worden. Das einschiffige Kircheninnere ist im Stile des Barock mit Goldornamenten im oberen Bereich und den landestypischen Azulejos im unteren Teil prächtig ausgekleidet. Das Tonnengewölbe wurde mit 20 bildlichen Darstellungen aus dem Leben Marias verziert, sodass das **gesamte Kircheninnere vollständig ausgeschmückt und prunkvoll-überladen** wirkt.

Vom ursprünglichen Kirchenbau sind noch Teile des Kreuzganges mit markanten grünen Fliesenverkleidungen erhalten. Diese stammen aus dem benachbarten Spanien und sind in Portugal nicht allzu häufig anzutreffen. In einem der jüngeren zweistöckigen Kreuzgänge ist die Grabplatte der Königin Leonora zu sehen.

Einer der Höhepunkte der Anlage ist der **aufwendig ausgestaltete Kapitelsaal** im Hochchor mit Blick in die Kirche hinein, unbedingt sehenswert ist auch das **große Azulejo-Bildnis im Renaissancekreuzgang** mit einer kompletten Stadtansicht Lissabons. Die weiteren Räumlichkeiten umfassen eine **Azulejo-Sammlung** vom 15. bis zum 18. Jh., anhand derer die Entstehungsgeschichte der Azulejo-Kunst in Portugal dokumentiert wird.

› Rua Madre de Deus 4, Tel. 218100340, www.museudoazulejo.pt, Di.–So. 10–13, 14–18 Uhr, Eintritt 5 €, ermäßigt 2,50 €, Familien 2,50 € p. P., Museums-Kombitickets s. S. 113, mit Lisboa Card Eintritt frei

› An-/Weiterfahrt: Das Museum erreicht man am besten mit Bus 794 vom/zum (Metro-) Bahnhof Santa Apolónia. (Dieselbe Linie fährt auch zum Bahnhof Oriente am Parque das Nações 43, sodass man die beiden Sehenswürdigkeiten gut miteinander verbinden kann.) Auch Bus 759 fährt in unmittelbare Museumsnähe: Er biegt in der Inf. Henrique beim großen Lidl-Supermarkt links ab und fährt auf eine kleine Eisenbahnunterführung zu – hier aussteigen und vor der Unterführung 150 m links die Straße hinein zum Museum. Beide Busse fahren auch ab Restauradores (praktisch direkt vor der Touristeninformation, s. S. 181) via Pr. do Comércio.

⊡ *Der Torre Vasco da Gama ist das höchste Gebäude Portugals*

43 Parque das Nações ★★★ [g4]

Nach den zahlreichen Ausflügen in die Vergangenheit etwa in Belém oder in den Vierteln um das Kastell 10 bietet sich dem Besucher ein beinahe unheimlich anmutender Kontrast im ebenso unbedingt empfehlenswerten, hypermodernen Parque des Nações, dem Gelände der Expo-Weltausstellung 1998.

Das Paradestück der Areals ist das herausragende **Oceanário**, eines der größten Aquarien weltweit. Die Gesamtanlage ist in eine temporäre und eine Dauerausstellung gegliedert, wobei die Dauerausstellung der interessantere Teil ist. Fünf verschiedene Unterwasserklimazonen werden in dem gigantischen Becken künstlich vereint. Der Besucher beginnt

KLEINE PAUSE

Verköstigung auf dem Expo-Gelände

An der Promenade zwischen Kongresshalle und Tejo-Ufer reihen sich diverse gemütliche Lokale unter einem einer Bahnhofshalle ähnelnden Wellblechdach auf. Besonders empfiehlt sich das D'Bacalhau. Seit 2010 brät Chef Júlio Kabeljau in vielen Varianten. Das Restaurant ist so beliebt, dass man auch in der Nebensaison Glück haben muss, ohne Reservierung einen Tisch zu ergattern.

Im nahen Shoppingcenter Vasco da Gama (s. S. 135) finden sich Fast-Food- und Snacklokale, aber auch Steakhäuser und andere Restaurants.

1 [g3] **D'Bacalhau**, Tel. 218941296, https://restaurantebacalhau.com, Rua da Pimenta 45, tgl. 12–16 und 19–23 Uhr

134lb Abb.: jg

über eine Rampe am oberen Ende und wandert allmählich durch die einzelnen Schichten.

•2 [g5] **Oceanário de Lisboa,** Esplanada Dom Carlos I, www.oceanario.pt, tgl. 10–20 Uhr (Winter bis 19 Uhr), Eintritt 22 €, Kinder bis 12 J. 15 €, Senioren 17 €, mit Lisboa Card 15 % Rabatt. Es sind auch Online-Kombitickets, z. B. mit der Seilbahn (s. u.), erhältlich.

An das 500-jährige Jubiläum der Entdeckung des Seewegs nach Indien durch Vasco da Gama erinnert der **Torre Vasco da Gama,** seinerzeit das Symbol der Expo. Mit 145 m Höhe ist er das (derzeit) höchste Bauwerk Portugals. Heute bietet hier das Myriad Hotel (Sana-Gruppe) eine exquisite Unterkunft unmittelbar am Tejo-Ufer.

Auch eine Fahrt mit der von der österreichischen Firma Doppelmayr in Kooperation mit der Schweizer CWA gebauten **Seilbahn** (tgl. 11–20 Uhr, im Winter bis 18 Uhr, Hin- und Rückfahrkarte 9 €, erm. 6 €) bietet schöne Ausblicke. Weiterer Höhepunkt ist u. a. der **Pavilhão Do Conhecimento** (Natur- und Technologiemuseum zum Anfassen, nur Di.–Fr. 10–18 Uhr, Winter 11–18 Uhr, 11 €, ermäßigt 8 €). Ferner gibt es einen Pavillon für Macau, eine Konzerthalle für internationale Konzerte und Messen und die **Einkaufsarkade „Vasco da Gama“** (s. S. 135) mit Supermarkt, Computerfachgeschäft, Bowlingcenter usw. (Zugang über Metro- und Bahnhofsstation Oriente).

Der **Bahnhof Oriente** wurde übrigens **von Santiago Calatrava entworfen** und gilt als architektonisches Meisterwerk der verwundenen konstruktiven Verschmelzungen aus Metallstreben, Pfeilern und gläsernen Elementen. Heute ist der Bahnhof Oriente ein Hauptverkehrsknoten, seine drei Ebenen dienen der Abwicklung von Hochgeschwindigkeitszügen, Regionalbahnen und der Metro.

Das **Gelände** an sich lohnt schon den Besuch, auch wenn man aus Zeit- oder Kostengründen keine der einzelnen Attraktionen besuchen möchte. Allein ein Spaziergang an der Promenade entlang und über die Stege mit großartigem Blick auf die spektakuläre, 17 km lange Brücke Ponte Vasco da Gama (1995–1998 mit EU-Mitteln gebaut) ist ein Erlebnis.

Achtung: Wenn möglich sollte man das Gelände nicht an Wochenenden besuchen – da scheint sich halb Lissabon im Park zu versammeln!

› Zugang zum Expo-Gelände kostenlos, Metro: Oriente

44 Cristo-Rei-Statue ★★ [N27]

Zahllose Aussichtspunkte von Lissabon über den Tejo ziehen den Blick auf die 1959 auf einem Hügel am südlichen Tejo-Ufer errichtete Christus-Statue.

Das insgesamt 110 Meter hohe Werk **ähnelt stark der weltberühmten Statue von Rio de Janeiro** *(Christo Redentor)* und tatsächlich basiert der Beschluss zum Bau der Statue auf dem Besuch des Patriarchen von Lissabon in Brasilien im Jahr 1934. Erst 1940 jedoch schworen die Bischöfe von Lissabon, eine solche Statue nachzubauen, wenn das Land nicht in den Zweiten Weltkrieg verwickelt würde. Nach der Grundsteinlegung 1949 dauerte es dennoch 10 Jahre bis zur Fertigstellung.

Der mit vier Bögen konstruierte, 82 Meter hohe Betonsockel symbolisiert die vier Himmelsrichtungen, die Statue selbst ist 28 m hoch. Die **Aussichtsplattform** an der Statue garantiert eine **exquisite Aussicht** über die Brücke Ponte 25 de Abril 30 und auf das nördliche Tejo-Ufer!

› Grundsätzlich gibt es zwei Möglichkeiten zur **Anfahrt mit öffentlichen Verkehrsmitteln:** Bus 151 ab Pr. M. de Pombal fährt über die Brücke Ponte 25. de Abril, wo man nach 20 Minuten an der ersten Haltestelle (Sagral) aussteigt und noch etwa 10 Minuten zur Statue läuft. Deutlich langsamer, aber auch gemütlicher und faszinierender, ist die Anfahrt mit dem Flussboot ab Cais do Sodré nach Cacilhas (Tageskarte 6,60 €, die Bahn bzw. Carris/ Metro-Karten gelten nur, wenn man die Kombi-Tageskarte zu 9,70 € nimmt), wo Bus 3001 stündlich direkt vor die Anlage Cristo Rei fährt (ein Hin- und Rückfahrticket für den Bus kostet 2,40 €).

› Der Zugang zum Areal und zum Aussichts-Kreuzweg ist kostenlos. Es gibt dort einen Lift hinauf zur Spitze (6 €, erm. 3 €), aber die meisten Reisenden sind einhellig der Meinung, dass dies nicht lohnt, die Aussicht vom Sockel ist genauso gut!

Cacilhas selbst ist eine eigenständige Gemeinde am Tejo-Ufer. Wer mit dem Boot übersetzt, hat die Möglichkeit, neben der Anlegestelle das imposante **Segelschiff Dom Fernando II e Gloria** zu besichtigen (4 €, ermäßigt 2 €, Fam. 10 €, mit Lisboa Card 50 % Rabatt, Oktober–April Di.–So. 10–17 Uhr, im Sommer bis 18 Uhr, am 1. Sonntag im Monat kostenlos) oder einen Blick auf das benachbarte U-Boot zu werfen.

Kulinarisch bietet sich eine Einkehr in der hier seit über 45 Jahren sehr leckere Fischgerichte kredenzenden Marisqueira Cabrinha oder in der einfacheren Pastelaria Sabores do Tejo an.

3 **Marisqueira Cabrinha** €€, Beco do Bom Sucesso 4, Tel. 212764732, Di.–So. 12–22.30 Uhr

4 **Pastelaria Sabores do Tejo** €, Largo Alfredo Diniz 15, Tel. 212732532, tgl. 6–22.30 Uhr

ENTDECKUNGEN AUSSERHALB DER STADT

136lb Abb.: jg

Auch außerhalb der Stadtgrenzen Lissabons bieten sich zahlreiche, zum Teil kulturhistorisch bedeutsame Ausflugsziele an. Zuvorderst sollte man einen Besuch der alten Königsstadt Sintra mit ihrer Vielzahl herrschaftlicher Schlösser und Bauten einplanen, aber auch die an der „Sonnenküste“ Costa do Sol gelegenen Badeorte Cascais und Estoril sind beliebte Ziele für eine kurzzeitige Flucht aus der Metropole zum Baden oder Lustwandeln. Schließlich bietet sich auf halbem Wege zwischen Lissabon und Sintra noch ein Stop in Queluz mit dem sehenswerten Palácio Nacional de Queluz an. Die genannten Punkte sind gut per S-Bahn an die Lissabonner Innenstadt angebunden, zudem verkehrt ein Direktbus zwischen Sintra und Cascais.

EXTRATIPP

Wie vorgehen?
Bei der (empfehlenswerten) Anfahrt per S-Bahn (ca. 35 Min.) in Estoril aussteigen, dort kurz Casino-Park und Touristeninfo besuchen und anschließend die Uferpromenade entlang nach Cascais mit seinen Sehenswürdigkeiten schlendern. Die Bahnfahrt ist in der Lisboa Card enthalten, ebenso in der Carris-/Metro-/CP-Tageskarte zu 10,70 € (d. h. Bus- und Metrokarte, erweitert um die beiden wichtigsten S-Bahn-Stationen nach Sintra und Cascais/Estoril). Wer wenig Zeit hat, kann an einem Tag früh (mit einer Bahn-Tageskarte, Schalter am Rossio) erst nach Sintra und am Nachmittag von dort aus per Verbindungsbus 417 oder 403 nach Cascais fahren.

45 Cascais und Estoril ★★ [S. 232]

Natürlich möchte nahezu jeder Lissabonbesucher die unmittelbare Atlantiknähe durch ein Bad in den Fluten oder einen Strandspaziergang hautnah erleben und aus einer ganzen Reihe von Gründen bietet sich das mittlerweile zusammengewachsene Doppelstädtchen Cascais-Estoril hierfür vorrangig an.

Seit 1871 königliche Sommerresidenz (Zitadelle) und traditioneller Fischerhafen entwickelte sich der per S-Bahn von der Innenstadt aus leicht erreichbare Doppelvorort an der Costa do Sol rasch zum beliebten **Ausflugsziel, Seebad und Wohnsitz der Bessersituierten und ausländischer Delegierter** – vornehmlich aus den reicheren Staaten Westeuropas – vor Ort.

Vereinfacht dargestellt ist der Abschnitt Estoril der gediegenere mit Casino und Villen, Cascais dagegen der charmantere Teil. Prächtige Neubauten, Hotels und auch Hochhäuser in den Randbezirken führten zu einer Vervielfachung der Einwohnerzahl und dennoch blieb der schöne alte Ortskern erhalten, der heute als Fußgängerzone von Cascais mit Geschäften und Lokalen zahllose Besucher anzieht.

Vor allem aber fasziniert Gäste und Anwohner gleichsam die **prächtige Uferpromenade,** die Cascais und Estoril miteinander verbindet und an der im Sommer Jung und Alt promenieren oder ein kühlendes Bad als Erfrischung suchen.

[>] *Verwunschene Villa an der Promenade zwischen Estoril und Cascais*

Verbindungshinweise

- Ab den Cais do Sodré (19) besteht alle 12–30 Min. eine Verbindung. Tickets: 2,10 € einfach, Zapping mit der Prepaid Viva-Viagem Card 2,05 €, 24-Std.-Karte 6,60 € und erweiterte Tageskarte Metro/Carris/CP, die auch für die S-Bahnen nach Cascais, Estoril und Sintra, beliebige Stopps/Fahrten, gilt, zu 10,70 €. Die Tageskarte zu 10,70 € ist zwar minimal teurer als die „normale" Tageskarte plus zwei Einzelfahrscheine, man muss dafür aber nicht drei Mal an den Schalter/Automaten, kann unterwegs jederzeit aussteigen (unterbrechen) und gegebenenfalls mehrfach die Strecke fahren.
- **Verbindungsbus Cascais–Sintra:** In der Shoppingmall Cascais (gegenüber vom Hbf. Treppe hinunter) liegt der Busbahnhof, Linie 403 (8.40–20.40 Uhr stdl.) fährt die malerische Küstenroute via Cabo da Roca (dauert knapp 1 h), Linie 417 (12–16 x tgl.) ist eine Art Expressbus und fährt die Inlandsroute in gut 30 Min. Lissabonner Tickets gelten nicht, wohl aber Sintra-Karten (z. B. Tageskarten für 16 €). Einzelfahrt: 4,50 €, www.scotturb.com. Wer ein Tagesticket besitzt bzw. nicht zu Fuß gehen möchte: Die 427 ist eine Art Stadtbus und pendelt zwischen Uferbereich (Cascais Bay), Hauptbahnhof und dem Naherholungsgebiet Boca da Inferno.
- **Mit dem Auto** fährt man ab Pr. M. de Pombal [T17] die R. Aguiar in westlicher Richtung entlang, die auf die A5 Richtung Cascais führt.

Estoril

Seit dem frühen 20. Jh. ist die **pittoreske Küste um Estoril** eine Hauptattraktion des portugiesischen Fremdenverkehrs. Der wegen des Casinos weithin bekannte Küstenort zieht von jeher vorwiegend die

183lb Abb.: wl

wohlhabende Oberschicht Lissabons an. Der Vater des langjährigen spanischen Königs Juan Carlos, Juan de Borbón y Battenberg, lebte übrigens während der Franco-Diktatur in Estoril im Exil.

Das Ortszentrum besteht im Wesentlichen aus mondänen Hotels entlang palmengesäumten Alleen, die mediterranes Flair verbreiten. Echte, eigenständige Attraktionen bietet der Ort kaum – es ist tatsächlich mehr der **mondäne Charakter**, der so viele Besucher hierher lockt.

(46) Stadtpark und Casino ★ [I D1]

Rund um den hübschen, sehr großzügig angelegten Stadtpark mit Wasserspielen und Sitzgelegenheiten liegt die gesamte touristische Infrastruktur des Ortes dicht beieinander. Das **Casino am Nordrand des Parks** wirkt durch den Stadtpark mehr wie ein Adelssitz und ist der Mittelpunkt im Nachtleben der Stadt. Es ist nicht nur das älteste Spielcasino in Portugal, sondern auch eines der größten Europas. Neben den unterschiedlichen Glücksspielen werden auch Kunstausstellungen, Kabarett und Musikkonzerte in exklusivem Ambiente angeboten.

47 Strandpromenade „Muralha" ★★ [I C1]

Genau auf Höhe der örtlichen Touristeninformation, an der südwestlichen Parkecke in der Av. Marginal, liegt eine Fußgängerunterführung, die unmittelbar zur großen, „Muralha" genannten Fußgängerpromenade zwischen Estoril und Cascais führt. **Mehrere abgeteilte Seebäder** (nur Juni–September geöffnet) und hübsche Sandstrandbereiche bieten sich zum Baden oder Faulenzen an – allesamt sehr beliebt und leider im Sommer auch recht voll.

Aber auch der reine, ganz **ungestörte Spazierweg bis Cascais** lohnt sich. Die Promenade darf nur tagsüber im Schritttempo von Radlern befahren werden. **Wassersport** wird direkt am Strand (Ortseingang Cascais) angeboten.

› Richtpreise: Surfbrettverleih 35 €/Tag, Wasserski 60 €/15 Min., Banane 10 €/10 Min., Ruderboot/Kanu 20 €/Stunde und Tretboot 20 €/Stunde

Sportmöglichkeiten

Neben der Funktion als gehobener Badeort hat sich Estoril heute auch einen Namen für Großveranstaltungen im Sport gemacht.

Entlang der Promenade 47 gibt es reichlich Möglichkeiten für einen Sprung ins Wasser

137lb Abb.: jg

- Das alljährliche **Tennisturnier** Estoril Open zieht im April viel Prominenz an (s. S. 142).
- Auf dem 4,36 km langen **Grand-Prix-Kurs** (6 km nördlich, etwa auf halber Strecke nach Sintra, Anschrift: Autodrómo do Estoril, Av. Alfredo César Torres, Alcabideche, Tel. 214609500, www.circuito-estoril.pt) werden Motorradrennen abgehalten (Anfang Oktober) - bis 1996 war dies sogar eine Formel-1-Strecke.
- Mit Estoril Golf (Tel. 214680176, www.clubegolfestoril.com), Quinta da Marinha (Tel. 214860100, www.quintadamarinha.com) und Oitavos (www.oitavosdunes.com, Tel. 214860600,) stehen drei **hervorragende Anlagen für Golfer** zur Verfügung.
- Cascais war schon mehrfach Austragungsort internationaler **Segelregatten**, wofür auch die Marina Cascais (Casa de S. Bernardo, Cascais, www.marinacascais.com, 630 Liegeplätze, Tel. 214824800) verantwortlich zeichnet.

Kulinarisches

Ganz allgemein empfiehlt es sich, in Cascais einzukehren, denn die Auswahl an Lokalen ist deutlich größer und die Köche gelten als besser als jene in Estoril. Wer vielleicht im Rahmen eines Casinobesuchs in Estoril speisen möchte, dem seien folgende Adressen ans Herz gelegt:

31 [I D1] **Deck Bar** €, Arcadas do Parque, Tel. 214680366, am westlichen Parkrand (bei der Touristeninfo), Di.-So. 8-2 Uhr. Das Restaurant serviert u. a. Sardinen, Omelettes und Cataplana (Muschelgericht).

32 [I D2] **Garrett,** Av. de Nice 54, Tel. 214680365, tgl. 7.30-19.30 Uhr. Die Bäckerei in der Nähe der Post bietet Backwaren und Kleinigkeiten.

33 [I D2] **Gordinni** €, Av. da Marginal 7, Tel. 214672205, tgl. 12-23 Uhr. Bei diesem Italiener an der Hauptstraße kann man günstig essen.

34 [I D2] **Pintos Pizzeria-Marisqueira** €, Arcadas do Parque, Tel. 214680664, Do.-Di. 10-23 Uhr, am östlichen Parkrand. Die Pizzeria bietet leckere Pasta, Pizza und diverse Fischgerichte. Auf der gegenüberliegenden Seite des Parks haben die Betreiber das Pinto II eröffnet.

Unterkunft

Wer außerhalb Lissabons unterkommen möchte, findet hier Optionen:

35 [I D1] **Alvorada** €€-€€€, Rua da Lisboa 3, www.hotelalvorada.com, Tel. 214649860. Hinter dem Casino liegt etwas zurückgesetzt das Alvorada. Einzel-, Doppel- und Dreibettzimmer mit Balkon.

36 [I C1] **Estoril Eden** €€€€, Avenida de Sabóia 209, www.hotelestorileden.pt, Tel. 214667600. Diese sehr schöne Aparthotelanlage beherbergt Studios für 1-3 Personen, ein Hallenbad, eine Sauna usw.

37 [I D2] **Evolution Cascais-Estoril** €€€, Avenida Marginal, Tel. 214670322, www.sanahotels.com/hotel/evolution-cascais-estoril. Das sehr zentral gelegene Hotel verfügt über einen eigenen Pool.

38 **Pestana-Cascais** €€€€, Av. Manuel Júlio Carvalho e Costa 115, Tel. 214825900, www.pestana.com. Mittig zwischen Estoril und Cascais liegt der inzwischen vollständig zugebaute Bereich Monte Estoril mit eigener S-Bahn-Haltestelle und dieser modernen Hotelanlage mit Whirlpool, Außenpool, Sauna und vielen weiteren Annehmlichkeiten. Direkt gegenüber vom Ufer gelegen.

39 [I D2] **Vila Galé Estoril** €€€, Av. Marginal 49, Tel. 214648400, www.vilagale.pt. Ebenfalls im Zentrum findet man dieses Mittelklassehotel. Ähnliche Ausstattung wie Sana-Hotel.

Karte I: Cascais und Estoril

Legende Cascais und Estoril

46 [I D1] Stadtpark und Casino S. 85

47 [I C1] Strandpromenade „Muralha" S. 86

48 [I B2] Zitadelle S. 90

49 [I A2] Parque Municipal S. 90

50 [I A2] Condes Castro Guimarães S. 91

51 [I B2] Igreja de Nossa Senhora da Assunção S. 91

52 [I A1] Museu do Mar S. 91

31 [I D1] Deck Bar S. 87

32 [I D2] Garrett S. 87

33 [I D2] Gordinni S. 87

34 [I D2] Pintos Pizzeria-Marisqueira S. 87

35 [I D1] Alvorada S. 87

36 [I C1] Estoril Eden S. 87

37 [I D2] Evolution Cascais-Estoril S. 87

39 [I D2] Vila Galé Estoril S. 87

40 [I A1] Casa das Histórias Paula Rego S. 91

41 [I B2] Casa Sommer S. 92

42 [I B1] Café-Galeria House of Wonders S. 92
43 [I B1] Casa Velha S. 92
44 [I B1] Esplanada S. 92
45 [I B1] Jardim dos Frangos S. 92
46 [I B1] Taberna Economica S. 92
47 [I B1] Chequers Bar S. 92
48 [I B1] John Bull S. 92
49 [I B1] O'Luain's Irish Pub S. 92
50 [I B1] Albatroz S. 93
51 [I B1] Cascais Bay Hostel S. 93
52 [I B1] Hotel Baia S. 93
53 [I B1] Pérgola House S. 93
54 [I B2] Pestana Citadela Cascais S. 93
55 [I B1] Cascais Visitor Center S. 93
140 [I D1] Casino Estoril S. 130
189 [I B1] Hospital Distrital de Cascais S. 186

Cascais

Altstadt

Mit dem Strandabschnitt Praia da Rainha endet die Strandpromenade am Rand des östlichen Ortskerns von Cascais. Das Städtchen mit seinen vielen gepflegten Fußgängergassen und urigen Fachwerkhäuschen wirkt schon auf den ersten Blick deutlich **rustikaler, bodenständiger und irgendwie anheimelnder** als das mondäne Estoril. Bahnhof und der **Zentralplatz Praça 5 de Outubro** mit dem großartig restaurierten Rathaus werden durch die Fußgängerstraße Rua Frederica Arouca mit zahllosen Geschäften, Cafés und Restaurants miteinander verbunden. In der kleinen Bucht (Baia de Cascais) liegen noch heute zahlreiche Fischerboote, die auf die ursprünglich große Bedeutung des Ortes als Fischereistandort hinweisen. Heute fahren zwar nur noch wenige Fischer täglich hinaus, der Fang reicht aber immerhin für die tägliche Belieferung des **örtlichen Fischmarkts** an der Hauptstraße am Ufer.

48 Zitadelle ★ [I B2]

An den alten Ortskern schließt sich uferseitig unmittelbar der moderne Jachthafen mit der oberhalb gelegenen Zitadelle *(Citadela)* an. Sie entstand um 1681 als Vorposten zur Überwachung der Tejo-Einfahrt am Atlantik und wird heute als hypermodernes Tagungs- und Luxushotel Pestana Citadela Cascais (s. S. 93) genutzt.

49 Parque Municipal ★ [I A2]

Unmittelbar neben der Zitadelle liegt der sehr hübsche Parque Municipal Maresal Carmona (tgl. 8.30–17.30 Uhr, Eintritt frei, Zugang nur von der Av. da República) mit kleiner Reitanlage, Kulturzentrum *(Centro Cultural)*, schönem Kinderspielplatz, Minizoo (eigentlich ein kleiner Vogelpark mit Pfauen, Wasservögeln und Hasen), Picknickplätzen usw.

Der in keiner Karte verzeichnete offizielle Name zu Ehren des Marschalls Carmona ist nicht ganz unumstritten, war Carmona doch als Vorgänger Salazars Mitbegründer der Diktatur in Portugal.

50 Condes Castro Guimarães ★ [I A2]

Inmitten des Parque Municipal ließ sich der Conde de Castro Guimarães Anfang des 20. Jh. ein **prächtiges Herrschaftsanwesen** erbauen, in dem die Stadtverwaltung bereits vor über 100 Jahren eine Bibliothek und ein kleines Museum einrichtete, das im Rahmen einer Führung besucht werden kann. Die **Sammlung** umfasst Porträts der Stifterfamilie, prähistorische Funde aus der Umgebung, Porzellan, Gold- und Silberschmiedearbeiten sowie Möbel.

› Av Rei Umberto II de Itália, Parque Marecha Carmona, https://bairrodosmuseus.cascais.pt (dort in der Menügrafik „Museu Condes“), Führungen Di.–So. 10–18 Uhr zu jeder vollen Stunde, 4 €, ermäßigt 2 €

51 Igreja de Nossa Senhora da Assunção ★ [I B2]

Zwischen Zitadelle und Stadtpark lohnt am Largo da Assunção ein Blick auf die manuelinische Kirche Igreja de Nossa Senhora da Assunção. Die einschiffige Kirche mit den markanten Doppeltürmen entstand Ende des 17. Jh., die Innenwände wurden um 1750 mit den typischen blau-weißen Azulejo-Bildern ausgekleidet. Die Bemalung der Decke geht auf den bekannten portugiesischen Maler Jose Malhoa zurück.

› Largo da Assunção

52 Museu do Mar ★★ [I A1]

Neben der Kirche erstreckt sich eine weitläufige Grünanlage mit dem Museu do Mar Rei Dom Carlos (Meeresmuseum, auch: König-Carlos-Museum). Das gesamte Parkareal diente früher als Exerzierplatz für die Besatzung der Zitadelle.

Die thematischen Ausstellungsobjekte des Museums basieren zum einen auf der **Geschichte des Ortes als Fischerdorf** mit Fotos, Gebrauchsgegenständen aus der Fischerei, Trachten und Schiffsmodellen. Zum anderen wird der 1908 ermordete **König Carlos thematisiert**, der ab 1896 – beeinflusst von Fürst Albert von Monaco – naturwissenschaftliche Forschungen ins Leben rief und eine Sammlung zum Thema „Meer“ mit vor der Küste geborgenen Fundstücken wie Münzen (17. Jh.), Kanonen, Haushaltsgegenständen usw. begründete. Des Weiteren sind Schiffsmodelle, modellierte Seevögel und Fische sowie eine kleine Wechselausstellung zu sehen.

› R. Júlio Pereira de Mello, Tel. 214815906, https://museumar.cascais.pt, Di.–Fr. 10–17, Sa., So. 10–13, 14–17 Uhr, 3,50 €

Auf dem Gelände befindet sich auch die **Casa das Histórias Paula Rego**, eine Kunstgalerie der zeitgenössischen Grafikerin und Malerin Paula Rego (1935–2022), deren Werke sich vor allem um die Themen Familie, Unterdrückung, die Rolle der Frau und die Politik drehen.

G40 [I A1] **Casa das Histórias Paula Rego,** Av. da República 300, Tel. 214826970, https://casadashistoriaspaularego.com, Di.–So. 10–18 Uhr, Eintritt 5 €

Am Rand des Parks lohnt ein Blick in die **Casa Sommer**, ein kleines, zweistöckiges **Museum** zum Gedenken an den in Portugal berühmten **Fotografen António Pas-**

Der Rathausplatz von Cascais

saporte, dessen Hauptschaffensphase die Mitte des 20. Jh. war. Einige der für seine Zeit fantastischen Fotos sind hier ausgestellt. Außerdem erfährt man viel über Passaportes Lebensweg.

41 [I B2] **Casa Sommer,** Av. da República 132, tgl. 9–13 und 14–17 Uhr, Eintritt frei

Weitere prächtige neoklassizistische Bürgerhäuser befinden sich unmittelbar nördlich vom Museu do Mar in der **Rua José Inácio Roquette** [I A1], von wo aus man über die Av. Emídio Navarro zurück ins Zentrum gelangt.

Kulinarisches

42 [I B1] **Café-Galeria House of Wonders**, Largo de Misericordia 53, Tel. 911702428, tgl. 10–22 Uhr. Das Erdgeschoss beherbergt einen kleinen, eher unscheinbaren Laden mit Kunsthandwerk und Souvenirs, das Dachgeschoss eine idyllische Cafeteria. Das Ambiente ist eher einfach und alternativ/öko. Getränke und Snacks sind ausschließlich vegetarisch/vegan. Es gibt Tapas, Pasteten, Salate oder Kuchen. Geht man die Treppe rechts vom Caféeingang hinunter, findet man gleich an der Ecke den Eingang des dazugehörigen **vegetarischen Restaurants House of Wonders** €€. Es gibt keine Karte, gekocht werden nur jeweils ca. drei Gerichte (je nachdem, was Chefin Anna Catharina auf dem Markt bekommt).

43 [I B1] **Casa Velha** €€€, Av. Valbom 1, Tel. 214832586, tgl. 12–24 Uhr. Im gehobenen Preis-Leistungs-Segment bietet sich dieses Top-Restaurant an. Die hiesigen Spezialitäten sind Ente mit Orangensauce oder Ente in Portwein, exquisit ist auch die gegrillte Meeresfrüchteplatte für zwei Personen.

› Im Kaufhaus **Centro Comercial** (s. S. 93) befindet sich im OG ein Foodcourt mit Cafés und Schnellimbisslokalen, besonders schön sitzt man hier auf der Außenterrasse mit Blick über Stadt und Meer.

44 [I B1] **Esplanada** €€, Largo Praia da Rainha, Tel. 214820848, Fr.–Mi. 9–19 Uhr. Sehr schön, da unmittelbar am Ufer gelegen, speist man in dieser Open-Air-Snackbar. Kleine Snacks, Toasts oder Salat mit Garnelen munden vorzüglich.

45 [I B1] **Jardim dos Frangos** €, Jardim Conte de Luz, Tel. 214861717, tgl. 10–24 Uhr. Rund um den Kreisel am Jardim Conte de Luz liegen einige sehr gute Restaurants, etwa das legendäre Jardim dos Frangos mit Hühnchengerichten aller Art ab 8 €. Es gibt auch andere Speisen, gut sind auch der fangfrische Fisch und die Sardinen. Das Lokal sieht relativ schlicht aus und bietet viele Außensitzgelegenheiten.

46 [I B1] **Taberna Economica** €€, Rua Sebastiao Jose de Carvalho e Melo 35, Di.–So. 12–16 und 19–22 Uhr. Kleiner Innen- und Außenbereich, traditionelle Fischgerichte (sehr guter Tintenfisch), günstig und lecker.

Am **Largo Luís de Camões** liegen – schon optisch sehr markant und einladend – einige hübsche ältere Lokale unmittelbar nebeneinander, die einem Robin-Hood-Film entsprungen sein könnten:

47 [I B1] **Chequers Bar** €€, Largo L. de Camões, Tel. 214830926, tgl. 9.30–2 Uhr. Das Lokal nebenan bietet sehr gute Fleischplatten und Pastagerichte.

48 [I B1] **John Bull** €€, Largo L. de Camões, Tel. 214833319, dagegen hat sich auf Huhn vom Holzkohlegrill, Salate, Fisch und eine gute Auswahl an Käseplatten spezialisiert.

49 [I B1] **O'Luain's Irish Pub,** Rua Palmeira, Tel. 214861627, www.facebook.com/oluainscascais, tgl. 16–2 Uhr. Wer abends (Live-)Musik und irisches Bier sucht, dem sei dieser beliebte Pub empfohlen. Es gibt auch qualitativ gutes *pub food.*

Unterkunft

Da sowohl Lissabon als auch Sintra gut von Cascais aus erreichbar sind und auch die Nutzung der S-Bahn in der Lisboa Card (s. S. 205) enthalten ist, wählen manche Reisende **Cascais als Unterkunftsbasis,** um dann einzelne Tagestouren in die Innenstadt Lissabons zu unternehmen.

- **50** [I B1] **Albatroz** €€€€€, Rua Frederico Arouca 100, Tel. 214847380, www.thealbatroz collection.com. Direkt am Praia da Rainha liegt dieses einem Herrschaftssitz ähnelnde Tophotel. Mit allem erdenklichen Luxus ausgestattet.
- **51** [I B1] **Cascais Bay Hostel** €€, Largo Luís de Camões 38, Tel. 218022629, http://bay-hostel.cascais-hotels.com. Zentral und preiswert, DZ (o. Bad), Betten im Schlafsaal (Vierer- oder Achterzimmer), Dachterrasse, Gemeinschaftsküche und kostenlose Schließfächer.
- **52** [I B1] **Hotel Baia** €€€, Passeio D. Luis I, www.hotelbaia.com, Tel. 214831033. Im Zentrum am Praia da Ribeira direkt vor dem kleinen Sandstrand gelegen, kommt man hier recht günstig unter.
- **53** [I B1] **Pérgola House** €€€€, Avenida Valborn 13, Tel. 214840040, www.pergo lahouse.pt. Die sehr hübsche, stilvolle Kolonialvilla mit thematisch eingerichteten Einzel- und Doppelzimmern in einem kleinen Gartenpark bietet auch eine Teestube und Flughafentransfer.
- **54** [I B2] **Pestana Citadela Cascais** €€€€€, Av. Dom Carlos I, Tel. 210158100, www.pes tanacollection.com/de/hotel/fortress-cas cais. Stilvoll in die Zitadelle integrierte Luxusoase mit hypermodernem Inneren. Tolle Aussicht, Außenpool auf der Terrasse mit Meerblick, tadellose Zimmer in unterschiedlichen Kategorien.

Praktische Tipps zu Cascais und Estoril

Information

- **55** [I B1] **Cascais Visitor Center,** Praça 5 de Outubro, Tel. 912034214, tgl. 9–18 Uhr (Winter), 9–20 Uhr (Sommer). Die Stadtverwaltung bietet auch unter https://visit cascais.com touristische und allgemeine Infos an.

Sonstiges

- **Notruf:** Polizei Tel. 214861127, Hospital Cascais Tel. 214827700
- **Apotheke:** Farmácia Marginal, neben der Touristeninformation in Cascais
- **Einkäufe:** Supermarkt und Centro Comercial Cascais Villa unmittelbar nördlich vom Bahnhof Cascais, städtische Markthalle in der Rua Mercado. Gegenüber der Markthalle liegt die Einkaufsarkade Galeria Navegador (Avenida 25. de Abril) mit Fachgeschäften und Boutiquen. Geöffnet tgl. 9–20 Uhr.
- **Festas do Mar:** Das landesweit berühmte Open-Air-Festival (Eintritt frei) mit vielen nationalen Künstlern von Fado bis Rock und täglichen Abendkonzerten, Feuerwerk sowie Marienprozession findet traditionell in der zweiten Augusthälfte an der Cascais-Bucht statt.
- **Post:** Briefmarkenautomat (mehrsprachige Menüführung) am Largo Praia da Rainha in Cascais, in Estoril beim Bahnhof in der Av. Marginal (Mo.–Fr. 8.30–18 Uhr)
- **Taxi:** Taxis findet man vor den Bahnhöfen oder am Casino und sind über den Taxiruf Tel. 214660101 jederzeit erreichbar.
- **Radverleih: Aquastart,** am Marinagebäude, www.aquastart.pt, vermietet Räder aller Art (auch Radanhänger) und Boote. **Europcar** (Av. Marginal, nahe Hauptbahnhof, Tel. 214864419) vermietet neben Kleinwagen auch Fahrräder (Mo.–Fr. 9–19.30 Uhr, Sa., So. 9–13 und 14.30–18.30 Uhr).

53 Queluz – Palácio Nacional ★★★ [S. 232]

Wer einen Tagesausflug nach Sintra einplant, sollte einen Stopp in Queluz, einer an sich eher unscheinbaren Trabantenstadt am Nordwestrand Lissabons, in Erwägung ziehen. Weniger der längst mit der Hauptstadt zusammengewachsene Vorort als vielmehr der großartige Palácio Nacional lohnt den Halt.

Auf Betreiben von Königin Maria I., der Gattin König Pedros III., gestaltete der portugiesische Baumeister Mateus Vicente de Oliveira die Palastanlage von Queluz ab dem Jahre 1747 als **königliche Sommerresidenz.** Der zentrale Haupttrakt wurde 1758 fertiggestellt, Westflügel und Garten sowie die meisten Innenräume unter Leitung des französischen Architekten Jean Baptiste Robillon bis 1794. Unmittelbar vor dem Hauptpalast blickt die Statue Marias I. hinüber auf die andere Straßenseite mit den Gebäuden der Leibgarde und die Schlosskirche.

Die **großzügig und hell gestaltete Palastanlage** wird bisweilen mit berühmten europäischen Lustschlössern (etwa Sanssouci bei Potsdam) verglichen und zeichnet sich durch **allgegenwärtige goldbemalte Stuckornamente** in Rocaille- und Girlandenmustern sowie Azulejo-Wandverkleidungen und prächtigen Deckengemälden aus, die die jeweilige Thematik der einzelnen Räumlichkeiten unterstreichen.

Die Rokoko-Holzschnitzereien im **Thronsaal** stammen von F. Lobo (Museu Nacional de Arte Antiga), die schweren Kristallleuchter des Saals entfalten ihren Glanz heute nur noch anlässlich von Staatsbesuchen, wenn hier Bälle und Empfänge stattfinden.

⌃ *Die prunkvolle Fassade des Palácio Nacional*

Den zentralen Teil im Mittelabschnitt, wo man den Rundgang beginnt, bilden zwei prächtige, weitläufige Säle. Im **Musiksaal** werden gelegentlich nicht-öffentliche klassische Konzerte im erlauchten Kreis veranstaltet. Es schließt sich über einen mit Azulejos verkleideten Korridor der **Saal der Botschafter** an, dessen Deckengemälde Mitglieder der königlichen Familie Pedros III. darstellen. Der Monarch empfing hier die Gesandten fremder Staaten und musizierte im privaten Rahmen, was ebenfalls in Deckenmalereien festgehalten wurde.

Über die **Sala do Despacho** (das Ausflugszimmer, es diente seinerzeit als Sitzungsraum) mit Landschaftsgemälden erreicht man den **königlichen Speisesaal.** Hier kann man kostbares chinesisches Porzellan aus dem Besitz der Monarchen bewundern. Es schließt sich ein Raum mit Malereien zum Thema Musik und Don Quichote an. Dieser Raum wird **„Zimmer des Königs"** genannt und geht auf König Pedro IV. zurück, der hier sowohl geboren wurde als auch verschied.

Die **Sala do Toucador** diente der Königin als Ankleidezimmer und wurde zu diesem Zweck mit goldverzierten Spiegeltäfelungen an den Wänden versehen. Auch die Bilder, die Kinder bei der Anprobe zeigen, zeugen von dieser ursprünglichen Funktion.

Über die Löwentreppe erreicht man die womöglich **schönsten Palastgärten im gesamten Lissabonner Stadtgebiet.** In die Buchsbaumhecken wurden geometrische Beete und Blumenrabatten mit Figuren, Vasen und Azulejos integriert. Diese wechseln sich harmonisch mit Brunnen und Wasserspielen ab. Außen vor den Palastmauern (an der großen Hauptstraße) fließt noch heute ein Bach, der seinerzeit gestaut und in ein 115 m langes, mit Azulejos verkleidetes Becken eingeleitet wurde, das der königlichen Familie zum Bootfahren oder Angeln diente.

> Largo Palácio de Queluz, Mi.-Mo. 9-18 Uhr (im Sommer bis 19 Uhr), Eintritt: Palast und Garten 10 € (im Sommer 12 €), erm. 8,50 €, Fam. (2 Erw., 2 Kinder) 33 €, nur Garten 5 € (im Sommer 6 €), www.parquesdesintra.pt. **Kein Zutritt bei Staatsbesuchen,** während derer der Palácio Nacional als Gästequartier und für Empfänge genutzt wird (Auskunft ggf. über die Touristeninformation oder über Tel. 214343860 direkt beim Palast). Von Mai bis Oktober findet mittwochs um 11 Uhr eine **Pferdeshow** statt.

055lb Abb.: wl

Gartenseitiges Detail am Palácio Nacional

Verbindungshinweise

- Anfahrt **mit der S-Bahn** ab Innenstadtbahnhof Rossio [V20] oder mit der Metro bis „Jardim Zoológico" und von dort in der direkt darüberliegenden S-Bahn-Station „Sete Rios" per S-Bahn bis Station „Queluz". Die S-Bahn-Fahrt ist - wie auch Sintra - in der Lisboa Card enthalten, die Einzelfahrt kostet 1,65 € einfach/Zapping bzw. ist im Rahmen der Tageskarte der Bahn (Metro/Carris) enthalten. Queluz gilt als eigenständige Gemeinde mit eigenen Buslinien - Mehrfachkarten aus Lissabon gelten hier nicht.

  Vom Bahnhof Queluz geht man in südlicher Richtung die Avenida Enes entlang und folgt der braunen Beschilderung über eine Kreuzung hinweg immer geradeaus (Av. da República). Nach knapp 10 Minuten erreicht man den Palácio Nacional.
- Vom Pr. M. de Pombal [T17] im Zentrum aus folgt man **mit dem Pkw** der R. Aguiar und Duarte immer geradeaus in westlicher Richtung, die Straße führt direkt auf die Autobahn A5 (Richtung Cascais/Estoril). Nach 10 km erreicht man das Kreuz Monsanto und folgt hier der N 117 nach Nordwesten Richtung Sintra bis Queluz (Abfahrt Queluz/Palácio Nacional)

Sonstiges

Rund um den Bahnhof findet man in der Avenida Enes **Banken, Minimärkte, Einzelhändler, ein kleines Kaufhaus und Cafeterias** wie die Pastelaria Marianita (Mi.–Mo. 7–20 Uhr) mit Teilchen und Snacks. Die **Post** liegt auf der rückwärtigen Bahnhofsseite am Busplatz, ebenso eine Apotheke. Eine stilvolle Unterkunft bietet die Pousada D. Maria I. (s. S. 194) direkt gegenüber vom Nationalpalast.

EXTRATIPP

Jamor Adventure Park

Wer dem Trubel der Großstadt entfliehen und sich sportlich betätigen möchte, kann den Adventure Park in sein Besuchsprogramm aufnehmen. Etwa **15 km nordwestlich vom Zentrum** wurde in einem Waldgebiet ein Abenteuerpark mit zahlreichen Freizeitmöglichkeiten aufgebaut. Hauptbestandteile sind **unterschiedliche Kletterparcours,** die nach einer Einführung angeseilt und an Rollen/Haken gesichert absolviert werden.

Der Abschnitt **„Little Forest"** umfasst 15 Kletterteile und dauert zwischen 45 und 60 Min. Die Hindernisse befinden sich in max. 8 m Höhe und sind für Anfänger und Fortgeschrittene interessant. Fortgeschrittene können sich am **„Mega Circuit"** messen: Hier gilt es, in vier Abschnitten, die jeweils mit einer 200 m langen Abfahrt enden, 44 Hindernisse zu überwinden. 2 bis 3 Stunden sind hier schnell verstrichen! Der Abschnitt **„Discovery"** umfasst 25 Einzelhindernisse, die naturnah angelegt und ideal für Paare und Familien sind. Aktivitäten wie Kanufahrten, Bogenschießen, Orientierungskurse u. v. m. sind in Vorbereitung.

S56 Adventure Park (Centro Desportivo Nacional), 1495-751 Cruz Quebrada, Tel. 211519400, http://adventurepark.pt, Eintritt 20 €, Fam. 55 €, tgl. 10–18, Winter 10–17 Uhr. Die **Anfahrt mit öffentlichen Verkehrsmitteln** ist nicht ganz einfach, aber machbar: Straßenbahn 15E ab Pr. da Figueira/Pr. do Comércio/Cais do Sodré via Belém bis Alges oder Bus 729 von Belém bis Alges nehmen; dort fährt der Bus 76 bis zur Haltestelle „C. Quebrada".

54 Sintra ★★★ [S. 232]

Lage und Bedeutung

Die wenigen Kilometer zwischen Lissabon und dem Atlantik werden von der **Serra da Sintra** (Hügelland von Sintra) mit durchschnittlich 200 bis 300 Höhenmetern geprägt. Am Nordrand dieses bewaldeten Mittelgebirges liegt auf etwa 200 Höhenmetern das Städtchen Sintra, das aufgrund des auch im Hochsommer **angenehmen Klimas** bei dennoch üppiger Vegetation schon von der portugiesischen Königsfamilie als Sommersitz gewählt worden war.

Fast unwirklich märchenhaft: der Palácio Nacional da Pena 58

Schon früh wurde das in einer Schlucht gelegene Sintra so ein **beliebtes Ausflugs- und Reiseziel**, ja sogar **zum Wohnsitz für betuchte Persönlichkeiten aus aller Welt.** Noch heute zeugen prächtige Herrenhäuser von dieser Zeit. Einer der bekanntesten „Zugereisten“ war der englische Spätromantiker George Gordon Noel Byron, 6. Baron Byron of Rochdale, genannt **Lord Byron.**

Optische Hauptattraktion ist sicherlich der kuriose, bisweilen mit dem bay-

EXTRATIPP

Besuchermassen ausweichen

Für Sintra sollte man sich einen ganzen Tag Zeit nehmen, früh anreisen, dabei aber (vor allem im Sommer) die Wochenenden und Feiertage meiden – es wird dann extrem voll!

Karte II: Sintra

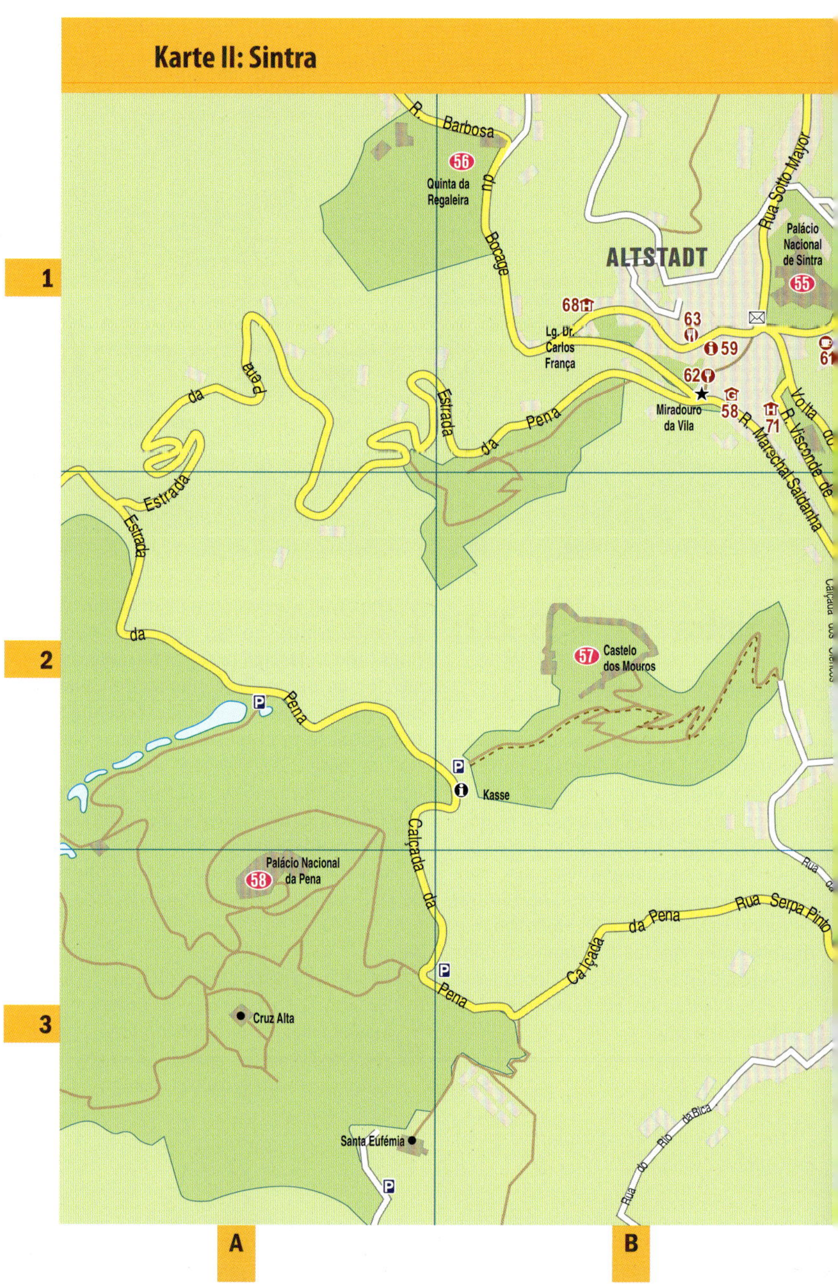

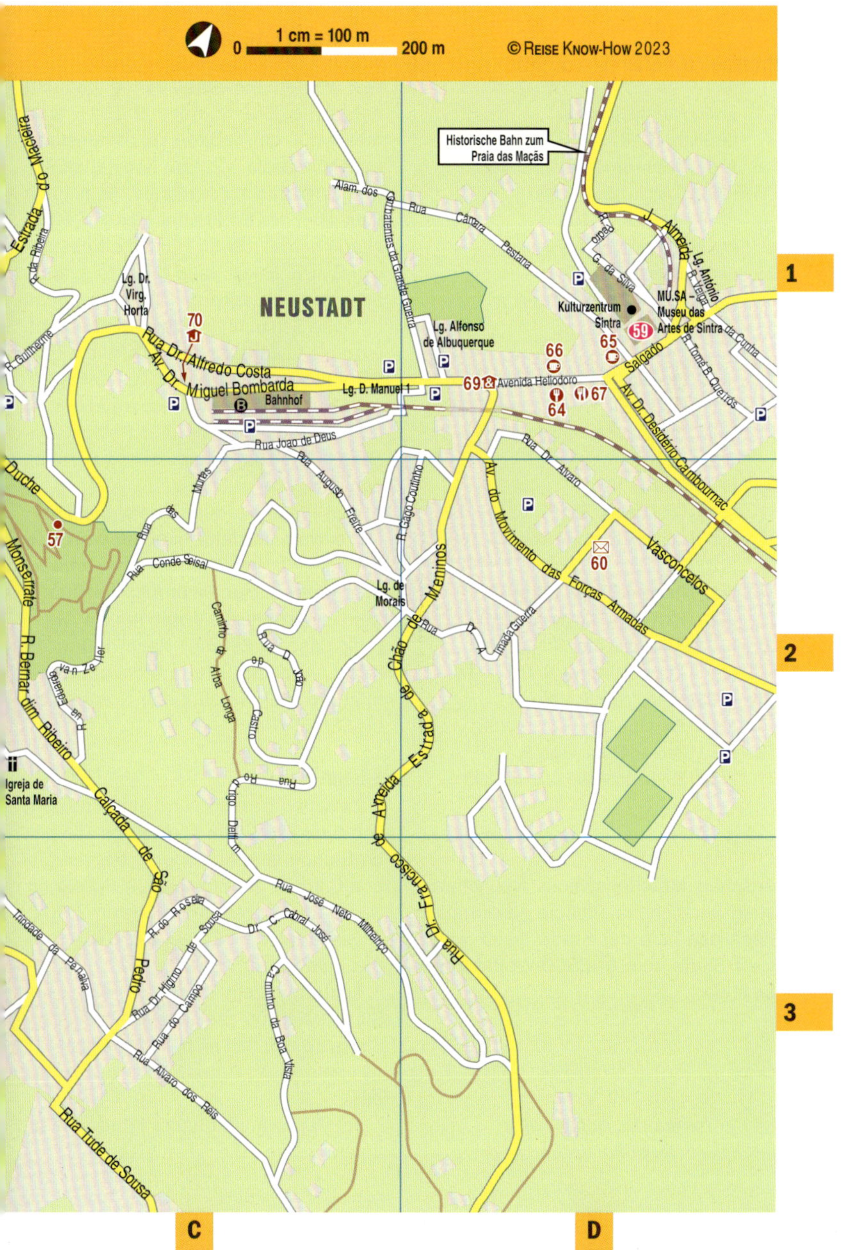
1 cm = 100 m
0
200 m
© Reise Know-How 2023
Historische Bahn zum Praia das Maçãs
NEUSTADT
Lg. Dr. Virg. Horta
70
Rua Dr. Alfredo Costa
Av. Dr. Miguel Bombarda
Bahnhof
Lg. D. Manuel 1
69
Avenida Heliodoro
Lg. Alfonso de Albuquerque
66
64
67
65
Kulturzentrum Sintra
59
MU.SA – Museu das Artes de Sintra
Salgado
Av. Dr. Desidério Cambournac
Rua Dr. Alvaro
Vasconcelos
Av. do Movimento das Forças Armadas
60
Rua João de Deus
Rua Augusto Freire
R. Gago Coutinho
Lg. de Morais
Chão de Meninos
Estrada de Almeida
Rua Dr. Francisco
57
Duche
Monserrate
R. Bernardim Ribeiro
Calçada de São Pedro
Igreja de Santa Maria
Rua Conde Seisal
Caminho da Alba Longa
Rua José Nelo Milheiriço
Caminho da Boa Vista
Rua Tude de Sousa
Rua Alvaro dos Reis
Rua do Campo
Rua Dr. Higino de Sousa
R. do Rosela
Trindade da Penalva
Estrada do Maceira
R. da Ribeira
R. Guilherme
Alam. dos Combatentes da Grande Guerra
Rua Câmara Pestana
J. Almeida
Lg. António R. Veiga
R. Tomé B. Queirós
G. da Silva
1
2
3
C
D

Legende zu Karte II (s. S. 98)

erischen Märchenschloss Neuschwanstein verglichene Palácio Nacional da Pena oberhalb der Stadt. 1995 wurde ganz Sintra zum **UNESCO-Weltkulturerbe** erklärt.

Der markante „Doppelschlot" des Palácio Nacional de Sintra 55

An- und Weiterreise, Orientierung

Wer keinen Pauschalausflug gebucht hat (siehe „Stadttouren", S. 191), fährt meist mit der S-Bahn ab Innenstadtbahnhof Rossio [V20] zur Endstation Sintra. Vereinfacht dargestellt, liegt nach Verlassen des Sackbahnhofes (Av. Miguel Bombarda) rechter Hand die **Neustadt** von Sintra, linker Hand (man folgt in einem großen Bogen der Volta do Duche um eine Schlucht) gut fünf Minuten entfernt die **historische Altstadt.** Alle wichtigen Punkte in Sintra sind gut zu Fuß erreichbar, wenngleich der obere Abschnitt (Castelo dos Mouros und Palácio Nacional da Pena) einen steilen Aufstieg bedeutet.

Vom Praça Marquês de Pombal [T17] im Zentrum aus fährt man **mit dem Pkw** die R. Aguiar und Duarte immer geradeaus in westlicher Richtung, die Straße führt direkt auf die Autobahn A5 (Richtung Cascais/Estoril). Nach 10 km erreicht man das Kreuz Monsanto und folgt hier der N 117 nach Nordwesten bis Sintra.

S-Bahn

Zwischen Lissabon und Sintra besteht von 5 bis 22.30 Uhr spätestens alle halbe Stunde eine Anbindung. Mit der Lisboa Card ist die Strecke von Rossio bis Sintra frei, Einzelfahrten kosten 3,90 €, Tageskarten 6,60 € bzw. 10,70 € (Kombi aus Bus/Metro/S-Bahn).

Achtung: Nicht in die S-Bahn „Mira Sintra/Melesas" steigen – die zweigt vor Sintra ab und hält nicht im Ort selbst.

Bus

Vor dem Hauptbahnhof fahren die lokalen Busse. Die Viva Viagem Cards

166lb Abb.: ©majonit, stock.adobe.com

(Carris/Metro bzw. Bahn) gelten hier nicht. Wichtig sind die Linien 434 (Stadtzentrum, Maurenkastell und Pena-Palast, 7,60 €/Rundfahrtticket), 435 (Stadtzentrum, Regaleira, Seteais und Monserrate Paläste, 3,30 €/Rundfahrtticket) und 403 (von/nach Cascais via Cabo do Roca, 5 €). Ein komplettes Tagesticket kostet 16 € (alle Linien).

Kutsche und Taxi

Per Droschke lassen sich die Sehenswürdigkeiten Sintras recht stilvoll besuchen. Die meisten Kutscher warten mit ihren Gespannen auf dem Platz Largo Rainha Dona Amélia vor dem Palácio Nacional de Sintra (siehe rechts), verlangen aber auch mindestens 50 € für eine Rundfahrt.

Vor dem Haupteingang des Bahnhofs warten **Taxis**, die Strecke zum Kastell beispielsweise kostet ab 20 €.

Sehenswertes

55 Palácio Nacional de Sintra ★★★ [II B1]

Das mit seinen unübersehbaren Zwillingsküchenschloten markanteste Bauwerk liegt zentral im Altstadtkern. Archäologischen Forschungen zufolge soll hier bereits um 950 eine Art Verwaltungssitz der Mauren gestanden haben, auf dessen Grundmauern sich João I. (1385–1433) einen Sommerpalast errichten ließ, der zum Stammsitz der Könige des Hauses Aviz wurde.

Aus dieser ersten Bauphase sind hauptsächlich noch die flache Freitreppe und die Fassade mit den fünf Zwillingsfenstern erhalten. Im frühen 16. Jh. während der Regentschaft von Manuel I. (1495–1521) permanent erweitert und verändert (Fenster und Portale im augenfälligen manuelinischen Stil, innen

Azulejo-Wände), kamen im 18. Jh. jene besagten auffälligen Schlote hinzu. Im 19. Jh. (unter Manuel II.) fand eine umfassende Umgestaltung der Anlage statt. Der Palast ist seither **kein harmonisches Gebäude**, sondern besteht aus miteinander kombinierten Einzelteilen mit maurischen, gotischen und manuelinischen Stilmerkmalen sowie architektonischen Einflüssen der Renaissance.

Vor dem Stadtpalast stehen ein kleiner Brunnen sowie ein spätgotischer Pranger. Wenn sich nicht wegen Restaurierungsarbeiten Änderungen ergeben, liegt der **Rundgang** relativ fest: Über den **Saal der Wachen** (Lokalität der ehemaligen königlichen Leibgarde) gelangt man in den größten Raum der Anlage, den **Saal der Schwäne** genannten Bankettsaal. Im nächsten Raum (**Saal der Elstern**) fallen die zahlreichen Elstern als Deckenbemalung auf – es sollen über 130 sein – jede mit einem Zettel mit der Aufschrift *Por bem* („Für das Gute") im Schnabel. Hierbei handelt es sich um die Devise von König João I. (1385–1433), dem Begründer des Anwesens. Aus dem 16. Jh. stammt die großzügige, aus reinstem Carrara-Marmor gebaute Kaminanlage dieses Saales. Auch der **Galeonensaal** wurde mit prächtigen Malereien mit Szenen der portugiesischen Entdeckungsfahrten ausgestaltet.

Im nachfolgenden **Saal der Araber** fühlt sich der Betrachter in einen maurischen Palast versetzt, ehe man den prächtigen, auch als Hirschsaal bezeichneten **Wappensaal** betritt. Die Wände des Raumes sind mit Jagdszenen darstellenden Azulejos aus dem 18. Jh. ausgekleidet. In die achteckige Kuppeldecke wurden die 72 Wappen der portugiesischen Adelsfamilien eingebettet, die im Zentrum vom Wappen Manuels I. (1495–1521), dem Auftraggeber dieses Raumes, und denen seiner acht Kinder überragt werden. Neben kleineren Vestibülen passiert man noch den **Arrestraum** Afonsos VI., der von seinem Bruder Pedro II. für geistesgestört erklärt und politisch ausmanövriert wurde. Afonso stand hier von 1674 bis zu seinem Tode 1683 unter Hausarrest. Ein weiteres Schlafgemach wurde nach einer prunkvollen Pagode **Chinesischer Raum** benannt, an den sich die Hauskapelle aus dem 14. Jh. anschließt. Sehenswert ist ferner der **Arabische Raum** mit einem integrierten Brunnen, ehe der Rundgang in der **riesigen Schlossküche** (15. Jh.) endet. Hier kann man einen Blick von unten in die markanten Schlote werfen.

› Largo Rainha D. Amélia, Tel. 219106840, www.parquesdesintra.pt, tgl. 9–18.30 Uhr, Eintritt 10 €, ermäßigt (Studenten, Senioren, Lisboa Card usw.) 8,50 € (bis 6 Jahre Eintritt frei, Familien 33 €)

EXTRATIPP

Entspannung im Parque da Liberdade

Der angenehm schattige Park Parque da Liberdade **mit subtropischer und exotischer Vegetation** (z. B. japanische Gräser) lädt zum Verweilen ein. Direkt am Parkgelände fällt ein **maurischer Brunnen** ins Auge, der 1922 im neogotischen Stil von dem Bildhauer José da Fonseca erbaut wurde.

•**57** [II C2] **Parque da Liberdade,** tgl. 9–17 Uhr, Eintritt frei, Kiosk am Zugang, am oberen Parkende erreicht man die Rua B. Ribeiro und den Fußweg zum Kastell (s. S. 105)

057lb Abb.: wl

56 Quinta da Regaleira ★ [II B1]

Von der Touristeninfo aus der Hauptstraße in westlicher Richtung etwa zehn Gehminuten folgend erreicht man linker Hand an der Straße nach Colares gelegen die Quinta da Regaleira, einen **in neomanuelinischem Stil erbauten Palast** aus dem frühen 20. Jh. Ursprünglich im Besitz der Gräfin von Regaleira wurde das Schlösschen von Dr. A. C. Monteiro erworben, dessen Büste auch an der Straße zwischen Bahnhof und Altstadt steht. Die großzügige Anlage mit Wasserspielen und kleinen Aussichtstürmen kann besichtigt werden.

› R. Barbosa du Bocage 5, www.regaleira.pt, tgl. 10–18.30 Uhr, Eintritt 11 €, erm. 6 €

57 Castelo dos Mouros (Maurenkastell) ★★ [II B2]

Auf einer Anhöhe am Südrand oberhalb der Altstadt liegen die weitläufigen Reste des Maurenkastells *(Castelo dos Mouros)* aus dem 8. Jh., **eine der bedeutendsten militärischen Bastionen ihrer Zeit.**

Mitte des 12. Jh. gelang es König Afonso Henrique, das Kastell zu erobern, und er erweiterte es zu Verteidigungszwecken. Von der ursprünglichen Anlage sind noch **Türme und Mauern erhalten**, wesentliche Veränderungen im Innern wurden später unter König Fernando (Ferdinand) II. von Coburg-Koháry (1816–1885) vorgenommen, insbesondere mit dem Bau des Torre Real, von dem aus ein herrlicher Blick auf die Stadt genossen werden kann.

Die Anlage ist im unteren (älteren) Teil relativ zerfallen und teilweise zugewuchert, oben dagegen (im eintrittspflichtigen Abschnitt) mit den umlaufenden Mauern noch recht gut in Schuss.

› Castelo dos Mouros, tgl. 9.30–18.30 Uhr, 25.12. und 1.1. geschl., Eintritt 8 €, Senioren/Schüler/Studenten 6,50 €, Familien 26 €, Kinder unter 6 Jahren Eintritt frei

Aussicht vom Palácio Nacional da Pena auf das Castelo dos Mouros 57

58 Palácio Nacional da Pena und Parque da Pena ★★★ [II A3]

Portugals Märchenschloss nimmt touristisch durchaus einen ähnlichen Stellenwert ein wie Neuschwanstein für Bayern und wer ein Faible für Königsschlösser mitbringt, darf den Palácio Nacional da Pena nicht auslassen, ein Besuch empfiehlt sich daher unbedingt.

Die Anlage entstand unter der Regentschaft von König Fernando II. von Coburg-Koháry als königliche Sommerresidenz unter der Leitung von Wilhelm Ludwig von Eschwege in den Jahren 1840 bis 1850. Der einem althessischen Rittergeschlecht entstammende von Eschwege war als Geograf und Geologe ab 1803 zunächst für die portugiesischen Eisenerzbergwerke verantwortlich und diente später als Feldmarschallleutnant und Oberberghauptmann in Portugal.

Er erhielt vom deutschstämmigen Monarchen den Auftrag, Elemente einer früheren Klosteranlage aus dem 16. Jh. mit **unterschiedlichen Baustilen zu verquicken,** was später zu harscher Kritik aus dem Lager der Kunstkritiker führte, der Beliebtheit des Schlosses aber bis heute keinen Abbruch tut. Der Hesse brachte Einflüsse aus Gotik, Manuelinik, Renaissance und Rokoko ebenso in das Gesamtbild ein wie maurische und fernöstliche Stilelemente. Der Hauptturm des Schlosses schließlich wurde ziemlich exakt dem Torre de Belém 36 nachgebildet.

Von der **ursprünglichen Klosteranlage** aus dem 16. Jahrhundert sind noch der zweistöckige, mit Azulejos ausgekleidete Kreuzgang sowie die Klosterkapelle mit einem Renaissancealtar erhalten. Die Glasmalereien der Fenster kamen im 19. Jh. hinzu und stammen aus Deutschland.

KURZ & KNAPP

Ferdinand II.

August-Franz-Anton (später Ferdinand II.) kam 1816 als ältester Sohn des Prinzen Ferdinand von Sachsen-Coburg-Saalfeld-Koháry in Wien zur Welt. Im April 1836 wurde er mit der portugiesischen Königin Maria II. da Gloria vermählt und führte fortan den Titel „Herzog von Bragança". Nach der Geburt seines ältesten Sohns Dom Pedro de Alcântara (später Peter V.) 1837 erhielt er konstitutionsgemäß den Königstitel als Titularkönig.

Nach dem Tod seiner Frau Maria II. im November 1853 wurde er bis zur Volljährigkeit des Prinzen (1855) als offizieller Souverän Portugals eingesetzt. Das anfängliche Misstrauen in der Bevölkerung aufgrund seiner deutschen Herkunft verkehrte sich bald durch populäre Maßnahmen in das Gegenteil. 1869 wurde ihm sogar ein Angebot zur Übernahme der spanischen Königskrone unterbreitet, das er jedoch ablehnte. Hochverehrt verstarb Ferdinand II. im Jahre 1885.

Die sonstige **Innengestaltung** wurde weitgehend authentisch rekonstruiert. Alltagsutensilien und Accessoires sind ebenso zu sehen wie Möbel, Waffen und die Privaträume der damaligen Zeit. Aus heutiger Sicht sind das frühneuzeitliche Waschzimmer und die Palastküche besonders interessant, da beide aufgrund ihres Alters aus heutiger Sicht nahezu unwirklich-komisch wirken.

Von dem die Burg umziehenden **Wehrgang** öffnet sich eine **herrliche Aussicht über das gesamte Bergland von Sintra** über kahle Gipfel, waldiges Hügelland bis hinunter zur Atlantikküste und an klaren Tagen kann man sogar bis zum Kloster-

EXTRATIPP

Fußweg zum Kastell und Pena-Palast

Per Bus oder Taxi fahren die meisten Besucher die langen Serpentinen der Estrada da Pena hinauf zum Maurenkastell und dem Palácio Nacional da Pena, die beide auf Hängen oberhalb der Altstadt thronen. Zu Fuß würde die recht steile Straßenroute etwa eine Stunde ab Zentrum in Anspruch nehmen, mindestens die Hälfte der Zeit spart **folgende Abkürzung:** vom Palácio Nacional aus Richtung Bahnhof gehend folgt man rechter Hand der Rua V. de Monserrate bis zur Rua B. Ribeiro etwa 500 m. Dort erblickt man an einem Haus mit markanter Treppe (Stufengasse) rechter Hand die kleine Marienkirche (Estrada de Santa Maria) in der Fußgängergasse **Rampa do Castelo.** Diese Rampa schlängelt sich als Waldpfad zum Castelo hinauf (insgesamt ca. 20 Minuten Fußweg ab Zentrum).

Die dreischiffige romanisch-gotische Kirche **Igreja de Santa Maria** entstand bereits im 12. Jh. unter König Afonso Henrique und wurde nach dem Erdbeben von 1755 in ihrer heutigen Form restauriert. Ein paar Meter höher Richtung Kastell sieht man das Haus **Casa Hans Christian Andersen,** der hier 1866 auf seiner Reise durch Portugal wohnte.

palast von Mafra (größte Klosteranlage Portugals, etwa 50 km nördlich von Lissabon) sehen.

Rund um das Schloss ließ Ferdinand von Coburg-Koháry einen rund 200 Hektar großen, eindrucksvollen **Waldpark** anlegen, der mit rund 400 Baumarten, Sträuchern, Farnen und Blumenbeeten bepflanzt wurde.

188lb Abb.: ©Fernando, stock.adobe.com

Höchster Punkt des Sintra-Berglandes ist das 1522 auf 529 Höhenmetern errichtete **Steinkreuz Cruz Alta.** Das Kreuz ist über ausgewiesene Fußwege leicht erreichbar und bietet sich als Abwechslung von der Großstadt in der frischen Luft des Mittelgebirges an.

› Estrada da Pena, Tel. 219105340, www.parquesdesintra.pt, täglich 9–19 Uhr, Eintritt 14 €, ermäßigt 12,50 €, Familien 49 €, 1 € Rabatt, wenn man das Ticket zwischen 9.30 und 11 Uhr kauft, Kombiticket, Kinder bis 6 Jahre Eintritt frei, der Eintritt (Pena) beinhaltet die Besichtigung von Schloss, Schlossgarten und Chalet da Condessa d'Edla.

Im Parque da Pena

EXTRAINFO

Kombikarten

Für den Pena-Palast und das Maurenkastell wird auch eine **Kombikarte** zu 20 €/Familien 60 € angeboten. Beim Besuch mehrerer Attraktionen werden je nach Anzahl 5–10 % Rabatt auf die Einzelpreise gewährt.

› **Wegbeschreibung:** Vom Maurenkastell aus folgt man dem Pfad wenige Meter weiter hinauf bis zu einem Drehkreuz an der Straße (hier auch Kassenhäuschen mit Infos und Tickets zu beiden Anlagen) und wendet sich nach links, wo man nach etwa 150 m den Zugang zum Palácio Nacional da Pena auf 500 Meter Höhe erreicht.

› Im Schloss-/Parkareal fährt während der Öffnungszeiten eine **Touristenbahn** (4 €/Pers.).

59 MU.SA – Museu das Artes de Sintra ★ [II D1]

Geht man vom Bahnhof die Hauptstraße Rua Dr. Alfredo Costa 250 m rechts entlang, erreicht man das kleine Zentrum der **Neustadt** mit **Banken, Cafés und Restaurants**, Einkaufsmöglichkeiten und der Abfahrtsstelle einer historischen Tram zum Praia das Macãs (s. S. 107).

Hier befindet sich auch das städtische **Museum für moderne Kunst.** Es stammt aus den 1920er-Jahren und beherbergte ursprünglich eine weithin beachtete Sammlung europäischer und amerikanischer Werke der Nachkriegszeit ab 1945, hauptsächlich moderner Künstler wie Andy Warhol, Roy Lichtenstein, Jeff Koons, Daniel Spoerri oder Georg Baselitz. Die Stücke stammen aus dem Privatbesitz des Multimillionärs und Weinmoguls Berardo, der die wichtigsten seiner Stücke seit dem Bau des Kulturzentrums von Belém 32 dort ausstellen lässt. Hier in Sintra ist daher nur noch eine kleinere Auswahl zu sehen.

› Avenida Heliodoro Salgado, https://cm-sintra.pt/musa-museu-das-artes-de-sintra, Tel. 219248170, Mi.–Fr. 10–18 Uhr, Sa., So. 12–18 Uhr, Eintritt frei

EXTRATIPP

Galerie Klaus Ohnsmann

Für Kunstfreunde könnte auch die Galerie des zeitgenössischen Künstlers Klaus Ohnsmann von Interesse sein.

G58 [II B1] **Galerie Klaus Ohnsmann,** Rua Marechal Saldanha 3, Tel. 211325754, www.sintraromantica.net/museums/klaus-ohnsmann-museum, Di.–Sa. 10–13, 14–19, So. 10–13 Uhr, 5 €, ermäßigt 3,50 €

Umgebung von Sintra

Colares ist ein bekannter Weinort, in dem etliche wohlhabende Lissabonner ein Sommerhäuschen besitzen.

Westlich von Colares liegen die **Strände der Costa do Sol** (erreichbar über die alte Straßenbahn Sintra – Praia das Maçãs) und der westlichste Punkt des europäischen Festlands, das **Cabo da Roca.**

☐ *Der Praia das Macãs ist ein unbedingt lohnendes Ausflugsziel in Sintra*

Praktische Tipps

- 59 [II B1] **Touristeninformation Sintra,** im Bahnhof (Neustadt, Tel. 219241623) und in der Altstadt (in der Rua Consiglieri Pedroso/ Ecke Praça da República, Tel. 219231157), tgl. 9–19 Uhr, im Sommer 9–20 Uhr
- **Polizei:** Tel. 219230417
- **Erste Hilfe:** Tel. 214348200
- 60 [II D2] **Post,** Av. do Movimento, Mo.–Fr. 9.30–12.30 und 14.30–18 Uhr
- **Einkaufen:** Fachgeschäfte und Supermärkte finden sich in der Fußgängerzone Avenida Helidoro Salgado (hier gibt es auch eine **Apotheke**) und in der Avenida do Movimento (neben der Post). In der Fußgängerzone findet man ferner eine Metzgerei und einen Minimarkt.
- **Banken** (mit ATM) liegen gegenüber dem Bahnhof und in der Fußgängerzone Avenida Helidoro Salgado.
- **Radverleih Sintra E-Bikes,** Largo Latino Coelho (neben der Post), Tel. 922134857. Das Hauptgeschäft befindet sich in der Neustadt (Rua José Bento Costa 5B, Tel. 212424604, www.parkebike.com). E-Bikes gibt es Mo.–Fr. 10–18 Uhr ab 20 €/Tag.
- **Geführte Segway-Touren** bietet **Silence Tour,** www.silencetour.pt, Tel. 912942942, an. Diverse Touren (1 oder 2,5 h) führen ins Umland und kosten ab 50 €.

Kulinarisches

Als beliebter Ausflugsort hat Sintra auch ein gutes gastronomisches Angebot entwickelt, welches aber spürbar auf „Kurzzeitbesucher" zugeschnitten zu sein scheint. Empfehlenswerte Lokale in der **Altstadt:**

- 61 [II B1] **Café da Vila** €, Calçada do Pelourinho 8, Tel. 219241174, tgl. 12–24 Uhr. Gegenüber dem Stadtpalast bekommt man

EXTRATIPP

Badeausflug zum Praia das Macãs

Direkt um die Ecke vom Museu de Arte Moderna in der Neustadt ruckelt und zuckelt die historische Tram für 3 € hinunter zum Praia das Macãs („Apfelstrand", benannt nach den früher hier vorherrschenden Apfelplantagen). Der Strand im winzigen, malerischen Küstendörfchen, der Ort selbst und die idyllischen Klippen (mit archäologischen Fundstätten) direkt oberhalb lohnen unbedingt einen Besuch. Minimarkt und Strandlokale sorgen für das leibliche Wohl.

- **Fahrplan der Tram:** Winter 10.20, 14 Uhr ab Sintra, 11.30, 15.30 Uhr ab Macãs, im Sommer erstmals 9.20 Uhr ab Sintra, dann alle 50–60 Minuten sechsmal täglich in beide Richtungen

184lb Abb.: wl

Kleinigkeiten und Erfrischungen, aber auch preiswerte Fischgerichte.

62 [II B1] **Cantinho do Lord Byron,** Rua da Ferraria (gegenüber vom Palast die Gasse hinein), Tel. 219235769, Mi.–Mo. 11–19 Uhr. Kleinigkeiten, Snacks, Tapas und gute Weine in nettem, rustikalem Ambiente.

63 [II B1] **Tulhas de S. Martinho** €€, Rua Gil Vicente 4, Tel. 219232378, Mi.–Mo. 12–22 Uhr. Das Restaurant inmitten der historischen Altstadt gilt unter Reisenden als kleiner Geheimtipp. Die Gerichte sind gut und zünftig, das Lokal ist klein, aber stilvoll und fein, die Preise sind für Sintra sehr moderat. Besonders gelobt wird der Bacalhau com Nata (Kabeljau in cremiger Sauce) sowie die Lammgerichte.

› Zahlreiche weitere Restaurants liegen unmittelbar an der Hauptstraße rund um den Stadtpalast, gehören häufig jedoch nicht zu den besten Empfehlungen in und um Lissabon (touristisch). Für den kleinen Hunger sollte man sich eher in der Neustadt rund um den Bahnhof umsehen. Gegenüber vom Hbf. bieten mehrere Snacklokale einfache, aber preiswerte Kleinigkeiten, im Bahnhof selbst befindet sich eine Filiale von Pizza Hut.

Lokale in der **Neustadt:**

64 [II D1] **Cafeteria Tulipa** €, Avenida Helidoro Salgado 53, Tel. 219243528, Mo.–Sa. 11–19 Uhr. Ebenfalls günstige Kleinigkeiten serviert montags bis samstags in der Fußgängerzone diese einfache, bei Einheimischen sehr beliebte Cafeteria. Suppen ab 3 €, Fischteller, Burger, Omelettes jeweils um die 9 €.

65 [II D1] **Pastelaria Primavera** €, Rua Camara Pestana 9 (Nähe Kulturzentrum), Tel. 219230531, Mo.–Sa. 8–19 Uhr. Für Kuchen, Gebäck und Kaffee empfiehlt sich diese einfache und preiswerte Pastelaria.

66 [II D1] **Pastelaria Tirol** €, Avenida Helidoro Salgado 7, Tel. 219230505, tgl. 6.30–19 Uhr. Ähnliches Angebot wie die Pastelaria Primavera, mit Restaurantbetrieb im Obergeschoss.

67 [II D1] **Taberna Criativa** €€€, Av. Heliodoro Salgado 26, Tel. 960217686, Di.–Sa. 12–15, 19–22, Mo. 19–22 Uhr. Von Einheimischen wie Reisenden wird die Taverne gerne frequentiert. Gehobeneres Ambiente u. a. mit Festpreismenüs und sehr guten Weinen.

Unterkunft

Die meisten Reisenden besuchen Sintra im Rahmen eines Tagesausflugs. Wer länger vor Ort bleiben möchte, findet einige günstig gelegene Unterkünfte in der Neustadt in unmittelbarer Bahnhofsnähe.

68 [II B1] **Lawrence's** €€€€, Rua Consigliéri Pedroso 38, Tel. 219105500, www.lawrenceshotel.com. In der Altstadt kann man stilvoll in diesem kleinen, rustikalen Hotel mit nur 16 Einheiten unterkommen.

69 [II D1] **Pensão Nova Sintra** €€, Largo Afonso de Albuquerque 25, Tel. 219230220, www.novasintra.com. Das kleine, aber feine familiengeführte Hotel liegt in einem Gärtchen mit hübscher Frühstücksterrasse (Frühstück inklusive).

70 [II C1] **Pousada de Jovens,** Avenida Doutor Miguel Bombarda 25, Tel. 219238530. Erst 2022 eröffnet und sehr modern, 2er- und 4er-Zimmer sowie Schlafsaal. Küche, Cafeteria, WLAN, Parkplätze, Wäscherei ...

71 [II B1] **Sintra Boutique Hotel** €€€€, Rua Visconde de Monserrate 48, Tel. 219244177, http://sintraboutiquehotel.com. Dieses Hotel befindet sich um die Ecke vom Stadtpalast Richtung Bahnhof. Modern, ruhig, schöner Ausblick über das Tälchen.

LISSABON ERLEBEN

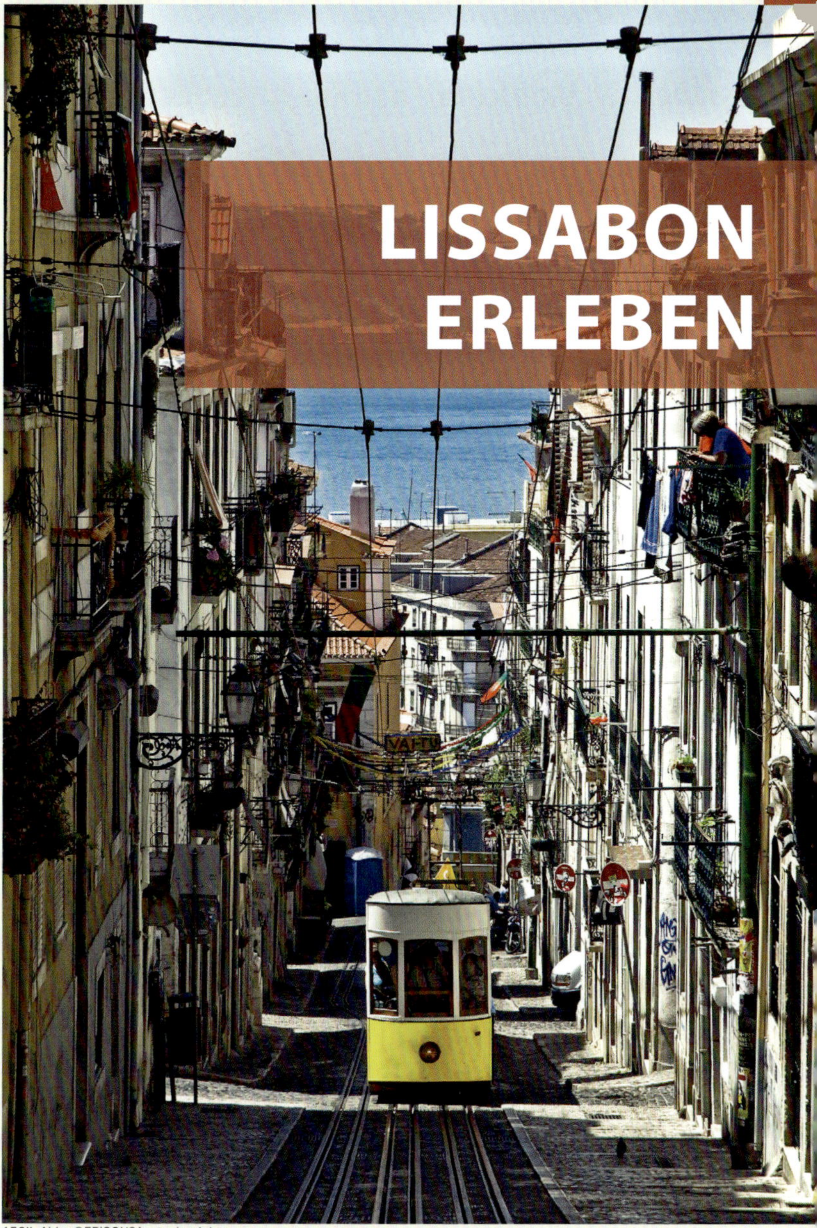

150lb Abb.: ©EPISOUSA, stock.adobe.com

Lissabon für Architektur- und Kunstfreunde

Architektur

Wer in Lissabon architektonische Prachtbauten und kulturelle Zeugnisse der bewegten Geschichte Portugals erwartet, wird auf seine Kosten kommen: Prunkschlösser und Herrensitze, aber auch aufwendige Sakralbauten wurden während der bewegten Geschichte Portugals vorwiegend in Lissabon gebaut. Hier lag schließlich der „Nabel der Welt".

Doch ist auch ein eher verblichener Glanz festzustellen: Während der Kolonialzeit übernahm gerade der einfache und mittlere Adel vom Land Posten in Übersee, weshalb das portugiesische Mutterland außerhalb der Hauptstadt personell, materiell, aber auch optisch ins Hintertreffen geriet. Und schließlich darf nicht vergessen werden, dass das **verheerende Erdbeben von 1755** sein Übriges tat, um die vorhandenen Güter erheblich zu dezimieren und ganze Teile der Lissabonner Innenstadt zu zerstören. Das Portugal des 18. Jh. war bereits so sehr im Niedergang begriffen, dass an eine neue Blüte kaum mehr zu denken war.

Städtebauliche Prachtbauten der frühen Neuzeit

Ende des 15./Anfang des 16. Jh. wurde in Portugal unter König Manuel I. die nach ihm benannte, **verspielt-ornamentale Stilrichtung der Manuelinik** (s. S. 65) entwickelt. Zahlreiche Prachtbauten wie etwa das Hieronymus-Kloster 33 in Belém sind in diesem Stil ausgestaltet. Während diese Entwicklung an der Algarve praktisch vollkommen vorüberging, war die Manuelinik für den Großraum Lissabon prägend. Die klassisch-europäische Renaissance spielt im Portugal des 16./17. Jh. praktisch keine Rolle, da man sich auf die Manuelinik konzentrierte und später aufgrund wirtschaftlicher Probleme kein Spielraum für Prachtbauten vorhanden war. Erst mit der Erschließung brasilianischer Goldvorkommen und dem Abschluss von Handelsverträgen mit Britannien wurden um die Wende vom 17. zum 18. Jh., insbesondere zur Zeit von König João V., **barocke Paläste und Kirchen** gebaut. Beispiele hierfür sind die Igreja São Roque 15 im Bairro Alto oder die Kathedrale 11.

Nach dem Erdbeben von 1755 und der weitgehenden Zerstörung der Innenstadt Lissabons erfolgte ein **Wiederaufbau** ganz im Sinne des Marquês de Pombal (s. S. 52) **mit schachbrettartigem Grundriss** – als Paradebeispiel gilt die Baixa. Ein nettes „Abfallprodukt" des Erdbebens soll übrigens der für Portugal, aber auch für einige der einstigen Kolonien typische kunstvolle, schwarzweiße Pflasterboden vieler Fußgängerzonen sein. Angeblich wurden die Trümmer gleich für derartige Mosaiken verwendet.

Das Stadtbild der Gegenwart

Der städtische Wohnungsbau des 19. und 20. Jh. war geprägt von **typischen dreistöckigen Wohnhäusern mit Flachdach** *(açoteia)*, die noch heute in den Kleinstädten dominieren. Die Lissabonner Innenstadt weist dagegen ebenso

☐ *Vorseite: Urige Aufstiegshilfe – der Ascensor da Bica (s. S. 212)*

zahllose neoklassizistische Prunkbauten wie gutbürgerliche Wohnhauszeilen auf, in den Randbezirken dominieren heute freudlose Trabantenstädte mit schlichten Hochhausbauten.

Mit der Tourismuswelle des späten 20. Jh. änderte sich auch das architektonische Bild Lissabons drastisch. **Große Hotelbauten** wurden errichtet, in den Außenbezirken Golfplätze und Freizeiteinrichtungen angelegt, Restaurants und Souvenirgeschäfte aus dem Boden gestampft. Hinzu kamen und kommen etliche Villen reicher Portugiesen in den Randgemeinden – vornehmlich in Cascais/Estoril –, die in ruhigere Gefilde umgezogen sind und mit ihren modernen Domizilen einen optisch doch eher angenehmen Beitrag leisten.

Insgesamt darf man die gegenwärtige Architektur keinesfalls mit den verbauten, hässlichen Küstenregionen anderer Mittelmeerstaaten vergleichen. Auch an der Küste wurde sehr darauf geachtet, ein gewisses Flair zu erlangen bzw. zu erhalten und – auch bei größeren Anlagen – eine harmonische Integration der Bauten in die Küstenregion zumindest anzustreben.

Malerei und Literatur

Selbst in der „zweiten Garnitur" bedeutender Maler und Künstler – also jenseits von Renoir, Picasso oder van Gogh – muss man recht lange suchen, um auf international bekannte Namen aus Portugal zu stoßen. Als Legende und Aushängeschild der portugiesischen Malerei zählt zweifelsohne **Eduardo Alarcão** (1930–2003), dessen naiv-grelle Impressionen von Lissabon – meist mit der gelben *Eléctrico* (Straßenbahn) als Motiv – deutlich an den Lebensstil der 1950er-Jahre erinnern. Einst Bohemien und Casanova, lebte der Maler lange Zeit in Lissabon.

Als der bekannteste Skulpteur ist **José Franco** (1920–2009) zu nennen, dem „goldene Hände" nachgesagt wurden. Sein bekanntestes und werbewirksamstes Projekt schuf er 1945 in Mafra bei Lissabon unter dem Titel „Aldeia Típica do Sobreiro": eine großflächige Freiluftplastik in Form eines kompletten zeitgenössischen ländlichen Dorfes mit allen Details. Von den zeitgenössischen Bildhauern erlangte João Cutileiro in den 1960er- bis 1980er-Jahren einen guten Ruf. Einige Werke der hier genannten Künstler stehen im Museu Calouste Gulbenkian 20 und im Museu Nacional de Arte Antiga 27.

189lb Abb.: wl

Verspielte Zinnen und Türmchen am Rathaus in Sintra 54

2011lb Abb.: ©Fotokon, stock.adobe.com

Zu den **bedeutendsten Dichtern des 20. Jahrhunderts** und der Gegenwart zählen Fernando Pessoa (1888–1935), Mário de Sá-Carneiro (1890–1916), José Saramago (1922–2010) sowie Lídia Jorge (*1946). Die beiden letzteren haben vor allem die Nelkenrevolution von 1974 literarisch verarbeitet. Fernando Pessoa dagegen erlangte nicht nur durch seine Werke Beachtung, sondern auch aufgrund seiner in diesem Umfang selten dokumentierten Schizophrenie: Der Dichter lebte unter (mindestens) vier mit einer vollständigen Biografie ausgestatteten, eigenständigen Heteronymen („Rollen", s. hierzu Exkurs Seite 114).

Museen

Lissabon bietet historisch und Kunstinteressierten eine ganze Reihe größerer und kleinerer Museen. Die bedeutendsten sind im Kapitel „Lissabon entdecken" eingehender beschrieben, für spezielle Interessen findet der Leser hier eine Kontaktliste der Museen der portugiesischen Hauptstadt. Die meisten Museen sind Mo., am 1.1., Ostersonntag, Weihnachten und am 1.5. geschlossen.

Ausstellungsstücke im Lisboa Story Centre

- **72** [X21] **Casa dos Bicos,** R. Bacalhoeiros, Tel. 218802040, www.josesaramago.org, Mo.–Sa. 10–18 Uhr, Eintritt 3 €, erm. und Lisboa Card 2 €, Familien 8 €. Die Stiftung „Fundação José Saramago" hat dieses Museum eröffnet und informiert über Leben, Werk und Nachlass des portugiesischen Literaturnobelpreisträgers.
- **73** [T14] **Casa-Museu Dr. Anastácio Gonçalves,** Avenida 5 de Outubro 6–8, Tel. 213540823, www.patrimoniocultural.gov.pt, Di.–Sa. 10–13, 14–16.30, So. 10–14, 15–16 Uhr, 3 €, ermäßigt und mit Lisboa Card 1,50 €. Kunstsammlung im Haus Dr. Anastácio Gonçalves (1889–1965). Der vermögende Optiker sammelte hauptsächlich Bilder, Möbel und chinesisches Porzellan.
- **74** [Q19] **Casa-Museu Fernando Pessoa,** Rua Coelho da Rocha 16–18, Tel. 213962190, www.casafernandopessoa.pt, Mo.–Sa. 10–18 Uhr, 3 € (erm. 1,50 €, mit Lisboa Card frei), im Rahmen einer Führung Di.–Sa. 11.30 Uhr (engl.) bzw. 15 Uhr (port.) für 4 €. Museum über den portugiesischen Dichter Fernando Pessoa. Galerie zu Leben und Werk mit angeschlossener Bibliothek.
- **20** [S13] **Fundação/Museu Gulbenkian.** Das Gulbenkian-Kunstmuseum genießt Weltruf (s. S. 47).
- **75** [W22] **Lisboa Story Centre,** Praça do Comércio 79, Tel. 211941099, www.lisboastorycentre.pt, tgl. 10–19 Uhr, 7 €, Kombi mit Arco Triunfal (s. S. 22) 8 €, mit Lisboa Card gratis, ermäßigt 5 €, Kinder 3 €, Familien 17 €. In den Seitengängen am Terreiro do Paço wurde die historische Multimedia-Zeitreise „The Lisboa Story" eingerichtet, die den Betrachter in konzentrierter Form durch die vielschichtigen historischen Ereignisse und die bewegendsten Momente der Stadt führt.

M 76 [V20] **Museu Arqueológico do Carmo,** Largo do Carmo, Tel. 213478629, www.museuarqueologicodocarmo.pt, Di.-Sa. 10-18 Uhr (im Sommer bis 19 Uhr), 5 €, erm. und mit Lisboa Card 4 €. Archäologisches Museum in der Carmo-Kirche, das Exponate über frühe Funde aus dem Stadtbereich, prähistorische Funde und Sarkophage berühmter Persönlichkeiten (12.-18. Jh.) beherbergt.

M 77 [a18] **Museu da Água,** R. Alviela 12, Tel. 218100215, www.epal.pt/epal, Mo.-Sa. 10-12.30 und 13.30-17.30 Uhr, 4 €, erm. und mit Lisboa Card 2 €. Zu diesem ehemaligen Wasserspeicher aus dem 18. Jh. führte früher das Aquädukt 40. Heute ist hier ein Museum untergebracht, das sich der Geschichte der Wasserversorgung widmet.

29 [L23] **Museu da Carris.** Das Straßenbahnmuseum Lissabons mit alten Bussen, Trams und öffentlichen Fahrzeugen aus den Anfängen des Nahverkehrs (s. S. 61).

M 78 [W22] **Museu da Cerveja,** Terreiro do Paço, Tel. 210987656, www.museudacerveja.pt, tgl. 12-24 Uhr, 5 € inkl. „Proben", unter 16 J. frei. Das Biermuseum bietet einen netten Einblick in die auch in Portugal weit verbreitete Kunst des Bierbrauens. Die angeschlossene Cervejaria (mit Restaurantbetrieb) hat bis Mitternacht geöffnet.

M 79 [T21] **Museu da Farmácia,** Rua Marechal Saldanha 1, Tel. 213400688, www.museudafarmacia.pt, tgl. 10-19 Uhr, 6 €, erm. 4 €, Fam. 16 €, mit Lisboa Card 20 % Rabatt, Kinder unter 2 J. frei. Apothekenmuseum, das aus über 5000 Jahren Medizingeschichte abhandelt, u. a. der frühen Neuzeit in Portugal und in den ehemaligen Kolonien.

M 80 [M9] **Museu da Música,** Rua João de Freitas Branco, www.museunacionaldamusica.gov.pt, Tel. 217710990, Mo.-Sa. 10-18 Uhr, 3 €, ermäßigt (auch Familien) 1,50 €. Museum für Musik, hauptsächlich zur portugiesischen Musikgeschichte und der Musik in den ehemaligen Kolonien.

M 81 [I25] **Museu de Arte, Arquitetura e Tecnologia (MAAT),** Av. Brasília, Central Tejo, Tel. 210028190, www.maat.pt, Mi.-Mo. 11-19 Uhr, Eintritt 9 €, erm. 6 €, Fam. 17 €. Das moderne Kulturzentrum in Belém wird von manchen als neues Wahrzeichen der Stadt gehandelt. Gezeigt werden nationale und internationale Ausstellungen mit Beiträgen zeitgenössischer Künstler, Architekten und Denker. Ein Schwerpunkt sind die Exponate moderner Kunst ab den 1960er-Jahren von

EXTRAINFO

Günstig ins Museum

Wer mehrere Museen besuchen möchte, sollte sich entweder eine **Lisboa Card** (s. S. 205) oder an den Tageskassen bzw. online eines von zahlreichen **Kombitickets** kaufen, z. B.:

- **Circuito - Frente Ribeirinha:** Museu Nacional do Azulejo 42, Museu Nacional de Arte Antiga 27 und Panteão Nacional 8 15 €
- **Circuito - Lisboa (acht Museen):** Museu nacional do Azulejo 42, Casa-Museu Dr. Anastácio Gonçalves (s. S. 112), Museu da Música (s. links), Museu Nacional de Arte Contemporânea (s. S. 116), Museu Nacional de Arte Antiga 27, Museu Nacional do Traje (s. S. 117), Museu Nacional do Teatro (s. S. 117), Panteão Nacional 8) für insgesamt 25 €
- **Circuito - Azulejo e Panteão:** Museu Nacional do Azulejo 42 und Panteão Nacional 8 7 €
- www.patrimoniocultural.gov.pt/museus-e-monumentos/dgpc/bilheteira

mehr als 250 renommierten portugiesischen Künstlern. Interessant ist auch das an das Areal angeschlossene Museu de Electricidade (siehe unten), das ehemalige Wärmekraftwerk Central Tejo, in dem alte Turbinen, Wasserkraftgeneratoren und Dynamos zu sehen sind.

82 [X20] **Museu de Artes Decorativas Portuguesas,** Largo das Portas do Sol 2, Tel. 2188146800, www.fress.pt, Mi.-Mo. 10–17 Uhr, 4 €, mit Lisboa Card 3,20 €, erm. 2 €, unter 14 J. frei. Kunstakademie und Museum für angewandte Kunst.

83 [I25] **Museu de Electricidade (Central),** Av. Brasília, Central Tejo, Tel. 210028130, www.maat.pt, Di.-So. 10–18 Uhr, Eintritt frei. Elektrizitätsmuseum in einem alten Wärmekraftwerk am Tejo-Ufer. Interaktive Modelle zum „Ausprobieren" der Grundprinzipien der Energiegewinnung und mehrere Dauerausstellungen.

84 [R7] **Museu de Lisboa,** Pavilhão Branco e Pavilhão Preto, Campo Grande 245, Tel. 217513200, www.museudelisboa.pt, Di.-So. 10–18 Uhr, Eintritt 3 €, Senioren und mit Lisboa Card Eintritt frei. Museum über die Stadt Lissabon, u. a. mit einem Modell aus der Zeit vor dem Beben von 1755, außerdem Münzen, Bilder und Stiche diverser Epochen.

› **Museu de Lisboa Santo António** (s. S. 36)

85 [L24] **Museu de Macau,** Rua da Junqueira 30, Di.-So. 10–17 Uhr, Tel. 213617790, 3 € (erm. und mit Lisboa Card 1,50 €). Das Museum thematisiert die frühere Kolonie Macau. Es handelt sich um das einzige kulturhistorische Museum seiner Art außerhalb der Volksrepublik China. Feine Sammlung chinesischer Kunst.

34 [F25] **Museu de Marinha.** Interessantes Marinemuseum mit Galeeren, Kleinseglern, Wasserflugzeugen, Karavellen u. v. m. (s. S. 67).

86 [W21] **Museu do Design e da Moda,** Rua Augusta 24, www.mude.pt, Di.-So. 10–

Portugiesische Literaten von Weltruhm

Einer der bedeutendsten Schriftsteller Portugals ist der 1922 geborene ***José Saramago.*** *Aus ärmlichen Verhältnissen stammend, eignete sich der gelernte Automechaniker autodidaktisch Literaturkenntnisse an. Im Alter von 54 Jahren widmete sich Saramago ganz diesem Hobby und 1980 gelang ihm mit dem sozialkritischen Roman „Levantando do chão" (Hoffnung im Alentejo) der nationale Durchbruch. Zentrales Thema seiner Texte ist die Sicht der kleinen Leute auf Geschichte und Gesellschaft Portugals, wiedergegeben in zahlreichen Gedichten, Novellen, Dramen und Erzählungen. Dabei nimmt der bekennende Atheist und Kommunist kein Blatt vor den Mund: Sein Roman „O Evangelio Segundo Jesus Cristo" (Das Evangelium nach Jesus Christus) von 1991 erregte wegen seiner mutmaßlichen blasphemischen Inhalte den Unmut der katholischen Kirche, weshalb die Verantwortlichen Saramagos Nominierung für den Europäischen Kulturpreis zurücknahmen. Als Konsequenz dessen wanderte Saramago aus Protest nach Spanien aus. Er erhielt u. a. 1995 den höchsten Preis für portugiesischsprachige Literatur („Prémio Camões") und 1998 schließlich den Literaturnobelpreis. Er starb 2010.*

António Lobo Antunes *(* 1942) gilt als zeitgenössischer portugiesischer Romancier mit akademischem Hintergrund. Der studierte Mediziner arbeitete während des Unabhängigkeitskrieges als Militärarzt in Angola und später in Portugal als Psychiater. Seine Erfahrungen während des Krie-*

ges verarbeitete er in dem Roman „O Cus de Judas" (Der Judaskuss), mit dem ihm 1979 der nationale Durchbruch gelang. Auch er thematisiert in seinen Romanen die Geschichte Portugals, wobei im Zentrum immer das Schicksal normaler Menschen steht. Antunes wurde mit zahlreichen Preisen ausgezeichnet, u. a. 2007 mit dem „Prémio Camões", dem bedeutendsten Literaturpreis Portugals, außerdem gilt er seit Jahren als heißer Kandidat für den Literaturnobelpreis.

***Fernando Pessoa** (1888–1935) gilt nach dem Nationaldichter Luís Vaz de Camões als der bedeutendste portugiesische Dichter und Poet. Pessoa wird zu den großen literarischen Erneuerern gezählt, der nicht nur die moderne Dichtung Portugals, sondern auch die zeitgenössische Dichtung im Allgemeinen prägte. Pessoas Leben in einigen Zeilen zusammenzufassen ist schier unmöglich, daher sei an dieser Stelle auf den Link http://arlindo-correia.com/060104.html verwiesen. Wichtig zu Pessoa ist vor allem die Tatsache, dass er – wie die moderne Psychiatrie es wohl nennen würde – an „multipler Schizophrenie" litt, also an einer besonderen Form der Persönlichkeitsspaltung, die dazu führte, dass Pessoa unter verschiedenen Pseudonymen lebte (zum Beispiel Alberto Caeiro, Ricardo Reis, Álvaro de Campos) und dies sogar durch verschiedene Schreibstile und unterschiedliche Handschriften in seinem Werk manifestierte.*

*Einige **Lesetipps:***

- *Thorau, Henry (Hg.): **Portugiesische Literatur,** Suhrkamp Verlag 1997. Überblick über die wichtigsten Literaten Portugals und deren Werke.*
- *Pessoa, Fernando: **Lissabon. Was der Tourist sehen sollte,** TFM 1995. Bis dato unveröffentlichter, um 1925 verfasster Führer durch Lissabon aus dem Nachlass Pessoas.*
- *Pessoa, Fernando: **Mein Lissabon,** Ammann 2001. Hier reflektiert und besingt F. Pessoa die Geheimnisse der unvergleichlichen Stadt am Meer in Gedichten und Notaten. Hinter mannigfaltigen Masken huscht Pessoa durch die engen Gassen der weißen Stadt, um fortwährend neue Blicke auf die Bühne des kleinen Welttheaters zu werfen.*
- *Pessoa, Fernando: **Das Buch der Unruhe des Hilfsbuchhalters Bernardo Soares,** Fischer (Tb.) 2006. Seine Erstfassung „Das Buch der Unruhe des Hilfsbuchhalters Bernardo Soares" nannte Pessoa selbst „Zufallsbuch seines Nachsinnens" – und trifft damit auch den Kern der um 260 Seiten (!) erweiterten Neuauflage, die im Prinzip eine lose Sammlung aus Pessoas literarischem Nachlass darstellt. Das recht schwierig zu lesende Werk gilt als autobiografische Fundgrube von Beobachtungsfragmenten, Gedankensplittern und Aphorismen des Dichters.*
- *Pires, Jose Cardoso: **Lissabonner Logbuch. Stimmen, Blicke, Erinnerungen,** Carl Hanser 1997. Lissabon aus dem Blickwinkel eines großen portugiesischen Dichters betrachtet. Die „weiße Stadt" erscheint dem Leser als ein Hort der Dichter und Katzen sowie als Paradies für Trinker und Barbesucher. Der Blick des Lesers wird ebenso auf Pflaster und Fliesen der Stadt wie auch auf Monumente von Königen, Dichtern und Heiligen gelenkt.*

0491lb Abb.: wl

Klostergang im Azulejo-Museum 42

18 Uhr, Eintritt frei. Designmuseum Lissabon für Möbel- und Modetrends.

87 [V21] **Museu do Dinheiro,** Largo de Sao Julhiao, www.museudodinheiro.pt, Tel. 213213240, Mi.-So. 10-18 Uhr, Eintritt frei. Hier findet man alles Wissenswerte zum Thema Geld und Währung aus historischer und bankentechnischer Sicht.

88 [Y21] **Museu do Fado,** Largo do Chafariz de Dentro 1, Tel. 218823470, www.museudofado.pt, Di.-So. 10-18 Uhr, 5 €, 13-25 J. 2,50 €, Senioren 4,30 €, mit Lisboa Card 4 €. Museum über den traditionellen Musikstil Fado mit Dauerbilderausstellung zum Fado und Wechselausstellungen zu bestimmten Künstlern, Instrumenten usw. Auch die Nachbildung eines Fado-Hauses steht hier. Sa., So. kann man um 16.30 Uhr an einer 90-minütigen Tour teilnehmen (5 €).

89 [O23] **Museu do Oriente,** Avenida de Brasília, Doca de Alcântara Norte, Tel. 213585200, www.museudooriente.pt, Di.-So. 10-18 Uhr, Fr. 10-20 Uhr, 6 €, Kinder (6-12), Studenten 2,50 €, Familienkarte (3+2) 14 €, Fr. 18-20 Uhr kostenlos. Fernostmuseum zu den Einflüssen des Orients auf die portugiesische Kultur, insbesondere Indiens und des Fernen Ostens.

90 [S19] **Museu Fundaçao Amália Rodrigues,** Rua de Sao Bento 193, Tel. 213971896, www.amaliarodrigues.pt, Di.-So. 10-18 Uhr, 7 €, Senioren 6 €, Studenten 4 €, Fam. 13 € (inkl. engl. Broschüre zur Biografie und den einzelnen Einrichtungsstücken). Museum über die Fado-Legende Amália Rodrigues in ihrem nach ihrem Tod unverändert belassenen Wohnhaus. Nur Führung in Kleingruppen.

91 [V20] **Museu Guarda Nacional Republicana,** Convento do Carmo 14, Tel. 213217222, www.arquivomuseugnr.pt, Mo.-Sa. 10-18 Uhr, 1,50 €, Museum zu Ehren der Polizeidivision. Zu sehen sind ein geschichtlicher Überblick über das Polizeiwesen in Portugal sowie Ehrenbekundungen und Auszeichnungen diverser Dienststellen.

13 [Z20] **Museu Militar.** Umfangreiches Militärmuseum mit Waffensammlung und thematischen Sälen (s. S. 36).

27 [Q22] **Museu Nacional de Arte Antiga.** Wichtigstes Kunstmuseum neben dem Museu Calouste Gulbenkian (s. S. 58).

92 [V21] **Museu Nacional de Arte Contemporânea,** Largo do Chiado, Rua Serpo Pinto 4, www.museuartecontemporanea.gov.pt, Tel. 213432148, Di.-So. 10-18 Uhr, Mo., Ostersonntag, 1.1., 1.5., 13.6. und 25.12. geschl., 4,50 €, Besucher bis 25 und über

65 Jahre 2,50 €, So. bis 14 Uhr generell kostenlos. Museum für moderne Kunst.

93 [T19] **Museu Nacional de História Natural e da Ciência (MNHNC),** Rua da Escola Politécnica 58, Tel. 213921816, www.museus.ulisboa.pt, Di.–So. 10–17 Uhr, Kombitickets (Museum und Garten) 8 €, Senioren 6,50 €, Studenten 4 €, Familien 20 €. Naturkundemuseum der Universität Lissabon, hier sieht man Flora und Fauna Portugals und zahlreiche Pflanzenimporte aus Übersee.

42 [b17] **Museu Nacional do Azulejo.** Wunderschönes Azulejo-Museum in prächtigem Sakralbauwerk (s. S. 79).

94 [P2] **Museu Nacional do Teatro e Danca,** Estrada do Lumiar 10, Tel. 217567410, www.museudoteatroedanca.pt, Di.–So. 10–17 Uhr, Eintritt 4 €, erm. 2 €, mit Lisboa Card frei. Metro bis Campo Grande, von dort Bus 7. Alternativ Metro Lumiar, Beschilderung folgen (etwas weiter). Museum für Theater mit portugiesischen Originalmanuskripten, Kostümen, Portraits und Schauspielerbüsten, Bühnenbilder, Theaterzubehör usw.

95 [P2] **Museu Nacional do Traje,** Largo Júlio de Castilho, Tel. 217590318, www.patrimoniocultural.gov.pt/pt/museus-e-monumentos/dgpc, Di.–So. 10–18 Uhr, 4 €, erm. 2 € oder Kombiticket mit Theatermuseum (s. o.) 6 € bzw. erm. 4 €, Familien 50 %. Trachtenmuseum mit über 25.000 landestypischen Einzelstücken (Trachten, Puppen, Textilien), die in einer etwa alle zwei Jahre wechselnden Ausstellung gezeigt werden. Wie das Museu do Teatro im Distrikt Lumiar am Parque do Monteiro gelegen.

96 [H25] **Museu Nacional dos Coches,** Praça Afonso de Albuquerque, Belém, Tel. 213610850, www.museudoscoches.pt, Di.–So. 10–18 Uhr, 8 €, ermäßigt 4 €. Historisches Kutschenmuseum.

97 [S6] **Museu Rafael Bordalo Pinheiro,** Campo Grande 382, Tel. 218170667, https://museubordalopinheiro.pt, Di.–Sa. 10–18 Uhr, an Feiertagen geschlossen, 3 €, Senioren 2,60 €, mit Lisboa Card 2,40 €, Schüler/Studenten 1,50 €. Museum zu Leben und Werk des landesweit bekannten Künstlers.

98 [X21] **Museu Teatro Romano,** Pátio do Aljube 5 (neben der Rua Augusto Rosa, links oberhalb der Kathedrale), Tel. 218820320, www.museudelisboa.pt, Di.–So. 10–18 Uhr, 3 €, Kinder/Studenten/Lisboa Card frei. Museum über das römische Theater von Lissabon (archäologische Ausgrabung).

Überdimensionale Modern Art auf dem Expo-Gelände 43

Galerien

99 [S13] **Centro de Arte Moderna Jose de Azeredo Perdigão,** Rua Nicolau de Bettencourt (neben dem Gulbenkian-Museum), Tel. 217823474, Mi.–Mo. 10–18 Uhr

100 [R17] **Fundação Árpád Szenes (Vieira da Silva),** Praça das Amoreiras 56–58, Tel. 213880044, http://fasvs.pt, Di.–So. 10–18 Uhr, zu Ferienzeiten geschl., 7,50 €, erm. und mit Lisboa Card 4 €, So. bis 14 Uhr und unter 19 Jahren generell frei

101 [S8] **Galeria 111,** Rua Dr. João Soares 5B, Campo Grande, Tel. 217977418, https://111.pt, Di.–Sa. 10–19 Uhr

102 [V19] **Galerie Arca,** Rua das Portas de Santo Antão 112, https://artgallerytheone.com, Di.–Fr. 15–20 Uhr, Sa.–Mo. 9–20 Uhr. Moderne Malerei und Skulpturen.

Film

Der portugiesische Film steht deutlich im Schatten des Wirkens anderer westeuropäischer Nationen. Aus der nationalen Filmgeschichte gingen bislang **kaum Filmstars, große Regisseure oder international beachtete Filme** hervor.

Die Schauspielerin Joana Bárcia machte mit dem sehenswerten Film „O Rio do Ouro" (1998, dt.: „Der goldene Fluss") von Paolo Rocha über die Landesgrenzen hinaus auf sich aufmerksam. Von den älteren Schauspielern dürfte allenfalls Raúl Solnado (1929–2009), der größte Komödiant des Landes, den Filmfreunden außerhalb Portugals ein Begriff sein. Den internationalen Durchbruch schafften bislang nur wenige **portugiesische Schauspieler** wie etwa Maria de Medeiros („Pulp Fiction") oder Joaquim de Almeida (u. a. „Das Kartell" und „Desperado").

Zu den meistgesehenen Filmen Portugals gehört insbesondere die Trilogie **„Balas & Bolinhos"** („Kugeln & Kuchen") von Luís Ismael. Zu erwähnen ist auch die in deutsch-englisch-portugiesischer Koproduktion entstandene Verfilmung von Pascal Merciers **„Nachtzug nach Lissabon"** von Oscar-Regisseur Bille August (mit Christopher Lee, Martina Gedeck und Jeremy Irons). In den „Coronajahren" drehte Miguel Gonçalves Mendes den vielbeachteten Dokumentarfilm **„O Sentido da Vida"** („Der Sinn des Lebens"), in dem er die Geschichte eines todkranken Mannes erzählt und so den Sinn des Lebens zu ergründen versucht.

Die bedeutendsten jährlich abgehaltenen **Filmfestivals** sind das Internationale Festival unabhängiges Kino „IndieLisboa" *(Festival internacional de cinema independent,* www.indielisboa.com), das internationale Dokumentarfestival DocLisboa (www.doclisboa.org) und das Festival des schwulen und lesbischen Kinos „Queer Lisboa" *(Festival de Cinema Gay e Lésbico de Lisboa,* http://queerlisboa.pt). Besonderer Beliebtheit erfreut sich auch das jährliche Kinofestival **Festa do Cinema** (www.festadocinema.pt), das meist an mehreren Tagen Mitte bis Ende Mai in allen städtischen Kinos stattfindet und 4 € pro Film kostet.

Größere Lichtspielhäuser mit Sälen für Vorstellungen aller Art findet man vor allem in den großen Einkaufszentren (s. S. 135), auch einige der Theater (s. S. 132) verfügen über eigene Filmsäle für thematisch orientierte Vorführungen.

Schließlich sei auf das „klassische" Kino Sao Jorge im Zentrum verwiesen:

103 [U18] **Cinema Sao Jorge,** Av. da República, Metro Avenida, www.cinemasaojorge.pt

Lissabon für Genießer

Lissabon ist selbstverständlich der Ort schlechthin, um die portugiesische Küche einschließlich all der Einflüsse aus den einstigen Überseebesitzungen zu probieren. Grundsätzlich gibt es eine ebenso reichhaltige Gastronomie wie in anderen Großstädten auch, in Lissabon scheint es jedoch weniger ausländische Küchen (Italiener, Chinesen, Inder usw.) zu geben als im deutschsprachigen Raum vielleicht üblich. Das mag u. a. daran liegen, dass überseeische Kücheneinflüsse direkten Einzug in das kulinarische Angebot portugiesischer Restaurants gefunden haben.

Zuallererst hat **das Meer die lokale Gastronomie geprägt** und zu hervorragenden Gerichten mit Fisch und Meeresfrüchten inspiriert, die nicht nur auf vielen Speisekarten zu finden sind, sondern auch alljährlich mit dem Fest „Peixe em Lisboa" – „Fisch in Lissabon" (s. S. 142) gefeiert werden. In Lissabon findet man zudem Einflüsse der Mittelmeerküche wie Brot, Olivenöl, Käse, Würste und eine große Anzahl von Kleinigkeiten und Snacks.

Das **Preisniveau** in mittelpreisigen Lokalen ist für eine europäische Hauptstadt recht niedrig. Es gibt Suppen ab 4 €, Hauptspeisen ab 8–10 € und Bier ab 3–4 € (0,5 l). Dabei sind die Preise rund um die großen Touristenziele höher als in weniger frequentierten Vierteln.

EXTRATIPP

Schnelles Frühstück auf die Hand

In vielen Metrostationen hat sich eine Filiale der sehr preiswerten Kette „Sical" niedergelassen, die Teilchen und Kaffee anbieten.

191lb Abb.: wl

Leckere Käseplatten sind in Lissabon eine beliebte Vorspeise

Essen und Trinken

Kulinarischer Tagesablauf

Der Besucher, der kein **Frühstück** *(pequeno almoço)* im Hotel gebucht hat, wird sich oftmals vergeblich nach öffentlichen Frühstücksmöglichkeiten umsehen. Zwar serviert man in den Cafés und Bars („Pastelarias") Espresso oder Milchkaffee *(galão)* auch zu früher Morgenstunde, doch belegte Brötchen *(sandes)* oder Teilchen *(bolos)* werden eher selten angeboten. Die Portugiesen frühstücken nämlich für gewöhnlich höchstens mal ein Häppchen auf dem Weg zur Arbeit; auch haben nur wenige Touristen echten „Frühstücksbedarf" außer Haus.

In den Ferienregionen Portugals hat die Gastronomie das Dilemma des Spätaufstehers erkannt und kredenzt dem mitgenommenen Nachtschwärmer bis in die Nachmittagsstunden hinein Katerfrühstück mit Schinken und Ei usw. So etwas wird man in Lissabon vergeblich suchen, wer das Hotelfrühstück verpasst, ist auf vielfach vertretene Ketten wie „Casa dos Sandes“ (belegte Baguettes nebst Kaffee/Softdrink) oder sonstige Fast-Food-Einrichtungen angewiesen. Einen ausgezeichneten Kaffee bekommt man dagegen praktisch den ganzen Tag über in den Cafés der Stadt.

Wegen des eher kargen Frühstücks bilden **Mittag- und Abendessen** in Portugal die Hauptmahlzeiten, zu denen warm gegessen wird. Das Mittagessen *(almoço)* wird in den Restaurants von ca. 12 bis 14 Uhr, das Abendessen *(jantar)* zwischen 19 und 22 Uhr serviert.

Gutes Essen gibt es in Lissabon reichlich, doch das richtige Restaurant zu finden, erweist sich oft als gar nicht so einfach. Die alte Regel „Wo viele sitzen, wird es schon gut schmecken“ trifft oft nicht zu – abends sind fast alle Gaststätten übervoll und da es sich gerade im Zentrum oftmals um Touristen handelt, ist eine Orientierung schwierig. Die „Gefahr“ besteht übrigens weniger in etwaiger Übervorteilung als vielmehr darin, dass es bei einer Massenabfertigung einfach nicht so gut schmeckt – und das sollte es schließlich bei den manchmal recht gesalzenen Preisen.

Bei der Ankunft im Lokal wird man von einem Kellner zu einem freien Tisch geleitet. Hat man Platz genommen, wird zunächst ein **Couvert** serviert (ein Korb Brot, ein paar Pasteten und Butter), das unbestellt auf den Tisch kommt und von dem man deshalb annehmen könnte, es handele sich um eine kostenlose Aufmerksamkeit des Hauses. Weit gefehlt: Jedes Stück Brot und jedes Butterflöckchen werden berechnet. Diese Praxis ist in Portugal legal, für unvorbereitete Touristen jedoch bisweilen ein Ärgernis. Geht das Couvert unangetastet zurück, wird es aber in der Regel nicht in Rechnung gestellt. Eine Ausnahme machen Toprestaurants, die das Couvert in jedem Fall berechnen.

Dann wird bestellt, was das Herz begehrt: Suppe, Vorspeise, Hauptspeise (Fisch, Fleisch, Gemüse), Nachspeise, das Ganze ausgewählt aus einer drei- bis sechssprachigen Speisekarte, die ganz zu lesen eine abend- statt magenfüllende Beschäftigung werden kann. Da die Mehrzahl der Restaurants vom Tourismus lebt, sind viele Küchen auf den internationalen Massengeschmack ausgerichtet. So findet man neben „Bœuf Stroganoff“ etwa auch „Plumpudding Yorkshire Style“ – über die Authentizität des Geschmacks sei damit nichts gesagt!

Teilweise kann man schon an der Zusatzbezeichnung eines Restaurants erkennen, welche „Grundrichtung“ angeboten wird. Eine **Churrasqueira** hat vorwiegend Grillgerichte auf der Karte, die **Marisqueira** dagegen Meeresfrüchte (Fisch und Muscheln). Die **Cervejaria** ist im Prinzip eine Bierhalle mit nicht allzu gehobener Küche (gutbürgerlich-zünftig), die **Tasca** schließlich eine Snackbar, die Kleinigkeiten serviert.

Rechnung und Trinkgeld

Um die **Rechnung** bittet man den Kellner mit den Worten *A conta, se faça favor* („Die Rechnung bitte“), wobei den meisten Touristen das englische *The bill, please* leichter über die Zunge geht, zumal das Personal vielfach hervorragend Englisch spricht. Der Kellner bringt dann ein kleines Tablett mit der Rechnung. Man kann nun die genaue Summe oder den mit einem **Trinkgeld** aufgerundeten Betrag darauf hinterlegen und sich ohne Weiteres entfernen. Hat der Gast nur große Scheine (oder bleibt er einfach sitzen), wird der Kellner das Wechselgeld bringen und das Tablett erneut (in Erwartung eines Trinkgelds) stehen lassen. Als Trinkgeld sind etwa fünf Prozent des Rechnungsbetrages angemessen, man rundet meist auf den nächsthöheren 5er-Euroschritt auf. Ein Trinkgeld ist übrigens am Tresen, für reinen Getränkeverzehr und in Cafés unüblich.

War die gebotene Qualität wirklich einmal erbärmlich oder die Rechnung zu hoch, dann sollte der Gast nicht zögern, das *livro do reclamações,* das **Beschwerdebuch**, zu verlangen. Jedes Restaurant (nicht aber Snacklokale) ist verpflichtet, ein solches zu führen. Das Buch wird auch von der Zulassungsbehörde geprüft – es steht also durchaus der Lizenzentzug auf dem Spiel, was bei so manchem „Missverständnis" Wunder wirken kann.

Nationalgerichte

Typisch portugiesische Gerichte bestehen – ob der Meereslage kaum verwunderlich – vorwiegend aus Fisch. Der wohl beliebteste Speisefisch, *bacalhau* (**Kabeljau**, auf den englischsprachigen Speisenkarten „codfish" genannt), wird als eine Art Risotto mit Kartoffel, Zwiebel und Ei gebraten *(bacalhau à brás),* gekocht *(bacalhau cozido)* oder gegrillt *(bacalhau na brasa).* Tatsächlich soll es – wie die offiziellen Seiten Fremden gegenüber immer wieder versichern – genau 1001 Arten der Zubereitung geben. Auf den Speisekarten findet der Gast zudem oft **Tintenfisch** in verschiedenen Zubereitungsarten. Der große, gefüllte Tintenfisch wird *polvo* genannt, die kleinen (meist gegrillten) heißen *lulas.*

Ein weiteres typisch portugiesisches Gericht ist der **Eintopf**, entweder als

192lb Abb.: wl

Pastéis de Nata (s. S. 126) – ein Muss für jeden Lissabonbesucher!

Fischeintopf *(caldeirada)* oder Bohneneintopf *(feijoada)* gekocht. Als Spezialität unter den Eintöpfen gilt die *cataplana,* ein herzhaft-würziges Muschelgericht. Auch das *porco à alentejána* sollte man einmal probieren, gebackenes Schweinefleisch wird hierbei mit Herzmuscheln kombiniert.

Die wichtigsten **Beilagen** sind Kartoffeln *(batatas)* und Reis *(arroz),* erstere werden oft in Form von Pommes frites gereicht. Gemüse und Salate ergänzen je nach Saison (Tomaten, Mohrrüben, Bohnen, Paprika, seltener Feld- oder grüner Salat) den Speiseplan. Beilagen werden übrigens gesondert bestellt (und bezahlt).

Als **Dessert** wählt man entweder Kuchen *(bolo)* oder Süßspeisen wie *toucin-*

ho do céu (aus Zucker, Eiern und Mandeln), *leite creme* (aus Milch und Eiern, mit Zucker überbacken) und *pudim flan* (Pudding mit Karamellsoße). Mittlerweile hat sich zudem Eiscreme *(gelado)* weitgehend durchgesetzt.

Natürlich bietet das Land auch eine **volksnahe Küche**, Gerichte also, die etwa mit Bratwurst, Leberkässemmel oder Broiler hierzulande vergleichbar sind. Serviert werden diese preiswerten und oft erstaunlich schmackhaften Schnellgerichte in sogenannten **Tascas.** Hierbei handelt es sich um unscheinbare ältere Häuschen mit drei, vier Tischen oder auch um reine Straßengrills mit Steh- oder kleiner Sitzgelegenheit für den Verzehr.

An erster Stelle der Snackrangliste stehen *sardinhas grilhadas* **(gegrillte Sardinen)**, die mit Brot serviert werden – ein leckeres Nationalgericht! Ebenfalls sehr beliebt ist das *frango* **(Grillhähnchen).** Eine afro-portugiesische Variante ist das feurige *frango piri-piri,* wobei Piri-Piri eine aus Angola stammende, auf Chili basierende, höllisch-scharfe Würzmischung bezeichnet – ähnlich dem bei uns bekannten Tabasco. Sardinen wie auch Hähnchen sind übrigens oftmals als günstige Gerichte auf den Speisekarten der mittel- und oberklassigen Restaurants zu finden.

Ansonsten trifft man des Öfteren auf *rissóis* (frittierte Fischstücke), *tosta mista* (Toast mit Käse und Schinken überbacken), *salada de atum* (Thunfischsalat mit Kartoffeln, Salat und Tomaten, angemacht mit Olivenöl), *prego no pão* (Fleischbrötchen), *pastéis de bacalhau* (frittierte Kartoffel-Fisch-Petersilienkugeln) und *chamuça* (Teigtasche mit pikant gewürztem Hackfleisch).

Gastro- und Nightlife-Areale

Bläulich hervorgehobene Bereiche in den Karten kennzeichnen Gebiete mit einem dichten Angebot an Restaurants, Bars, Clubs, Discos etc.

Getränke

Das Angebot an **Erfrischungsgetränken** in Gaststätten und Geschäften entspricht dem im deutschen Sparchraum, einschließlich Mineralwasser *(agua minéral)* mit oder ohne Kohlensäure (*con gás* = mit, *sin gás* = ohne).

Die häufigsten **Biermarken** sind das helle Sagres (Pilsener), gebraut bei Lissabon, gefolgt vom exportähnlichen Superbock (beide sind auch in allen Supermärkten erhältlich). Die wichtigsten Vokabeln für Biertrinker sind *caneca* (großes Bier vom Fass), *imperial* (kleines Bier vom Fass) und *cerveja,* was zwar direkt übersetzt „Bier" bedeutet, womit allerdings „Flaschenbier" gemeint ist.

Eine dominante Stellung nimmt in Portugal der **Weinanbau** ein. Das Land ist in 40 Qualitätsweinregionen mit insgesamt knapp 400.000 Hektar Rebfläche aufgeteilt, womit Portugal zu den zehn führenden Weinproduzenten Europas gehört. Das höchste Gütesiegel für 15 Regionen heißt DOC *(Denominação de Origem Controlada),* gefolgt von VQPRD *(Vinhos de Qualidade Produzidos em Região Determinada)* für weitere 25 Anbaugegenden. 25 Regionen befinden sich zudem gewissermaßen in „Wartestellung" auf eine höhere Einstufung, sie tragen die Bezeichnung IPR *(Indicação de Proveniência Regulamentada)* und gelten daher nicht als Qualitätsweinregionen. Als wichtigste DOC-Regionen gelten Madeira, Alentejo, Vinho Verde, Douro, Bairrada, Dão und Setúbal.

Eine besondere portugiesische Spezialität ist der bekannte, den weltweit strengsten Weingesetzen unterliegende **Portwein** aus dem Douro-Tal, der ausschließlich in Porto hergestellt wird (daher der Name). Er wird mit Weinbrand als Gärungshemmer versetzt und erlangt so seinen einmaligen Geschmack. Auch in Lissabon ist dieser nationale Tropfen, wie alle Weine des Landes, überall zu bekommen. Ob in Supermärkten oder eigens eingerichteten Weinshops, es sind alle im Lande angebauten Rebsäfte in sämtlichen Güte- und Preisklassen erhältlich.

Eine ganz besondere Spezialität wird im Raum Monchique (Algarve) gewonnen: der **Medronho.** Im Herbst wird aus den stacheligen roten Früchten des Erdbeerbaums *(medronheiro)* der „Aguardente de Medronho" destilliert, ein Branntwein mit 40 Vol.-% Alkohol. Die Beeren gären etwa drei Monate zusammen mit Wasser in Holzfässern, erst im Frühjahr (Kenner behaupten keinesfalls vor März) folgt die eigentliche Destillation durch Erhitzen im Kupferkessel. Der überall in Supermärkten und kleineren Geschäften erhältliche Medronho wird dagegen industriell (und mit allerlei Zusätzen) hergestellt, den „echten" findet man in den Dörfern um Monchique (bei Bauern oder in Kneipen nachfragen) oder in Lissabonner Fachgeschäften. Guten Medronho erkennt man am „Schütteltest" – wenn dabei Luftbläschen in der Flüssigkeit zu erkennen sind, ist er hochwertig.

Es existiert eine Art Lissabonner Variante des Medronho: In sogenannten **Ginjinhas** (z. B. am Rossio) wird für rund 1,50 € pro Glas ein exquisiter **Kirschlikör** angeboten, der nicht nur schmeckt, sondern in der Flasche auch ein nettes Mitbringsel ist.

104 [V20] **A Ginjinha,** Largo São Domingos. Am Stehausschank gibt es eine lokale Spezialität: Kirschlikör. Ein Gläschen mit *(com)* oder ohne Kirschen *(sem)* kann hier den ganzen Tag genossen werden. Weitere Ginjinhas im Zentrum sind u. a.:

105 [V19] **A Ginjinha Sem Rival,** Rua das Portas de Santo Antao 7

106 [V20] **Ginjinha do Carmo,** Calçada do Carmo 37 A

107 [V20] **Ginjinha Rubi,** R. Barros Queirós 27

Preiskategorien

€	Hauptgericht/Menü bis 15 €
€€	Hauptgericht/Menü 15–25 €
€€€	Hauptgericht/Menü ab 25 €

Empfehlenswerte Restaurants

108 [U20] **Adega Machado** €€€, Rua do Norte 91, Tel. 213422282, www.adegamachado.pt, tgl. 19.30–2 Uhr. Das seit den 1930er-Jahren aktive Fado-Lokal ist überaus empfehlenswert: ein herrlich ausgeschmücktes Gewölbe und Komplettmenüs inkl. Fado-Unterhaltung. Tägl. 17–18 Uhr „Fado zum Kennenlernen" inkl. Wein und Tapas sowie englischsprachigen Erläuterungen.

109 [V20] **Aqui há Peixe** €€, Rua Trindade 18, Tel. 213432154, Di.–Fr. 12–14.45 und 19–23, Sa. 19–22.30 Uhr. Bietet Spezialitäten wie Meeresfrüchtecataplana und Fischgerichte in zahllosen Zubereitungsvarianten. Nichts für Fleischesser (nur 1–2 Fleischgerichte).

110 [V20] **Buffet Leão d'Ouro** €, Rua 10 de Decembro 105, Tel. 213426195, tgl. 12–23 Uhr. Mittelklasserestaurant nahe Bahnhof Rossio mit attraktiven Buffet-Angeboten.

111 [W21] **Café-Restaurante Martinho da Arcada** €€, Praça do Comércio, Tel. 218879259, http://martinhodaarcada.pt, tgl. 12–15, 19–22 Uhr. Schon seit 1782 in den Arkadengängen des Praça do Comércio, nennt das Martinho da Arcada eine lange Historie und viele prominente Stammgäste sein Eigen, u. a. soll Fernando Pessoa (s. S. 115) hier einige seiner Werke verfasst haben.

112 [X20] **Casa do Leão** €€€, Castelo São Jorge, Tel. 218875962. Äußerst nobel diniert man in diesem Lissabonner Nobelrestaurant („Löwenhaus"), das stilvoll in das Gewölbe des Kastells integriert wurde. Die Aussicht ist traumhaft, daher sollte man abends unbedingt reservieren.

113 [U18] **Cervejaria Ribadouro** €€€, Av. da Liberdade 155, Tel. 213549411, tgl. 12–1.30 Uhr. Eher gehobene Küche mit Schwerpunkt auf Fisch- und Meeresfrüchtegerichten.

114 [U20] **Cervejaria Trindade** €, Rua Nova da Trindade 20, Tel. 213423506, www.cervejariatrindade.pt, tgl. 10–2 Uhr. Als feiner Tipp der Mittelklasse sei dieses Brauhaus mit angeschlossenem Restaurant und Bierkeller erwähnt. Ursprünglich seit 1283 ein Klosterspeisesaal (1755 zerstört), übernahm 1934 die Trindade-Brauerei das Gelände und eröffnete 1936 zunächst eine reine Bierhalle, die mehrfach als Lissabonner Kulturgut ausgezeichnet wurde. Essen und Bier (auch dunkles!) sind vorzüglich und für Hauptstadtverhältnisse sehr preiswert. Im vorderen Bereich wird nur Bier ausgeschenkt, die hinteren Speisehallen füllen sich ab 18.30 Uhr recht schnell – man sollte vorher dort sein oder reservieren!

115 [X21] **Clube de Fado** €€€, Rua S. João da Praça 92, Tel. 218852704, www.clube-de-fado.com, tgl. 19.30–1 Uhr. Bekannt für seine Steak- und Fischgerichte. Das Lokal hat sich einen Ruf als Bühne für Fado-Newcomer erarbeitet (s. S. 132).

116 [R15] **Eleven** €€€, Rua M. de Fronteira, Jardim A. Rodrigues beim Parque Eduardo VII, Tel. 213862211, Mo.–Sa. 12.30–15, 19.30–23 Uhr. Hochgelobtes Sternerestaurant. Der deutschstämmige Chefkoch Joachim Koerper war zuvor in mit mehreren Michelin-Sternen prämierten Spitzenrestaurants u. a. in Paris verantwortlich und zaubert im unvergleichlichen Ambiente mit toller Aussicht des von J. Vasconcelos künstlerisch

EXTRATIPP

Restaurantmeile Rua São José

In der Rua São José, einer Parallelstraße der belebten Avenida de Liberdade 26, gibt es gleich ein Dutzend atmosphärischer Kneipen und Restaurants, z. B.:

117 [U18] **Antikuario** €€, Rua São Jose 168, Tel. 213532719, Mo.–Sa. 16–23 Uhr. In der Rua São Jose gab es früher viele Antiquariate (und einige existieren noch heute). Ein Blick ins Lokal spricht Bände ... Wenige, aber leckere Gerichte und sehr nettes Ambiente.

118 [U18] **New Himalaia Restaurante** €€, Rua São Jose 105, Tel. 963232802, Mo.–Mi., Fr., Sa. ab 18.30 Uhr. Wer gerne indisch isst, sollte im New Himalaia vorbeischauen: lecker, große Portionen und sehr preiswert.

119 [U18] **The Fam Kitchen** €€, Rua São Jose 222, Tel. 964159173, Mo.–Sa. 11–14 und 17–23 Uhr. Steaks, Kabeljau, eine Riesenauswahl an Desserts – und der Koch beweist täglich, dass er offenbar im kulinarischen Fachbereich „Das Auge isst mit" promoviert hat.

EXTRATIPPS

Lecker vegetarisch

Das House of Wonders ist für Vegetarier gut geeignet, da es eine große und gute Auswahl an vegetarischen Speisen anbietet:

› Café-Galeria House of Wonders, Cascais (s. S. 92)

Dinner for one

Alleinreisende finden in Lissabon zahlreiche sehr angenehme Restaurantbetriebe, ganz besonders hervorzuheben sind:

› Cervejaria Trindade (s. S. 124)
› Restaurante Sinal Vermelho (s. S. 46)

Für den späten Hunger

Wer noch vergleichsweise spät etwas essen will, braucht in Lissabon nicht zu verzweifeln. Zum einen wird prinzipiell spät zu Abend gegessen, zum anderen bieten viele Restaurants bis (mindestens) Mitternacht warme Küche an. Vor allem die Pizzerien, Burgerläden usw. der Shoppingarkaden (s. S. 135) haben lange geöffnet, ebenso das Hard Rock Cafe (bis 1 Uhr, s. S. 131).

Lokale mit guter Aussicht

Zuvorderst sollte man ein Lokal wegen der kulinarischen Kreationen aufsuchen, doch heben sich auch einige der Lissabonner Gastronomiebetriebe durch eine zusätzlich besonders schöne Aussicht bzw. Lage ab:

› Casa do Leão (s. S. 124)
› Eleven (s. S. 124)

109lb Abb.: jg

Eines der vielen einfachen Straßenlokale im Zentrum

grandios ausgestalteten Lokals mediterrane Kreationen, die ihresgleichen suchen. Koerper garantiert die Verwendung ausschließlich lokaler Erzeugnisse und verfügt über eine der besten Weinkarten des Landes. Für das zugegeben perfekte Dinner muss man allerdings auch mit mindestens 100 € p. P. rechnen.

120 [V19] **Restaurante Cerqueira** €, Calçada de Santana, Tel. 218860402, Mo.–Fr. 18–23, Sa., So. 12–15, 18–23 Uhr. Tapas, Fleisch- und Fischgerichte nach heimischen Rezepten zu sehr günstigen Preisen.

Cafés

121 [V20] **A Tendinha (Bäckerei),** Praça Dom Pedro IV Nr. 6, Tel. 213468156, Mo.–Sa. 7–19 Uhr. Eine Mischung aus Café und Snacklokal mit Crêpes, belegten Broten, Suppen, Kaffee, aber auch Portwein.

122 [V21] **Café A Brasileira do Chiado,** Rua Garret 120, tgl. 8–2 Uhr. Das vielleicht traditionellste Kaffeehaus der Stadt – hier bedeutet der Kaffee noch Genuss. Außerdem werden auch Weine und Spirituosen sowie eine durchaus beachtliche Auswahl an Speisen und Snacks serviert.

123 [V20] **Café Nicola,** Rossio 24, Tel. 213460579, tgl. 9.30–22 Uhr. Das traditionsreiche Café am Rossio kredenzt bereits seit 1929 seine hauseigenen Kaffeesorten. Das Wandgemälde und die Statue im Inneren zeigen den Lebemann und Dichter Manuel Barbosa (1765–1805), der in dem Café regelmäßig verkehrte.

124 [W21] **Nicolau (Snack-Bäckerei),** Rua Augusta/Ecke Nicolau, Tel. 218860312, tgl. 8.30–22.30 Uhr. Bereiche für Backwaren zum Mitnehmen und Snacks zum Verzehr vor Ort (herzhafte Teilchen, Paella ...).

125 [G25] **Pastelaria Pastéis de Belém,** R. de Belém 84, Tel. 213637423, tgl. 8–23 Uhr, im Sommer bis Mitternacht. Die nahezu legendäre Pastelaria bietet über 450 Gästen Platz. Das dort angebotene gefüllte Blätterteiggebäck soll auf Originalrezepturen des Hieronymus-Klosters zurückgehen.

Jeder Lissabonbesucher muss die berühmten und köstlichen **Pastéis de Nata** probieren, mit Pudding gefüllte Blätterteigtörtchen. In der Rua Augusta findet man mehrere vorzügliche Bäckereien mit angeschlossenen Cafés, z. B.:

› **Fábrica da Nata** (s. S. 24)
› **Manteigaria (1)** (s. S. 24)

Lissabon am Abend

Auch wenn sich die nostalgische Stadt vehement davor zu wehren scheint, eine typisch europäische Metropole zu werden, bietet Lissabon als Hauptstadt den Nachtschwärmern aller Altersklassen doch ein reichhaltiges Angebot an Clubs und Diskotheken aller Art, wobei manchen Einrichtungen allerdings nur eine kurze Lebensdauer beschieden ist.

Nachtleben

Der frühe Abend

Prinzipiell sollte man sich gerade in Lissabon auf einen deutlich späteren Start des Nachtlebens als im deutschen Sprachraum üblich einstellen. Es wird spät (ab 20 Uhr) und lange gegessen, sodass man anschließend frühestens ab 21 oder 22 Uhr zunächst durch das **traditionelle Kneipenviertel Bairro Alto** mit seinen unzähligen Bars zieht. Hier reiht sich Schänke an Schänke – es sollen um die 200 sein! Weinstuben, kleine Pubs, Tapasbars und Fado-Lokale lassen keine Wünsche offen. Manche haben kleine In- und Outdoorbereiche, teils nur aus drei bis vier Tischen bestehend. Östlich vom botanischen Garten findet man u. a. den **Hot Clube de Portugal,** den zu Zeiten Salazars als Widerstandsnest bekannten ältesten Jazzclub des Landes. Der legendäre Club ist jedoch zurzeit geschlossen. Wie es am alten Standort in der Praça Alegria weitergeht, ist unklar.

In Lissabons beleuchteten Gassen erwacht das Nachtleben

In der Zwischenzeit werden Konzerte und Events an anderen Standorten veranstaltet (Termine: https://hcp.pt).

Zentrum des Nachtlebens im Bairro Alto ist die **Rua da Atalaia** [U20], besonders populär ist das immer brechend volle **Portas Largas** mit Musik von Fado bis zu Drum 'n' Bass und einheimischem Publikum wie Touristen gleichermaßen. In einer der bekanntesten traditionellen Tavernen, der **A Tasca do Chico**, *dem* Fado-Café in Bairro Alto, sollte man übertriebene Erwartungen draußen lassen und sich auf das echte Lissabon einlassen! Hier stehen und sitzen vornehmlich Einheimische in einem Interieur, das aus einer anderen Zeit zu stammen scheint. Selbst das Personal scheint angestaubt und passt sich dem Ambiente und dem sehr langsamen Fado-Rhythmus an. Wenn dann eine großmütterlich aussehende Dame die Bühne betritt und mit ihrem traurigen Gesang die Anwesenden träumen lässt, ist auch der Reisende in Lissabon angekommen.

Aber auch die **Kneipenstraße Rua das Portas de Santo Antão** [V19] direkt pa-

Smoker's Guide

Es gibt in Lissabons Hotels noch gelegentlich Raucherzimmer. Manche größere Gaststätten und Bars verfügen über abgetrennte Raucherbereiche. Selbst traditionelle Cafés wie das **Café A Brasileira** (s. S. 126) im Zentrum, in denen man der Meinung war, Kaffee und Zigarette gehörten zusammen wie Lissabon und sein Kastell, erlauben das Rauchen nur noch auf der Terrasse. Das Land hat sich zum Ziel gesetzt, in mehreren Zwischenschritten bis 2040 rauchfrei zu werden.

rallel zur Avenida da Liberdade 26 mit unzähligen Restaurants, Bars und Kneipen hat ihren Reiz. Die **Mehrzahl der Bars und Fado-Lokale** befindet sich zwischen der Rua do Norte und der Rua da Rosa [U20/21] im Bairro Alto, erstklassige Fado-Lokale findet man auch heute noch vor allem in der Nähe des Kastells im Bezirk Alfama.

126 [U20] **A Tasca do Chico,** Rua do Diário de Notícias 39, tgl. 19–2 Uhr, Fado Mo. und Mi. ab 21 Uhr – an diesen Tagen muss man früh kommen! Die kleine Bar glänzt mit Fado-Auftritten und vorzüglichen Caipirinhas. Als lokale Besonderheit greifen die Lisboetas zum Caipirão, eine Caipirinha-Variante mit Beirão-Likör, dessen zweifache Destillation ihm ein Aroma von Minze, Zimt, Kardamom und Lavendel verleiht. Will man hier auch etwas essen, muss man sich mit ein paar wenigen *petiscos* (Tapas) begnügen.

127 [U20] **Atipico,** R. do Gremio Lusitano 20, Tel. 910943396, tgl. 15–2 Uhr. „Allroundkneipe" mit Cocktails, großartigen Tapas und Sportübertragungen.

128 [U20] **Garraffeira Alfaia,** R. do Diário de Notícias 125, Tel. 213433079, Mi.–Mo. 15–1 Uhr. Riesenauswahl an Weinen, leckere Tapas, winzig und urig.

129 [U20] **Portas Largas,** Rua da Atalaia 105/Ecke Travessa da Queimada, Tel. 213466379, tgl. 18–2 Uhr

› **Tipp:** Einige Fado-Lokale haben sich für eine zentrale Tischreservierung (formlos über die Webseite) unter www.fadoreserve.com zusammengeschlossen.

Es sind noch einige weitere Bars und Kneipen hervorzuheben:

› **Gin Club** im Time Out Market (s. S. 46), Di.–So. bis 24, Sa., So., Fe. bis 2 Uhr. Cocktail-Sushibar mit asiatischen Speisen und Snacks.

194lb Abb.: wl

130 [U20] **Grapes & Bites** €€, Rua do Norte 81, Tel. 924457494. Leser loben diese kleine Bar mit Live-Musik (kein Fado, Pop, Folk), tollen Tapas und einer guten Weinauswahl.

131 [T22] **Lounge,** Rua da Moeda 1 (unten am Elevador da Bica), Tel. 214032712, tgl. 21–4 Uhr. Elektronik, Hip-Hop, cooles Publikum.

132 [U21] **MaJong,** Rua da Atalaia 3 (Bairro Alto), Tel. 915214803, Mo.–Fr. 18–2, Sa., So. 18–3 Uhr. Chinesische Bar mit Restaurant, gemütlich, mit Kicker.

133 [T19] **Pavilhão Chinês,** Rua Dom Pedro V 89, Tel. 213424729, tgl. 18–2 Uhr, So. 21–2 Uhr. Gleicht einem Trödelladen mit Billardsalon. Für Nostalgiker ein Muss.

Im urigen Nachtschwärmerviertel Chiado (s. S. 37)

Der späte Abend

Frühestens gegen Mitternacht – eher später – wechselt man dann zum eigentlichen Zentrum für Nachtschwärmer, den **Docas de Santo Amaro** (28), gemeinhin nur als „Docas“ bekannt. Unmittelbar unterhalb der markanten Hängebrücke über den Tejo (Ponte 25 de Abril (30)) findet man die **angesagtesten Clubs** der Stadt, gemischt mit Restaurants, Pubs usw.

Auch wenn es sich bei den renovierten ehemaligen Lagerhäusern am Jachthafen um eine auf den ersten Blick künstliche und im Vergleich zur Altstadt wenig urige Vergnügungsmeile handelt, so macht die direkte Lage am Fluss und unterhalb der Brücke den Nachteil der eher konventionell gestalteten Bars und Restaurants mehr als wett. Beliebt sind hier unter anderem das Barrio Latino (s. unten) oder das benachbarte Hot Kizomba (s. rechts).

› **Wegbeschreibung Docas:** Ab Cais do Sodré Straßenbahn 15 Richtung Belém bis „Avenida Infante Santo“, hier dann Zugang zu den Docas via Unterführung (sieht alles ein wenig dubios aus, ist eben kein Nobelviertel!), einfacher: eine Station per S-Bahn ab Cais do Sodré bis „Alcântara-Mar“, dann Ausgang „Gare-Maritim“ zu den roten Backsteinbauten. Zurück hilft nur das Taxi.

134 [N24] **Bar Havanna,** Docas de Santo Amaro, Tel. 213979893, tgl. 10–4 Uhr. Tagsüber Restaurant, spätabends dann Soul-Bar mit gelegentlichen Live-Aktionen; angemessene Preise und atemberaubende Aussicht.

135 [R22] **Barrio Latino,** Edifício 78, Santos, R. da Cintura do Porto de Lisboa Armazem, Tel. 966660838, Do.–Sa. 23–6 Uhr, So. 19–2 Uhr. Gilt als eine der besten Locations für Dance, Salsa, Mambo, New York Style u. a.

136 [N24] **Hawaii Lisboa,** Docas de Santo Amaro, Armazém CP, Tel. 213900010, tgl. 19–6 Uhr. Sehr beliebter cooler Mix aus Snackrestaurant, Disco und Club – bietet für jeden etwas.

137 [R22] **Hot Kizomba,** Rua da Cintura do Porto de Lisboa, Tel. 967334189, Do.–So. 23–4 Uhr. Music Bar und Pub.

In unmittelbar Nähe des Bahnhofs Santa Apolónia am Tejo-Ufer finden Nachteulen den wahrscheinlich angesagtesten Club der portugiesischen Metropole, wenn nicht des ganzen Landes: das Mitte der 1990er-Jahre eröffnete **Lux frágil.** Auf zwei Etagen legen lokale wie internationale Star-DJs Platten unterschiedlicher Stilrichtungen auf den Teller. Vor allem im Sommer finden regelmäßig Livekonzerte von nationalen Coverbands, Newcomern usw. statt. Der Eintritt beträgt je nach Event zwischen 12 und 20 € (meist erhält man Verzehrgutscheine), für Longdrinks zahlt man je nach Getränk von 7 € bis 12,50 €, Wasser und Bier gibt es ab 5 €. Die Drinks genießt man am besten auf der Dachterrasse des Clubs mit Ausblick über die Altstadt und den Fluss.

138 [Z20] **Lux frágil,** Av. D. Infante Henrique/ Cais da Pedra, am Ufer hinter dem Bahnhof Santa Apolónia, Di.–Sa. ab 22 Uhr (vor 2 Uhr ist es allerdings noch ziemlich ruhig, dafür wird die letzte Scheibe erst gegen 7 Uhr morgens aufgelegt), Metro: „Santa Apolónia“, Bus Nr. 203 und 210, Infos zu Veranstaltungen, Livekonzerten usw. unter Tel. 218820890, www.luxfragil.com

139 [U22] **Music Box,** Caís do Sodré (Nordseite des Bahnhofs), Tel. 213473188, tgl. 23–6 Uhr. Club für Rockmusik, Elektro und Live-DJs. Hier kann es sehr spät werden – manche Events starten erst weit nach Mitternacht! Eintritt je nach Veranstaltung ab 15 €.

Ehe man nun auf einen der Clubs zusteuert, muss man wissen, dass in den Clubs und Discos eine wichtige Person einige Macht in ihren Händen hält: **der Türsteher.** Er entscheidet „nach Nase", wer eingelassen wird und wer nicht. Ein System oder Vorgaben gibt es nicht, der eine wird kostenlos eingelassen, ein anderer, der dem Türsteher vielleicht weniger genehm erscheint, soll utopisch hohes Eintrittsgeld im dreistelligen Euro bereich berappen. Auch die Anzahl der um Einlass bittenden Gäste spielt bei der willkürlichen Höhe eine Rolle. Grundsätzlich scheint sich die Chance, ohne Eintritt eingelassen zu werden, immens zu erhöhen, wenn man gut und stilvoll gekleidet ist und den (äußeren) Anschein erweckt, viel Geld ausgeben zu wollen. Frauen haben hierbei prinzipiell die besseren Chancen, daher ist es nie verkehrt, in weiblicher Begleitung diese Hürde zu nehmen. Manchmal gibt der Türsteher auch für den geleisteten Eintrittspreis Freicoupons für ein oder zwei Getränke aus oder der Eintritt wird gänzlich als Verzehrgutschein erstattet.

Gelegentlich wird per Aushang ein *Consumo Minimo* (Mindestkonsum) verlangt, was man getrost ignorieren kann. Dieser Hinweis dient einigen Bars und Clubs lediglich dazu, eher „sparsam erscheinende" Gäste abzuschrecken, und wird in der Praxis nur selten tatsächlich umgesetzt.

Casinos

Zwei staatlich lizenzierte Spielcasinos locken Einheimische wie Besucher:

- **140** [I D1] **Casino Estoril,** Av. Dr. Stanley Ho, Tel. 214667700, www.casino-estoril.pt, tgl. 15–3 Uhr. Hier werden auch Revue-, Theater- und Konzertveranstaltungen abgehalten.
- **141** [f5] **Casino Lisboa,** Alameda dos Oceanos Lote, Parque das Nações, Tel. 218929000, www.casino-lisboa.pt, tgl. 15–3 Uhr, an Wochenenden 15–3 Uhr. Das Casino organisiert auch zahlreiche thematische Veranstaltungen.

Musikszene

Popmusik

Außerhalb der Landesgrenzen sind portugiesische Songs nur höchst selten zu hören und nur sehr wenigen portugiesischen Künstlern gelingt es, internationale Bekanntheit zu erlangen.

Der **Popgruppe Madredeus** gelang dies mithilfe des Films „Lisbon Story" von Wim Wenders. Die Band um die damalige Leadsängerin Teresa Salgueiro machte vor allem mit Liedern des Albums „Um Amor Infinito" auch außerhalb Portugals auf sich aufmerksam.

Nationale Klassiker ihres Genres sind **Peste e Sida** (Punk), **Joker** (Hardrock) oder **GNR** (Rock). Bekannteste Band ist vielleicht die mit mehreren MTV-Awards ausgezeichnete Soul-/Funk-Band **HMB** (Héber Marques Band). Und natürlich kennt man auch bei uns die portugiesischstämmige **Nelly Furtado.**

Die lokalen Rundfunksender favorisieren jedoch Interpreten und Gruppen der nationalen **Schlagermusik** wie etwa Trovante, José Afonso, Sérgio Godinho oder die Delfins, was dem ruhigen und gemächlichen Portugal wohl am ehesten entspricht.

Die großen internationalen Popgrößen spielen alle im eigens für Großereignisse gebauten

- **142** [g4] **Pavilhão Atlântico,** Rossio dos Olivais (im Parque das Nacões), Tel. 218918409, http://arena.altice.pt

Die Filiale der weltumspannenden Restaurantkette Hard Rock Cafe lockt mit Burgermenüs und Originalausstellungsstücken wie einer ESP-Gitarre von Metallica, einem Anzug von Elton John, handsignierten Beatles-Kostümen oder der E-Gitarre von Noel Gallagher (Oasis). Es finden regelmäßig Liveauftritte statt.

143 [V19] **Hard Rock Cafe Lisboa,** Rua das Portas de Sto. Antão, Zugang an der Av. da Liberdade 2, Tel. 213245280, www.hardrockcafe.com/location/lisbon/event-calendar, tgl. 11–2 Uhr, am Wochenende bis 3 Uhr, warme Küche bis 1 Uhr

Fado

Vielleicht nicht wirklich bekannter als die Vertreter der zeitgenössischen musikalischen Ausrichtungen, unbedingt aber landestypischer ist der Fado. Tatsächlich werden als Antwort auf die Frage, woran das Herz der Portugiesen hängt, stets zwei Antworten gegeben: Fußball und Fado. Schon der Begriff (lat. *fatum* = Schicksal) deutet auf die wesentliche Grundausrichtung dieses wohl typischsten portugiesischen Musikstils hin. Am besten lässt sich der portugiesische Fado als **„schwermütiges Chanson"** beschreiben, die Akteure treten häufig in dunkler, schon äußerlich eine schwermütige Stimmung ausstrahlenden Kleidung auf und erzählen in ihren **Balladen von Missständen, der Heimat, von Schicksalen oder der Liebe.** Begleitet wird der Text von traurigen Klängen, die auf der doppelsaitigen portugiesischen und der spanischen Akustikgitarre gezaubert werden. Dabei wird deutlich, dass die erzählten schicksalhaften Ereignisse zu den Wünschen und Bestrebungen des Interpreten offenbar konträr verliefen. Die Atmosphäre im Publikum harmoniert nahezu automatisch – es herrscht stets eine beinah andächtige Stille.

Die **Entstehungsgeschichte** des Fado konnte bislang nicht umfassend aufgearbeitet werden, man akzeptiert jedoch weithin das Jahr 1840 und das seinerzeitige **Matrosenlied „Fado do Marinheiro"** als den Zeitpunkt, an dem die Grundcharakteristika des Fado unsterblich wurden. Vorläufer soll es schon vor vielen Jahrhunderten, möglicherweise sogar schon vor der Existenz Portugals als eigenständiger Staat, gegeben haben. Dabei wird häufig auf die Musik der damals in Portugal ansässigen Mauren, später auch auf die Gesänge der brasilianischen Sklaven Bezug genommen.

195lb Abb.: wl

Fado-Plastik vor dem Bahnhof Rossio *(s. S. 16)*

Zu den **bekanntesten Fadoeiros,** wie man die Fado-Interpreten in Portugal nennt, gehören Carlos Alberto Ascensão de Almeida (1939–2021), Lucília do Carmo (die Mutter von Carlos, 1920–1999), Camané, Maria da Fé, Fernando Farinha (1928–1988), Nuno da Camaro Pereira, Mísia, Mafalda Arnauth und Ana Moura, die schon mit den Rolling Stones auftrat und als eine der größten Fado-Sängerinnen des 21. Jh. gilt. Diese Aufzählung wäre mehr als unvollständig ohne die gebührende Erwähnung der „Übermutter" des portugiesischen Fado: **Amália Rodrigues** (1920–1999). Amália da Piedade Rebordão Rodrigues, genannt „Königin des Fado", nahm rund 170 Platten auf und wirkte auch in zahlreichen Filmen mit. Letztmalig trat sie bei der Weltausstellung in Lissabon 1998 auf. Nach ihrem Tod im Oktober 1999 wurde eine dreitägige Staatstrauer ausgerufen und ihre sterblichen Überreste 2001 im Lissabonner Pantheon beigesetzt, wo noch heute nahezu täglich Blumen niedergelegt werden.

Als ihre unangefochtene „Thronerbin" gilt die 1973 in Mosambique geborene **Mariza Nunes**, die schon im Alter von fünf Jahren im Lokal ihres Vaters sang und vom Schauspieler Raul Solnado entdeckt wurde.

Nach **Rodrigues' Tod** brach die Begeisterung für den Fado gewaltig ein, heute geben Künstler wie Camané, Carminho, Kátia Guerreiro, Mariza, Mísia, Ana Moura, Hélder Moutinho, Ana Sofia Varela und die auch bei uns nicht ganz unbekannte Band Deolinda dem Fado eine moderne Note.

Ein Fado-Abend mit einem guten Fado-Interpreten gehört zu den unvergesslichen Erlebnissen eines Abends in Lissabon. Auf wirklich **gute, traditionelle Fado-Lokale** trifft der Besucher tatsächlich **fast nur noch in Lissabon.** Diese Lokale sind meist auch Restaurants, die über etwas höhere Speisen- und Getränkepreise den Auftritt finanzieren. Die Vorstellung wird übrigens traditionell mit *Silêncio, que se vai cantar o fado* („Ruhe bitte, es wird Fado gesungen") eröffnet. Wer sich näher mit dem portugiesischen Fado beschäftigen möchte oder auch eine musikalische Einstimmung sucht, findet eine sehr gut aufbereitete englischsprachige Website unter:

› http://paginas.fe.up.pt/~fado

Hier eine **Auswahl empfehlenswerter Fado-Lokale:**

› **Adega Machado** (s. S. 123). Das Gewölbe des seit den 1930er-Jahren aktiven Fado-Lokals ist thematisch ausgeschmückt! Komplettmenüs inkl. Fado-Unterhaltung.
› **A Tasca do Chico** (s. S. 128). Gilt unter Kennern als *die* Institution unter den echten Fado-Lokalen.
› **Clube de Fado** (s. S. 124). Gilt als Aushängeschild der Lissabonner Fado-Szene. Wer im Fado etwas werden will, muss hier auftreten.

Theater und Oper

Auch ein Theaterbesuch unterschiedlicher Ausrichtung bietet sich für eine gepflegte Abendunterhaltung in Lissabon an. Karten können entweder an der Abendkasse, über die angegebenen Webseiten oder die zentralen Kartenverkaufsstellen (s. S. 141) gebucht werden.

Hier eine kleine Auswahl:

144 [R13] **Teatro Aberto,** Rua A. Cortes/Ecke Rua R. Orligão, Tel. 213880089, www.

teatroaberto.com, Metro: Praça da Espanha. Beliebtes Theater für Oper, Musik und klassische wie moderne Theaterstücke am Nordrand des Zentrums.

145 [U20] **Teatro da Trindade,** Largo da Trindade 7a, http://teatrotrindade.inatel.pt, Tel. 213420000, Metro: Baixa-Chiado, dann Elevador de Santa Justa hinauf zum Largo do Carmo. Oper, klassisches Theater, Kino (auch fremdsprachig) und Ausstellungen im Stadtteil Chiado.

146 [V21] **Teatro Nacional de São Carlos,** Rua Serpa Pinto 9, Tel. 213253000, 213253045 (Tickets), http://tnsc.pt, Abendkasse ab 15 €, Metro: Baixa-Chiado oder Tram 28. Die Lissabonner Oper Teatro Nacional de São Carlos organisiert neben klassischen Aufführungen auch Wechselausstellungen.

147 [V20] **Teatro Nacional Dona Maria II,** Praça D. Pedro IV, www.tndm.pt, Tel. 213250835, Metro: Rossio. Nationaltheater direkt am Rossio, gebaut 1836–1846 im neoklassizistischen Stil zu Ehren von Maria II. Zwischen 1964 und 1978 mehrfach umgestaltet, ist das Nationaltheater einer der auffälligsten Monumentalbauten im Zentrum. Klassische und moderne Stücke, Ausstellungen und Filmvorführungen. Führungen durch das Theater jeweils Mo. 11.30 Uhr, 8 €.

148 [V19] **Teatro Politeama,** Rua Portas de Sto. Antão 109, www.bol.pt, Tel. 213245500, Metro: Restauradores. Dieses weniger bekannte Theater liegt sehr zentral in der Kneipenstraße Rua das Portas de Santo Antão und ist spezialisiert auf Musicals/Revues von Hausregisseur Filipe La Féria. Er inszeniert hier internationale Erfolge wie My Fair Lady, Jesus Christ Superstar, West Side Story usw. auf portugiesische Art oder typisch portugiesische Musicals wie jenes über die Fado-Königin Amália Rodriguez („Amalia“). Preise ab 30 €, Vorführungen i. d. R. Di.–Sa. 21.30 Uhr, Sa., So. auch 16 Uhr.

149 [V21] **Teatro São Luiz – Teatro Municipal,** Rua António Maria Cardoso 38, Tel. 213257650, www.teatrosaoluiz.pt, Tram 28 fährt direkt vorbei, Metro: Baixa-Chiado. Das Stadttheater Lissabons präsentiert sich mit einer ungeheuren Vielfalt im Programm. So werden neben klassischen Dramen, Opern und Operetten auch moderne, experimentelle Stücke, Konzerte, Fado oder des Öfteren auch brasilianische Tanzgruppen angeboten.

020lb Abb.: wl

Das Teatro Nacional Dona Maria II

Lissabon zum Stöbern und Shoppen

„Die schönsten Mitbringsel sind und bleiben die Erinnerungen“, heißt es in einem Sprichwort. Auch wenn regionale Spezialitäten – von einigen kulinarischen abgesehen – in Lissabon eher selten sind, so bietet doch auch die portugiesische Hauptstadt nicht nur geistige, sondern auch landestypische materielle Souvenirs und gilt – für portugiesische Verhältnisse – als Einkaufsparadies.

Souvenirs/Mitbringsel

An erster Stelle stehen sicherlich die berühmten **Azulejos**, blau-weiße Kacheln, die als Topfuntersetzer, Hausnummer, Wandbild usw. zu haben sind.

Liebhaber der **Terrakottakunst** werden einen der zahllosen Händler und Fabrikanten besuchen wollen. Vom Blumenkasten bis zur lebensgroßen Amphore kann man Terrakotta recht preiswert einkaufen – hat dann aber das Problem der Beförderung sperriger Gegenstände.

196lb Abb.: wl

Sehr beliebt sind natürlich auch die **portugiesischen Weine** (s. S. 123), von denen der Matéus-Bocksbeutel (rosé oder weiß) oder der Vinho Verde als in heimischen Gefilden unbekannte Weine besondere Erwähnung verdienen.

In den Geschäften werden – neben allerlei Krimskrams – **Lederwaren** (Gürtel), Aquarelle mit **Landschaftsmalereien** und gelegentlich auch **afrikanische und brasilianische Kleinkunst** (Figuren, Gewänder etc.) vertrieben – nicht unbedingt landestypisch, aber mithin einen Blick wert.

Shoppingregionen und Flohmärkte

Es gibt in Lissabon mehrere Gebiete, in denen sich der Handel konzentriert. Die **älteste Einkaufsgegend** der Stadt ist die Unterstadt (Baixa) und dort die **Rua Augusta** [V20–W21] als zentrale Einkaufsstraße. Dort finden sich neben Ladenketten auch viele Traditions- bzw. Familienbetriebe. Vor allem in den kleineren Nebenstraßen der R. Augusta findet man nette, winzige Geschäfte, in denen man nahezu alles vom Nähgarn über Socken bis hin zu Souvenirs bekommt. Auf der breiten **Avenida da Liberdade** 26 reiht sich eine schöne Boutique an die andere.

Wer gerne auf **Flohmärkten** stöbert, findet auch in Lissabon hierzu reichlich Gelegenheit. Neben allerlei Kleinkram finden interessierte Schnäppchenjäger und Sammler durchaus interessante Antiquaria und landestypische Utensilien.

◁ *Eignen sich auch hervorragend als Souvenir: schmucke Fischkonserven*

Shoppingareale

Die wichtigsten Shoppingbereiche der Stadt sind im Kartenmaterial mit einer rötlichen Fläche markiert.

1971b Abb.: wl

Die größten Flohmärkte werden dienstags und samstags abgehalten (vormittags), dabei sind vor allem jener in **Belém** (schräg gegenüber vom Hieronymus-Kloster 33 in der Grünanlage) und im Zentrum der Flohmarkt am **Campo de Santa Clara** [Y/Z19] beim Mosteiro de São Vicente de Fora 7 (links von der Klosterkirche durch den Torbogen 50 m) interessant. Auch der Sonntagsflohmarkt entlang der Avenida da Liberdade 26 darf nicht unerwähnt bleiben. Sie liegen zudem praktisch auf dem Weg einer Besichtigungstour zu bedeutenden Sehenswürdigkeiten.

Einkaufszentren

Bei einheimischen wie auch bei auswärtigen Shoppingbegeisterten sind heute vor allem die großen Einkaufszentren beliebte Ziele. Diese großen Einkaufsarkaden verfügen nicht nur über eine große Auswahl an Shops, sondern zudem auch über Supermärkte, Restaurants und Snackbars, Kinos und teilweise kleine Vergnügungsparks für Jung und Alt. Ein weiterer Vorteil sind die langen Öffnungszeiten: von täglich gegen 10 Uhr bis 23 Uhr oder teilweise sogar bis Mitternacht haben die Einkaufszentren ihre Pforten geöffnet.

150 [Q17] **Amoreiras Shopping Center,** Av. Eng. Duarte Pacheco, www.amoreiras.com, tgl. 10–23 Uhr. Shoppingcenter westlich der Altstadt mit mehr als 300 Läden (überwiegend Nobelboutiquen), Supermarkt, Kinos, Post und zahlreichen Restaurants.

151 [V21] **Armazéns do Chiado,** Rua do Carmo 2, tgl. 10–23 Uhr. Shopping-Arkade im Herzen der Altstadt auf sechs Etagen mit Fachgeschäften, Markenboutiquen und einem Food-Court im Obergeschoss.

152 [K8] **Centro Colombo,** Av. Lusíada, tgl. 9–24 Uhr, www.colombo.pt. Allen voran steht das Shoppingcenter Colombo. Der wegen seiner südländischen Architektur mehrfach preisgekrönte Bau verfügt über mehr als 400 Läden und 60 Restaurants sowie Bowlingbahnen, eine kleine Achterbahn, Kino, Gokart-Bahn u. v. m. Das Shoppingcenter befindet sich gegenüber vom Benfica-Stadion „Estádio da Luz“.

153 [f4] **Centro Vasco da Gama,** Av. D. João II, www.centrovascodagama.pt, tgl.

Preisgekrönte Architektur – das Centro Colombo

Die portugiesischen Azulejos

Wohl kaum ein anderer Artikel im Sortiment portugiesischer Souvenirhändler dürfte so typisch und einzigartig sein wie die blau-weißen Kacheln, genannt „Azulejos". Irrtümlich wird noch heute vielfach angenommen, der Begriff „Azulejo" stamme vom spanisch-portugiesischen Wort „azul" (blau) ab – weit gefehlt! Die heute nach der italienischen Keramikhochburg Faenza „Fayence" genannte, ursprünglich bunte (nicht blaue!) Keramikkachelkunst ***kam bereits mit den Arabern als rein unfigürliche Ornamentik nach Südspanien und Portugal,*** *die auch den Begriff prägten (aus arab. „Al-Zuleig" = polierter Stein).*

Eine erste Blütezeit erfuhren die Azulejos unter König Manuel I. (1495–1521), der sich auf einer Reise durch Andalusien, Toledo und Saragossa von den maurischen Hinterlassenschaften inspirieren ließ und nach seiner Rückkehr die bislang nur sporadisch verwendete Wandverkleidung im großen Stil für sein Schloss in Sintra (s. S. 97) bestellte. Bald tat es ihm der Hofadel nach, sodass die hohe Nachfrage niederländische Künstler ins Land rief, die eine ***Mischung aus gemalter Erzählung und Verzierung*** *entwickelten. So entstanden Schlachtengemälde, Heiligengeschichten, Alltagsszenen aus Jagd und Schäferei und Darstellungen der portugiesischen Kolonialgeschichte.*

Mit dem ***Wiederaufbau zahlloser Bauwerke nach dem Erdbeben von 1755*** *stieg der Bedarf an Azulejos erneut stark an und führte zur Errichtung mehrerer Azulejo-Fabriken. Auch wandelte sich das Anwendungsgebiet von der reinen Innenausgestaltung hin zur (wetterbeständigen)* ***Außenverkleidung von Fassaden und Bauwerken.*** *In dieser Zeit entwickelte sich ein städtisches Gesamtbild, das als so typisch für Portugal gilt.*

107lb Abb.: j

Heute sind nicht nur Kirchen und Paläste, sondern auch Zweckbauten (Bahnhöfe, Metrostationen), Cafés, Markthallen und viele andere Gebäude mit den typischen Azulejos verkleidet. In Lissabon wird der Besucher die ***Verquickung aus praktischer Innenauskleidung und hoher Kunst*** *in vielen Klöstern und Palästen, oftmals auch in Hotels oder Restaurants bewundern können. Wen die Azulejo-Kunst besonders interessiert, dem sei das Azulejo-Museum* ***42*** *empfohlen.*

9–24 Uhr. Einen Besuch des Parque das Nações (43) verbindet man automatisch mit einem Besuch des Centro Vasco da Gama (direkt über der Metrostation „Oriente“ [rote Linie] gelegen). In dem futuristisch anmutenden Bauwerk findet man über 150 Läden, die Luzomundo-Kinowelt, 30 Restaurants und Snacklokale (günstiger als im Expo-Gelände). Neben den großen Ketten sind auch edlere Luxusmarken vertreten.

154 [I4] **Dolce Vita Tejo (UBBO),** Avenida Cruzeiro Seixas 5 e 7, Amadora, https://ubbo.pt, tgl. 10–23 Uhr, Fr., Sa. 10–24 Uhr. Mit rund 280 Geschäften, Boutiquen und Restaurants auf gut 104.000 m² noch gigantischer als das Centro Colombo, aber mehr für Selbstfahrer. Metro Pontinha, dort Bus 231.

› **Freeport-Designer-Factory-Outlet-Center,** Avenida Euro 2004, 2890–164 Alcochete, Tel. 212343500, www.freeport.pt, tgl. 10–22 Uhr, Restaurants bis 24 Uhr. Wem die Einkaufszentren in der Stadt nicht genügen oder wer speziell Markenware (z. B. Hugo Boss, Calvin Klein, Lacoste ...) zu günstigen Preisen sucht, sollte das kurz FOC (Freeport Outlet Center) genannte Einkaufsparadies besuchen. Es liegt etwa 15 km südlich der Vasco-da-Gama-Brücke und ist mit 70.000 m² Verkaufsfläche und über 140 Läden der größte Umschlagplatz für Designerware in der Umgebung. Ein großes Kinozentrum (11 Säle), eine Diskothek, Restaurants und bekannte Fast-Food-Ketten gehören ebenfalls zum Areal. Für leidgeprüfte Eltern, die in Ruhe shoppen möchten, wurde extra eine Kinderbetreuung eingerichtet. Das FOC erreicht man über die Autobahn A-2 über die Ponte Vasco da Gama Richtung Faro/Algarve (Ausfahrt: Alcochete) oder mit dem öffentlichen Bus der Gesellschaft TST (Transportes Sul do Tejo) ab Metrostation „Oriente“ mit den Linien 431, 432 oder 437. Noch einfacher geht es mit dem Freeport-Shuttlebus, der tgl. um 10 und 13 Uhr ab Pr. M. de Pombal (je 15 Min. später ab Martim Moniz/Hotel Mundial) kauflustige Kunden transportiert, um 16.30 und 19 Uhr geht es zurück in die Stadt (Hin- und Rückfahrkarte 10 €, inkl. Rabattkarte (10 %) für Einkäufe, Businfo unter Tel. 212343501).

EXTRATIPP

LX Factory

Ein bemerkenswertes „Einkaufszentrum“ und Sammelsurium an Gastrobetrieben der etwas anderen Art hat sich in den alten Fabrikmauern der sogenannten LX Factory angesiedelt. War das Projekt vor wenigen Jahren noch ein belächeltes „linksalternatives“ Fantasievorhaben, so haben sich heute Hunderte von nicht dem Mainstream folgenden Bars, Cafés, Shops aller Art (Wein, Kork, Souvenirs etc.), Dienstleister, Kleinunternehmen, aber auch Schauspiel- und selbst Pole-Dance-Schulen etabliert. Bekannte Marken sucht man hier vergebens ...

156 [M23] **LX Factory,** R. Rodrigues de Faria 103 (nördlich der Docas de Santo Amaro unter der Brücke), Tel. 213143399, https://lxfactory.com, individuelle Öffnungszeiten der einzelnen Lokale, Tram 15/18 (Calvário) oder Bus 760 (Estação de Santo Amaro), alle jeweils ab Caís de Sodré

Bücher

155 [T9] **Bulhosa,** Campo Grande 10B, Tel. 217994194 und 217615480, Mo.–Sa. 10–20 Uhr, Metro: Campo Grande. Eine der größten Buchhandlungen Lissabons, die auch Foto- und Kunstbände, v. a. aus Spanien und Großbritannien, sowie fremdsprachliche Belletristik vertreibt. Mittwochs werden

1981b Abb.: wl

Lesungen live im Radiosender RPL übertragen. Sitzgelegenheiten und kleine Café-Bar.

› **Livraria Bertrand** (s. S. 41). Klassische Buchhandlung (seit 1732!) mit fremdsprachlicher Abteilung im Herzen der Altstadt.

157 [U22] **RBMDC – Livros e Arte Lda.,** Travessa do Carvalho 25, Tel. 213421928, www.livrariaamaisa.pt, Mo.–Fr. 10–19 Uhr, Metro: Cais do Sodré. Mischung aus klassischer Buchhandlung und Antiquitätengeschäft.

Kleidung

158 [V20] **Chapelaria Azevedo Rua,** Praça Dom Pedro IV 72–73, Mo.–Fr. 9.30–19 Uhr, Sa. 9–13 Uhr, http://lisboacool.com/en/shop/chapelaria-azevedo-rua, Tel. 213427511. Hüte und Spazierstöcke für besondere Gelegenheiten.

159 [U18] **Tivoli Forum,** Avenida da Liberdade 182, Tel. 213161392, tgl. 8–22 Uhr. Das Tivoli Forum gilt als Mekka der Luxusmarken für Bekleidung und Accessoires. Neben einem halben Dutzend Designershops gibt es einen kleinen Food-Court im Untergeschoss.

Antiquitäten, Deko und Souvenirs

160 [X21] **A Arte da Terra,** Rua Augusto Rosa 40, Tel. 212745975, www.aartedaterra.pt, tgl. 11–20 Uhr. Souvenirs, Dekorationsgegenstände und Kacheln.

161 [U21] **A Carioca,** Rua da Misericórdia 9, Tel. 213420377, Mo.–Sa. 9–18 Uhr. Tee, Kaffee und Souvenirs aus aller Herren Länder. Filiale in der Rua Garrett.

162 [V21] **A Vida Portuguesa,** Rua Anchieta 11, Mártires, www.avidaportuguesa.com, Tel. 213465073, tgl. 11–20 Uhr. Antiquitäten, Sammlerstücke, Küchenutensilien, Düfte und Skurriles. Filiale:

163 [V21] **Chiado II,** Rua Ivens 2, Tel. 210079536, Mo.–Sa. 10–20, So. ab 11 Uhr. Wie im A Vida Portuguesa steht auch im Ableger Chiado II Außergewöhnliches und Skurriles im Mittelpunkt.

164 [W21] **Cannabis Store Amsterdam,** R. dos Bacalhoeiros 28, Tel. 968548115, tgl. 10–22 Uhr. Hanfprodukte wie Tees, Kaugummi, Kosmetik, Souvenirs ... alles rund um das Thema Cannabis. Es gibt sogar Hanfbier – für bayerische Reinheitsgebots-Verfechter sicher ein Sakrileg.

165 [U19] **COS Loja 67,** Av. da Liberdade 67, Tel. 217009030. Requisiten, Leder, Souvenirs u. a. Notiz am Rande: Es handelt sich um das Geburtshaus des in Portugal weithin bekannten Künstlers Carlos Botelho (1899–1982).

166 [U21] **Fábrica Sant'Anna,** Rua do Alecrim 95, Tel. 213422537, www.santanna.com.pt, Mo.–Fr. 9.30–18.30 Uhr. Spezialgeschäft für Keramikkunst: Azulejos, bemalte Töpfe usw.

167 [V22] **Loja das Conservas,** Rua do Arsenal 130, Mo.–Sa. 10–21, So. 12–20 Uhr, Tel. 911181210. Wer eine kleine Zeitreise in die 1960er-Jahre unternehmen möchte oder ein originelles Mitbringsel sucht, ist hier genau richtig: Konserven wie aus Uromas Zeiten, Schwerpunkt: die Ölsardine.

Weine und Delikatessen

168 [V20] **Garrafeira Manuel Tavares,** Rua de Betesga 1A&B, Mo.-Sa. 9.30-19.30 Uhr, Tel. 213424209, www.manueltavares.com. *Die* Adresse in Altstadtnähe für portugiesische Weine und Delikatessen wie geräucherte Würste, Olivenöl oder Käsespezialitäten.

Lebensmittel

Frisches Brot gibt es in den örtlichen Bäckereien ab 6 Uhr. Es dominiert das Weizenbrot, entweder in Form der französischen Stangenbrote *(filão de pão longo)* oder als kross gebackener, dunklerer runder Laib *(filão de pão redundo)*. Daneben werden auch Brötchen aus dem gleichen Teig *(pãozinho)* und verschiedene süße Teilchen *(bolinho)* gebacken.

Alles Weitere findet der Kunde in den **örtlichen Minimärkten** (ab 7.30 Uhr geöffnet). Vor allem für Selbstversorger mit Ferienwohnung sind die in den großen Einkaufszentren (s. S. 135) vertretenen **Supermärkte** interessant, etwa Continente (riesig, neben Kleidung, Haushalts- und Freizeitartikeln auch mit Fisch-, Fleisch- und Käsetheken, die ihresgleichen suchen), Modelo, Intermarche (beide ebenfalls mit Frischwarentheken) und die portugiesische Gruppe Pingo Doce.

Traditionelle Geschäfte wie die Livraria Bertrand laden zum Stöbern ein

An Aussichtspunkten wie dem Miradouro Santa Luzia 9 lässt es sich herrlich verweilen

1991lb Abb.: wl

Lissabon zum Durchatmen

Möchte man einfach nur dem bunten Treiben der portugiesischen Hauptstadt zusehen, den Alltag vergessen oder schlicht die Vielfalt der ruhenden Pole der Stadt genießen, dann bietet Lissabon dem Ruhe suchenden Besucher eine breit gefächerte Angebotspalette.

Was gibt es Schöneres, als ohne jeglichen Besichtigungsdruck mit einer der **alten Trams** (Nr. 12 oder Nr. 28, s. S. 24) durch engste Gassen rund um das Castelo de São Jorge 10 zu zuckeln und dabei an den auf dem Weg gelegenen famosen **Aussichtspunkten** *(miradouros)* das geschäftigen Treiben auf dem Tejo und in der Stadt unter sich vorüberziehen zu lassen?

Während einer **Bootsfahrt auf dem Tejo** (s. S. 191) genießt man eine ganz neue Sicht auf die „weiße Stadt". Hierbei ist die Tradition der einstigen großen Seefahrernation zum Greifen nah.

Zahlreiche Stadtparks und Gärten, vollkommen unterschiedlich in Art und

Gestaltung, laden zum Verweilen ein, allen voran die botanischen Gärten in Belém 38 und im Bairro Alto 18, aber auch einfache Stadtparks wie der Parque Pr. Afonso de Albuquerque [H25] im traditionsreichen Belém oder der Parque Eduardo VII 25 im Zentrum mit Blick über die monumentale Statue des in Lissabon allgegenwärtigen Marquês de Pombal bis hinunter zum Tejo.

Entspannung verspricht auch ein Spaziergang an den **Promenaden entlang des Tejo**, hier zuvorderst im Parque das Nações 43 oder in Belém zwischen Padrão dos Descobrimentos 35 und Torre de Belém 36. Natürlich darf auch die **wunderschöne Atlantikpromenade** zwischen Cascais und Estoril (s. S. 84) nicht unerwähnt bleiben – ein echter Leckerbissen für Freunde des gepflegten Flanierens.

200lb Abb.: wl

Die klassische Tram bringt Badegäste von Sintra 54 an die Praia das Macãs

Lissabon mit Kindern

Eine Großstadt sei nicht unbedingt ein lohnenswertes Reiseziel für Familien mit Kindern, ist oftmals zu hören. Dies kann für Lissabon so nicht stehen bleiben, die Stadt hat sicherlich auch den kleineren Gästen einiges zu bieten.

Rundgänge auf den Mauern alter Schlösser und Burgen wie etwa in Sintra (s. S. 97) oder auf dem Castelo de São Jorge 10 faszinieren mit Sicherheit auch die jüngere Generation. Mit einer **alten Tram** (s. S. 208) durch die engen Altstadtgassen zu zuckeln hat ebenso seinen Reiz wie eine **Bootsfahrt auf dem Tejo** (s. S. 191). Jedes Kind wird sich auch für einen Besuch des **Parque das Nações** 43 mit Seilbahn und dem europaweit bekannten Aquarium und vielen anderen Attraktionen erwärmen lassen.

Ein **Tag am Strand** – etwa in Cascais/Estoril (s. S. 84) – gehört für Kinder zu einem Urlaub in Küstennähe einfach dazu.

Für **Jugendliche**, die vielleicht mehr Wert auf „actionbetonte" Ereignisse legen, hält die Stadt mit einem breiten Angebot an Sportereignissen – vom Stierkampf bis zum Spitzenfußball (s. S. 190) – und an Konzerten und Festen genügend Alternativen zum langweiligen Museumsbesuch bereit.

Die großen **Einkaufszentren** wie Centro Colombo (s. S. 135) und Dolce Vita Tejo (s. S. 137) verfügen auch über ein großes Angebot an Vergnügungsattraktionen für Kinder.

Noch ein paar **praktische Hinweise:** Wer mit dem Kinderwagen – und das gilt analog für Rollstühle – unterwegs ist, wird spätestens bei manchen Metrozugängen (Treppen) oder dem Erklimmen

135lb Abb.: jg

von Altstadthügeln des Öfteren an die Grenzen des Machbaren stoßen. Tragerucksäcke als „Transportmittel" sind für die Nutzung öffentlicher Verkehrsmittel deutlich besser geeignet.

Zur richtigen Zeit am richtigen Ort

Bedingt durch eine Verquickung von morbidem Charme und modernen Bauten liegen in Lissabon Historie und Moderne dicht beieinander. Die pulsierende portugiesische Hauptstadt hat sich bis zum heutigen Tag ihre verklärte Position als Entdeckernation erhalten, gleichzeitig pulsiert jedoch ein modernes und faszinierendes Leben. Ganz gleich ob Straßenfeste, Theaterdarbietungen, klassische Konzerte, sportliche Events aller Art oder Kunstausstellungen – in Lissabon ist eigentlich immer etwas los und den Besucher erwartet alljährlich ein umfangreicher Veranstaltungskalender mit zahlreichen Ereignissen größerer und kleinerer Natur.

Natürlich kann man die portugiesische Hauptstadt mit ihren vielfältigen Sehenswürdigkeiten jederzeit besuchen. Doch die zu bestimmten Zeiten stattfindenden Stadtfeste, Messen, Konzerte oder auch Feiertagsprozessionen haben ihren besonderen Reiz und ziehen nicht nur Einheimische in Scharen an, sondern können auch dem touristischen Aufenthalt eine besondere Note verleihen, wenn die Gäste „zufällig" zur richtigen Zeit am richtigen Ort sind.

- Unter **www.agendalx.pt** findet man eine portugiesisch- und englischsprachige Informationsseite (leicht verständlich), auf der man nach genauen Kalenderdaten, aber auch nach Wochen oder Monaten sortiert die jeweils stattfindenden aktuellen Veranstaltungen aller Art von Theater bis Straßenfest suchen kann. Sogar speziell für Kinder geeignete Veranstaltungen werden gesondert aufgelistet (unter „Crianças").
- Ähnliches bieten die bei den Touristeninformationen ausliegenden **Monatshefte „Follow me Lisboa"** (englisch) mit einem Überblick über die aktuellen Events und Veranstaltungen.

Tickets, Eintrittskarten

Für alle Ereignisse – vom Stierkampf über Fußballspiele bis hin zum Theaterbesuch – existieren **Tageskassen vor Ort.** Um Wartezeiten zu vermeiden oder gesichert eine Karte frühzeitig zu reservieren, gibt es in Lissabon einige allgemeine Vorverkaufsstellen:

Das Oceanário im Parque das Nações 43 ist ein Highlight für Kinder und Erwachsene

- •169 [V19] **Agência de Bilhetes para Espectáculos Públicos (ABEP),** Tel. 213425360, deren Verkaufsstelle sich an der südöstlichen Ecke des Praça dos Restauradores **1** nahe der Touristeninformation im Pavilhao Abep befindet.
- Eine weitere günstig gelegene Vorverkaufsstelle, **FNAC,** findet man im 1. Stock des Centro Colombo (s. S. 135), die auch unter www.fnac.pt *(„bilheteira")* im Web vertreten ist.
- Unter **https://ticketline.sapo.pt** und **www.bol.pt** kann für zahllose Veranstaltungen vom Theaterbesuch bis zum Rockkonzert lange vorab online gebucht werden, bei Großereignissen ist dies ohnehin unabdingbar.

Winter (Dezember bis Februar)

- **Weihnachten** ist ein reines Familienfest und wer über **Neujahr** nach Lissabon reist, mag vielleicht enttäuscht sein: Feuerwerke werden überwiegend öffentlich-organisiert im Parque das Nações **43** und auf dem Praça do Comércio **4** gezündet, kaum dagegen von den Einwohnern selbst. Auch der Fasching, der vor allem im Rheinland eine herausragende Position einnimmt, spielt in Portugal keine große Rolle.
- **Mitte Februar** bietet das Teatro Nacional de Sao Carlos (s. S. 133) im Rahmen des **„European Opera Day"** nach Art eines Tages der offenen Tür einmalige Einblicke hinter die Kulissen des Opernlebens, die sonst nur Künstlern und der High Society vorbehalten sind. Workshops für Jung und Alt, Performances, Filmvorführungen und Opernübertragungen aus anderen teilnehmenden Städten stehen auf dem Programm. Künstler, Maskenbildner und Kostümdesigner entführen interessierte Besucher in die Theaterwelt hinter den Kulissen. Informationen unter www.saocarlos.pt.

Frühjahr (März bis Mai)

- Eine ganze Reihe von Stadtfesten bietet attraktive gastronomische und kulturelle Einblicke in das Freizeitleben in der portugiesischen Metropole. Sehr beliebt ist auch bei Reisenden das jährliche **Fischfest „Peixe em Lisboa"** (meist **erste Aprilhälfte)** rund um den Terreiro do Paço [X22] mit einer riesigen – und auch preiswerten – Vielfalt an Fischgerichten aller Art, Weinen, Bieren usw. Gourmetköche präsentieren hier ihre Kreationen, im Tagesticket ist eine Mahlzeit mit Wein sowie der Zutritt zu allen musikalischen und folkloristischen Darbietungen enthalten (Informationen unter Tel. 808103805 und im Carlos Lopes Pavillion im Parque Eduardo VII **25**.
- Ausdauersportler kennen vielleicht den **Marathon/Halbmarathon von Lissabon** (meist **Mitte März,** https://maratonalisboa.com), der jährlich etwa 25.000 Läufer aus aller Welt an den Tejo lockt. Der Startschuss fällt spektakulär auf der „Brücke des 25. April" **30**, die Ziellinie wird am Hieronymus-Kloster **33** in Belém überquert.
- Am **25. April** – dem **Jahrestag der „Nelkenrevolution"** – wird am frühen Vormittag eine Militärparade in Belém abgehalten.
- Rund um die Kapelle Nossa Senhora da Saúde am Praça Martim Moniz [W19] findet am **ersten Sonntag im Mai** eine **Prozession** im Angedenken an die große Pestwelle von 1569 statt, die nur mithilfe der Muttergottes überstanden worden sein soll.
- Wie es sich für ein traditionelles Seebad gehört, stehen die **Veranstaltungen in Estoril** vorwiegend im Zeichen des Sports. Einer der bekanntesten Zuschauermagneten sind im Frühjahr (Anfang April) die **Estoril Open** (www.millenniumestorilopen.com), wo die internationale Tenniselite sich ein Stelldichein gibt.

Sommer (Juni bis August)

- **„Rock in Rio"** heißt es alljährlich **Ende Mai und Anfang Juni,** oft im Zusammenhang mit einem international aktuellem Thema. Im Parque da Bela Vista (Metro: Bela Vista) gab sich bereits die Crème de la Crème des internationalen Musikgeschäfts von Sting über Shakira und Bruce Springsteen bis Carlos Santana das Mikro in die Hand. Weitere Infos, das aktuelle Programm usw. findet man unter http://rockinriolisboa.sapo.pt.
- **Ab Mitte Juni** werden **zahlreiche kleinere Stadtfeste** *(Festas de Lisboa)* in Form von Jahrmärkten in der Altstadt zwischen Castelo ⑩ und Rua do São Miguel [Y21] sowie am Praça Martim Moniz [W19] organisiert. Bei Fado, gegrillten Sardinen und Tänzen können Besucher den Charme der portugiesischen Kultur hautnah erleben.
- Wichtigstes Datum ist hier der **13. Juni,** der Todestag des hl. Antonius von Padua *(Casamentos de Santo António),* Stadtpatron von Lissabon. Ihm zu Ehren finden entlang der Prachtstraße Avenida da Liberdade am Vorabend ab ca. 21 Uhr über mehrere Stunden **prächtige Prozessionen und Umzüge diverser Musik- und Folkloregruppen** aus den einzelnen Stadtteilen Lissabons statt *(Marchas Populares).* Besucher sollten sich nicht wundern, wenn Kinder rund um dieses Datum Passanten mit den Worten *Uma moedinha de Santo António* um (Münz-)Geld anzubetteln scheinen – dies ist lediglich eine ähnliche Tradition wie das Neujahrssingen/Erscheinen der Heiligen Drei Könige in den überwiegend katholischen Gebieten im deutschsprachigen Raum.
- Das **Ende der Junifeste** „Festas de Lisboa" bilden **prächtige Feuerwerke und Open-Air-Konzerte** auf dem Praça do Comércio ④.
- In **Sintra** spielen im Mai/Juni Amateurgruppen klassische und zeitgenössische Theaterstücke im Rahmen des **Festival do Teatro Amador de Sintra** (Amateurtheaterfestival von Sintra). Von Juni bis Juli werden unter dem Namen **„Festival de Sintra"** in den dortigen Schlössern Festivals der klassischen Musik sowie Ballettabende abgehalten. Die Veranstaltungen werden hauptsächlich vom Kulturzentrum (Centro Cultural Olga Cadaval, Tel. 219107110) und dem benachbarten Casa Teatro do Sintra (Tel. 219233719) organisiert, Vorabinformationen bietet auch die offizielle Website https://festivaldesintra.pt.
- Das Goethe-Institut Lissabon organisiert **Mitte Juli** das zweiwöchige **Festival do Jazz Europeu** („Jazz im Goethe-Garten"). Informationen hierzu unter www.goethe.de/lisboa („Cultura", „JiGG") oder Tel. 218850003.
- Jazzfans sollten das **Estoril Jazzfestival** im Juli in ihrem Kalender notieren.
- Weiteres Highlight der Jazzszene ist das zehn Tage dauernde internationale Jazzfestival **Jazz em Agosto** der Gulbenkian-Stif-

Zu den Festas de Lisboa ab Juni werden die Straßen mit „Sardinen" geschmückt

Feiertage

- 1. Januar (Neujahr)
- Faschingsdienstag (2024: 13.2., 2025: 4.3.)
- Karfreitag (2024: 29.3., 2025: 4.4.)
- 25. April (Nelkenrevolutionstag)
- 1. Mai (Tag der Arbeit)
- Fronleichnam (Ende Mai/Juni, 2024: 30.5., 2025: 19.6.)
- 10. Juni (Todestag des Nationaldichters L. de Camões)
- 13. Juni (Antoniusfest/lokaler Feiertag)
- 15. August (Himmelfahrt)
- 5. Oktober (Tag der Republik, Sturz der Monarchie am 5.10.1910)
- 1. November (Allerheiligen)
- 1. Dezember (Restaurationstag/ Unabhängigkeitserklärung von Spanien am 1.12.1640)
- 8. Dezember (Maria Immaculata/ Fest der unbefleckten Empfängnis)
- 25. Dezember (1. Weihnachtstag, 26.12. ist kein Feiertag)

tung **(im August,** https://gulbenkian.pt/jazzemagosto/en).

- Bei Einheimischen und Touristen gleichermaßen beliebt ist das von **Mitte August bis Mitte September** stattfindende Open-Air-Spektakel **„Com'out Lisbon",** wo unterschiedliche Konzerte und Aufführungen (Fado, Jazz, Klassik) bei freiem Eintritt an verschiedenen Plätzen in der Altstadt für Stimmung sorgen. Das Programm wechselt jährlich, die aktuellen Pläne mit Programm und Örtlichkeiten sind bei den Touristeninfos erhältlich.
- Das Thema Weltmeere spielt im Parque das Nações 43 beim noch relativ jungen, zweiwöchigen **Festival der Ozeane** (meist **erste Augusthälfte)** die Hauptrolle. Geboten werden Konzerte, Sportwettkämpfe, Ausstellungen und Unterhaltung für die ganze Familie.
- Im **Juli/August** findet rund um das Casino von Estoril (s. S. 85) die recht beliebte **FIARTIL-Kunsthandwerksausstellung** (Feira Internacional de Artesanato) statt, bei der neben der Präsentation von Produkten des Einzelhandels abends auch Folkloreveranstaltungen usw. auf dem Programm stehen.

Herbst (September bis November)

- Freunde des Reitsports dürften die **Turniere der Escola Portuguêsa de Arte Equestre** im Nationalpalast von Queluz **(Mai bis Juli und September/Oktober,** Tel. 214356158, http://arteequestre.pt) interessieren. Auch einige Teile des „Festival de Sintra" (s. S. 143) werden im Nationalpalast von Queluz abgehalten.
- Der Jahreskreislauf schließt **Ende November/Anfang Dezember** mit dem Beginn des alljährlichen **Weihnachtsmarkts** auf dem Praça do Comércio 4 direkt am Tejo. Neben zahlreichen Attraktionen für Kinder findet man hier kleine Verkaufsstände mit handwerklich erzeugten Produkten und für die Weihnachtszeit besondere kulinarische Kleinigkeiten wie *sonhos* (frittierte Zimtbällchen), *Broinhas de Natal* (kandierte Früchte) und den köstlichen Weihnachtskuchen *Bolo Rei* (https://dicasdelisboa.com/eventos/natal).

LISSABON VERSTEHEN

142lb Abb.: jg

Lissabon – ein Porträt

Schon seit unzähligen Generationen berichten heimkehrende Seeleute von der faszinierenden, hügeligen „weißen Stadt", die sich majestätisch vor dem Hintergrund eines stahlblauen Himmels rund um das Castelo de São Jorge ⑩ erhebt, einer Weltstadt, von der aus einst ein weltumspannendes Imperium geleitet wurde und nachhaltige Forschungs- und Entdeckungsfahrten ausgingen.

Ein vielleicht ähnlich erhebendes Gefühl erleben Flugreisende beim Landeanflug, wenn vom Atlantik her die Küste, der Fluss mit seinen mächtigen Brückenkonstruktionen, die großen Prachtstraßen und die herrlichen klassischen Bauten überflogen werden und dem Passagier einen ersten unvergesslichen Eindruck von Lissabon bescheren.

Ähnliches fühlt der Einzelne, im Zentrum am Rossio ② stehend, inmitten einer historischen Altstadt, die einen unverwechselbaren Charme ausstrahlt und trotz ihrer heute verloren gegangenen Bedeutung als Machtzentrum der Welt dem Gast Respekt abverlangt.

Auf der anderen Seite dürfen auch **trabantenhafte Vorstädte** mit einförmigen, mehrstöckigen Wohnbauten, deren Zweck der zügigen Wohnraumschaffung ebenso unverkennbar ist wie die teilweise an sozialistische Plattenbauten erinnernde Farb- und Charakterlosigkeit, nicht verschwiegen werden.

So treffen Größe und Anmut, Kulturschatz und historisches Erbe, aber auch erkennbarer Verfall – ob durch Naturkatastrophen wie Erdbeben oder Brände oder auch schlicht durch Nachlässigkeit – und ein Anflug von Armut unmittelbar aufeinander und erzeugen einen spannungsgeladenen Kontrast, der vielleicht erst auf den zweiten Blick deutlich wird.

Lissabon gliedert sich administrativ in 53 kleine Stadtteile *(freguesias)*, die auch den Wahlbezirken entsprechen. Sie sind wiederum in **vier sogenannten „bairros"** (etwa: Stadtviertel, Bezirke) zusammengefasst und recht fantasielos von 1 bis 4 durchnummeriert.

Vorseite: Das nach dem Erdbeben neu errichtete Viertel Baixa und der Tejo

113lb Abb.: jg

Dabei ist das, was man heute als Altstadtzentrum bezeichnet, in etwa das 1. Bairro, dessen *freguesias* meist nach den örtlichen Pfarrkirchen benannt wurden. Das 2. Bairro erstreckt sich etwa von den Hafenanlagen bei den Docas bis nach Belém und gilt traditionell als Nobelgebiet.

Das 3. Bairro, das sich nordwestlich der beiden ersten Bairros bis Pontinha und Flughafen erstreckt, beherbergt heute hauptsächlich ältere Vorstadtsiedlungen und Trabantenstädte. Hier liegen auch die **Problembezirke Lissabons** mit hoher Arbeitslosigkeit und sozialen Missständen wie etwa Benfica.

Das 4. Bairro schließlich zwischen Flughafen, Flussufer und Altstadt ist durch moderne Trabantenstädte und das Vorzeigeobjekt Parque das Nações 43 geprägt. Dabei möchten die Stadtplaner den Flughafen schließen und nach einer Entscheidung vom damaligen Premier Sócrates etwa 40 km östlich nach Alcochete (bei Setubal) verlegen. Das heutige Flughafengelände soll anschließend (geplant 2036) dem (gehobenen) Wohnungsbau zur Verfügung gestellt werden.

Basisdaten Lissabon

Lissabon liegt im äußersten Südwesten Europas nahe der Einmündung des Tejo in den Atlantik. Der **Regierungsbezirk Lissabon** mit seinem Einzugsgebiet (sogenannte *Área Metropolitana de Lisboa*) umfasst u. a. die Orte Oeiras, Cascais, Almada und Amadora. Hier leben insgesamt **rund 3 Millionen Menschen** oder ca. 25 % der portugiesischen Bevölkerung. Auf das eigentliche Stadtgebiet *(Grande Lisboa:* nördliche Uferseite des Tejo und Península de Setúbal im Süden) entfallen rund 553.000 Einwohner auf einer Stadtfläche von 84,9 km², was einer relativ hohen Bevölkerungsdichte von 6513 Einwohner/km² entspricht. Zum Vergleich: Berlin und Wien weisen eine Bevölkerungsdichte von 4127 bzw. 4657 Einwohner/km² auf, Hamburg 2455 Einwohner/km².

Blick über die Altstadt zum Castelo de São Jorge 10

Von den Anfängen bis zur Gegenwart

Vor- und Frühgeschichte

Spuren menschlichen Daseins lassen sich in Portugal **rund 20.000 Jahre zurückverfolgen**, Ritzzeichnungen in Felsen und Höhlenmalereien deuten auf eine frühe Besiedlung der Region hin. Mit der **Kupferzeit** (ca. 5000 v. Chr.) setzt die Urbarmachung des Bodens durch Brandrodung ein, gleichzeitig die sogenannte Megalithkultur, für die Grabstätten und Tempel aus großen, roh geschlagenen Steinblöcken charakteristisch sind.

Ab etwa 2500 v. Chr. besiedeln die **Iberer**, von Nordafrika über Gibraltar kommend, die später nach ihnen benannte Halbinsel. Es handelt sich um einen Volksstamm umstrittener Herkunft, dessen Ursprünge mal in Nordafrika, mal im Nahen Osten vermutet werden. Die „iberischen" Iberer verbreiten sich rasch und siedeln auch im Raum der Algarve, wo sie ab etwa 1000 v. Chr. mit dem Seehandelsvolk der Phönizier, ab 600 v. Chr. auch mit den Griechen in Kontakt kommen (Zinn- und Bernsteinhandel).

Etwa gleichzeitig (ca. 1000–700 v. Chr.) wandern keltische Stämme von Norden her zu und vermischen sich mit den Iberern zu den **Keltoiberern und Lusitanern**, wobei letztere später den ethnischen Hauptanteil der Portugiesen ausmachen. Sie errichten erstmals befestigte Verteidigungspunkte auf Hügeln, die sogenannten *Citânias,* darunter auch die Siedlung Alis Ubo („liebliche Bucht"), aus der später Lissabon hervorging. Im fünften und vierten vorchristlichen Jahrhundert fällt die Iberische Halbinsel jedoch in den Machtbereich der nordafrikanischen Großmacht Karthago und gerät somit in den Blickpunkt des Interesses zweier damaliger Weltmächte: Karthago und Rom.

Römer und Goten

Der Zweite Punische Krieg zwischen Karthago und Rom (218–201 v. Chr.) bringt für die gesamte Iberische Halbinsel richtungsweisende Veränderungen mit sich. Nach dem Sieg der Römer über Karthago fällt um 200–180 v. Chr. auch Lusitania als Teil der Provinz Hispania Ulterior an Rom und erfährt **starke romanische Einflüsse in Kultur und Sprache.** Um 150 v. Chr. erwächst in den lusitanischen Stämmen unter der Anführerschaft des noch heute als Nationalheld verehrten Viriatus vermehrter Widerstand gegen die römische Bevormundung. Durch ein Komplott wird Viriatus 139 v. Chr. gemeuchelt, was die Bewegung der Aufständischen erlahmen lässt und die endgültige „Befriedung" unter Julius Caesar von 61–45 v. Chr. ermöglicht.

Unter Augustus (63 v.–14 n. Chr.) wird **die Provinz Hispania in die Provinzen Baetica** (Andalusien) **und Lusitania** (etwas größer als das heutige Portugal) **geteilt** und somit die **Eigenentwicklung Portugals begründet.** Zahlreiche Straßen, Anlagen und Gebäude besonders in Südportugal (Algarve) gehen auf die Römer zurück, so etwa die heutige Bundesstraße N-125, die römischen Bäder in Estói oder die Brücke in Silves. Lissabon erhält unter Caesar als Olisipo letztlich das Stadtrecht als Hauptort der Provinz Lusitania.

Für das 3. Jh. n. Chr. sind bereits christliche Zeugnisse belegt und unter dem Migrationsdruck der Völkerwanderung dringen Alanen, Vandalen und Sueben um 410 n.Chr. nach Portucale vor, ehe die **Westgoten** zwischen 418 und 585 ganz Lusitanien erobern, in Faro einen Bischofssitz errichten und Toledo zu ihrer Hauptstadt ernennen. Unter den Westgoten entwickelt sich das **Christentum** in Portugal ungehindert, bis schließlich im Jahre 711 von Süden her über die Straße von Gibraltar ein neuer Feind naht: die Mauren.

Mauren und Reconquista

Die Iberische Halbinsel wird 711 binnen kürzester Zeit fast vollständig erobert (Lissabon 719), Portugal dem Emirat von Córdoba zugeschlagen. Hauptstadt der Algarve wird Xelb (Silves), das – wie das gesamte Land – **unter der Hochkultur der nordafrikanischen Mauren erblüht:** Handel, Landwirtschaft, Kunst, Medizin, Wissenschaft und Seefahrt erfahren eine revolutionäre Entwicklung, bis dato unbekannte Nutzpflanzen wie Feige, Dattel und Olive gelangen nach Europa. Da die arabischen Mauren *(mouros)* die Fremdvölker (Juden, Christen) ungehindert ihren Glauben ausüben lassen, entwickelt sich ein wohlhabendes und friedliches Nebeneinander, insbesondere in den Städten. Lissabon bleibt wie schon unter den Römern das Zentrum des Landes und profitiert am meisten von den maurischen Einflüssen. Heute noch sichtbares Beispiel sind die blauen Fliesen, die Azulejos.

Ausgehend vom Königtum Kastilien-León werden im 11.Jh. **Rückeroberungsbemühungen (Reconquista)** verstärkt, womit die „Zweite Front der Kreuzzüge“ (neben dem Heiligen Land) errichtet wird. Insbesondere der **Templerorden** erlangt bei der Reconquista eine herausragende Bedeutung auf der gesamten Iberischen Halbinsel, was ihn während der späteren Verfolgung hier besonders schützt (s.S.152).

1139 wird das arabische Heer mit Unterstützung fränkischer und germanischer Kreuzritter in der **Schlacht von Ourique** von Afonso Henrique geschlagen, woraufhin dieser sich „König von Portucale“ nennt und bis 1147 Lissabon und Santarém erobert. Seinem direkten Nachfolger auf dem Königsthron, Sancho I., gelingt 1189 mithilfe berühmter Kreuzritter wie Richard Löwenherz oder Friedrich I. Barbarossa kurzzeitig die Eroberung der maurischen Hochburgen Silves und Albufeira, doch erst Sancho II. und Afonso III. können die Reconquista um 1240–1249 zu einem erfolgreichen Ende bringen und 1250 die Algarve an das Königreich Portugal anschließen. Damit hat das Land ungefähr seine heutige territoriale Ausdehnung erreicht. In dieser Phase – im August 1195 – wird in der Hauptstadt der **heilige Antonius von Padua** geboren, der demzufolge auch Antonius von Lissabon genannt wird (Igreja de Santo Antonio da Sé 12).

Entdeckungen und Kolonien

König João I., Großmeister der Christusritter (Christusorden) und Begründer der Avis-Dynastie, regiert gemäß dem Ordensziel, der **Verbreitung des Christentums in alle Himmelsrichtungen.** Die Ausweitung des Reichs und die Eroberung überseeischer Besitzungen beginnt jedoch erst mit seinem Sohn, Dom Infante Henrique el Navigador, bekannt unter dem Namen **Heinrich der Seefahrer**

(1394–1460). Er ist an der ersten Kolonialeroberung in Marokko (1415) beteiligt und wird 1419 zum Gouverneur der Algarve ernannt.

Seine Vorliebe für Nautik und Seefahrt (obgleich er selbst nicht zur See fuhr) führt nicht nur zur Gründung der berühmten Seefahrerschule in Sagres, sondern ermöglicht auch **zahlreiche aufwendige Expeditionen und Erkundungsfahrten.** Sagres ist das theoretische, Lissabon und dort genauer der etwas vorgelagerte Distrikt Belém das praktische Zentrum dieser Seeexpeditionen – alle Entdeckungsreisen werden von Belém aus gestartet.

Die Nachfahren der Einwanderer aus den ehemaligen Kolonien prägen das Stadtbild

So werden 1432 die Azoren entdeckt und dem Reich einverleibt, 1434 das bis dato als Ende der Welt bezeichnete Kap Bojador in Südmarokko von Gil Eanes umschifft und 1444 mit der Entdeckung des Senegal der **Gewürz- und Sklavenhandel begründet.**

Unter König Manuel I. (1495–1521) beginnt die eigentliche Expansion und Gründung von Handelsniederlassungen in Indien, Ostasien, Brasilien und Afrika. 1488 umsegelt Bartolomeu Diaz **das Kap der Guten Hoffnung** und bereitet so den Weg für den wichtigsten portugiesischen Entdecker: **Vasco da Gama** (siehe rechts). Zu den **berühmten Entdeckern** dieser Epoche gehört, neben Cristóvão Colombo, der 1492 in Amerika landet, und Vasco da Gama auch der Portugiese **Pedro Álvares Cabral,** der am 22. April 1500 Brasilien und somit Portugals wichtigste Goldgrube entdeckt.

Vasco da Gama

Die Geschichte der Entdeckung der Seeverbindung von Europa nach Indien begann mit der ***abenteuerlichen Reise des Pedro de Covilhão,*** *der – als Araber verkleidet – 1484 auf arabischen Handelsschiffen mitsegelte und so nach Indien gelangte. Auf seine Berichte stützten sich die nachfolgenden Entdecker: Auf der Suche nach diesem Seeweg um Afrika herum war* ***Bartolomeu Diaz*** *1487 bereits bis Südafrika gelangt und hatte das* ***Kap der Guten Hoffnung umsegelt,*** *musste jedoch wegen Meuterei umkehren.*

Nachdem sich Kolumbus' Westroute nach Indien 1492 ebenfalls als unzutreffend erwiesen hatte, ließ der portugiesische König Manuel I. (1495–1521) die Suche nach der Ostroute wieder aufnehmen. Er wählte als Expeditionsleiter Vasco da Gama, der mit vier Schiffen im Juli 1497 die Reise begann. Das größte Hindernis nach der Umrundung des Kap der Guten Hoffnung waren die Araber, die bislang das Handelsmonopol im indischen Ozean innehatten. Nach etlichen Schwierigkeiten kaperte da Gama im April 1498 ein arabisches Schiff und tauschte es in Malindi (nahe dem heutigen Mombasa) gegen einen arabischen Lotsen ein. Dieser führte die kleine Flotte binnen 23 Tagen nach Calikut (alter Name für Kozhikode), der Seeweg nach Indien war somit von da Gama für Portugal „entdeckt". Hiermit begann die ***langjährige Vormachtstellung Portugals*** *unter den europäischen Seefahrernationen.*

Da Gama wiederholte die Reise 1502–04, wurde für seine Verdienste mit dem Titel eines Grafen von Vidigueira ausgezeichnet und schließlich 1524 ***als Vizekönig nach Ostindien entsandt,*** *wo rasch zahlreiche portugiesische Handelsstationen gegründet worden waren. Er starb im Dezember desselben Jahres in Kotschin (Indien). Da Gamas Leben und seine Taten regten den portugiesischen Dichter Luis de Camões zu dessen Nationalepos „Die Lusiaden" an.*

1508 folgt die Entdeckung der Malediven durch Francisco de Almeida, womit die wichtige Zwischenstation zu den Gewürzinseln (Molukken, 1512) und zur Straße von Malakka (1511) gefunden war. Den Triumph der Portugiesen vervollständigt **Fernão de Magelhão (Magellan)**, der von 1519 bis 1522 die Erde umsegelt und den Beweis für die von Galilei postulierte Kugelform erbringt.

Im Jahre 1557 schließlich gelingt es, das südchinesische Aomen (Macau) von China zu pachten. Im Vertrag von 1887 wird der koloniale Status bestätigt, was Portugal über Jahrhunderte einen **Vorsprung im Chinahandel** verschafft. Lissabon, bereits im 16. Jahrhundert **zur reichsten Stadt Europas aufgestiegen,** bietet nun Waren aus aller Herren Länder feil. Allerdings ist für die Eroberungen und die Verwaltung ein erheblicher Personalaufwand vonnöten. Bei allen Vorteilen, die die Kolonialmacht Portugal genießt, führt dies doch zu einer erheblichen Belastung der Bevölkerung im Mutterland.

Portugals Tempelritter und der Ordem de Cristo

Nach dem (erfolglosen) Ende der Kreuzzüge wurden die Militärorden, die ursprünglich zum Schutz der Wallfahrer ins Leben gerufen worden waren, allmählich überflüssig. Allerdings waren sie durch ihren unermüdlichen, zweifelsohne auch tapferen Dienst und Kampf für das Christentum ***mit Ländereien und Privilegien reich belohnt*** *worden. Während der Deutschritterorden fortan als Bollwerk in Ostpreußen fungierte und der Johanniterorden auf Rhodos (später Malta) einen Vorposten gegen die „Türkengefahr" bildete, konzentrierten sich die Templer auf den Ausbau einer florierenden Wirtschaftskraft. Sie waren schließlich sogar die ersten Christen, die gegen Zinsen Geld verleihen durften.*

Während also Johanniter und Deutschherren als Funktionsträger auch weiterhin geduldet waren, wurde die ***Finanzkraft der Templer,*** *möglicherweise auch ein bedeutendes historisches Geheimnis, zum* ***Ausgangspunkt eines der dunkelsten Kapitel europäischer Ordensgeschichte.*** *Ludwig IV. („der Schöne") hatte Anfang des 14. Jh. das damalige Frankreich mithilfe eines teuren Beamtenapparates straff organisiert, was jedoch zu chronischem Geldmangel führte. Er ließ am 13. Oktober 1307 in einer streng geheimen Nacht- und Nebel-Aktion alle Templer Frankreichs gleichzeitig verhaften, durch Folter zahlreiche Geständnisse zu aus der Luft gegriffenen Anschuldigungen erpressen und eignete sich auf diese Weise vermutlich große Geldmengen und viele Reichtümer des Ordens an. Gleichzeitig hatte er Papst Clemens V. in der Hand. Er bewirkte dessen Befehl an die Regenten Europas, in allen Ländern ähnlich vorzugehen (alle Orden unterstanden der päpstlichen Justiz). 1312 wurde der* ***Templerorden letztlich aufgelöst und verboten*** *– der schwache Papst konnte sich immerhin dazu durchringen, den verbliebenen Grundbesitz den Johannitern (und nicht Frankreich) zuzusprechen.*

Auch der ***portugiesische Templerorden*** *mit Sitz in Tomar (100 km nördlich von Lissabon) wurde aufgelöst. Da jedoch ein Großteil des wichtigen und bedeutenden höfischen Adels dem Orden angehörte, vollzog sich die* ***Auflösung auf rein formaler Ebene ohne Folter oder Konfiszierungen*** *– und das auch nur, um Papst und Ludwig IV. zufriedenzustellen. Außerdem waren die Templer ein wichtiger Aktivposten während der Reconquista.*

Nachdem sich die Aufregung gelegt hatte, wurde unter König Diniz I. im Jahre 1319 in Castro Marim (bei Vila Real) der sogenannte ***Christusritterorden*** *(„Ordem de Cristo") gegründet – wobei alle Besitzungen und Gelder der portugiesischen Templer diesem „neuen" Orden zufielen. Auch die Ritter blieben dieselben, sodass mithilfe dieses gewitzten Zugs der portugiesische Teil der Templer unbehelligt weiter existierte – sogar die Burg Tomar wurde 1356 wieder bezogen. Als neues Symbol wurde dem alten Templerkreuz (ein achtzackiges rotes Kreuz auf weißem Grund) einfach noch ein dünnes weißes Kreuz hinzugefügt – fertig war der neue Orden.*

__Formale Zielsetzung__ des Christusritterordens war die __Bekämpfung des Islam__ sowie die __Erweiterung des portugiesischen Machtbereiches,__ was im 15. und 16. Jahrhundert erheblich zur Kolonialisierung der Überseebesitzungen beitrug. Nicht zuletzt bedeutende Könige (z. B. Manuel I.) und Seefahrer (u. a. Dom Infante Henrique, Vasco da Gama, Bartolomeu Diaz und Pedro Cabral) gehörten dem Orden an.

Auch in anderen europäischen Ländern konnten die Templer bald weiter existieren, allerdings ohne die verlorenen Besitzungen. Außerdem waren viele Ritter in andere Orden übergetreten. Erst Napoleon Bonaparte rehabilitierte den Templerorden um 1810. Portugal wurde erneut zum Zentrum der Templer, als der belgische Großmeister E. C. Vandenberg wegen der Besetzung Belgiens durch die Nationalsozialisten (1940) alle __Ordensunterlagen in das neutrale Portugal__ schaffen ließ. 1942 trat er aus Sicherheitsgründen zugunsten des Portugiesen Dom Antonio Campelo Pinto de Sousa Fontes zurück. Seit 2019 steht Gerard Edmond Louis Willery dem Orden vor.

Seit dem Jahr 1991 ist Jerusalem wieder Sitz des Templerordens, der sich seit 1996 „Ordo Militiae Templi Hierosolymitani" (Christlicher Ritterorden vom Tempel zu Jerusalem) nennt und 5000 Mitglieder hat. Das Generalsekretariat liegt in Köln (Infos im Web unter www.tempelritterorden.de). Prominentestes deutsches Mitglied des portugiesischen Ordem de Cristo war übrigens der „kölsche Alte" Konrad Adenauer.

Spanische Fremdherrschaft

1569 wird Lissabon von der großen europäischen Pestwelle überrollt, wobei Quellen zufolge über 50.000 Bewohner ums Leben kommen. Auch politisch wird das Land bald darauf hart getroffen, denn die prächtigste Phase des portugiesischen Kolonialismus endet mit König Sebastião, der 1578 von Lagos aus einen „Kreuzzug" gegen die marokkanischen Berber unternimmt und während der für die Portugiesen vernichtenden Schlacht von Alcaçer Quebir fällt. **Mangels Thronfolger wird vom Adel der spanische König nominiert** – in diesem Fall Philip II. –, womit die sogenannte „Fremdherrschaft" beginnt. Englische Piraten nutzen die Verwirrung und fallen zwischen 1587 und 1596 wiederholt in den südlichen Regionen Portugals (Sagres, Lagos und Faro) ein.

In der Regierungszeit Philips als König beider Länder beuten die Spanier ihre iberischen Nachbarn mehr oder minder aus und vermehren die eigenen Besitzungen auf Kosten der Portugiesen immens.

Unter der Führung des Herzogs von Bragança wird die spanische Fremdherrschaft im **Aufstand vom 1. Dezember 1640** (Nationalfeiertag) beendet. Als João I. restauriert er die portugiesische Krone umfassend und begründet das bis 1910 bestehende Haus von Bragança. In zahllosen militärischen Expeditionen versucht Spanien, Portugal erneut zu annektieren, wird aber von den Portugiesen mit englischer Militärhilfe immer wieder zurückgeschlagen. Alle derartigen Bestrebungen Spaniens werden mit dem Friedensvertrag von 1669 endgültig beendet.

Die Bragança-Dynastie

Zwei Faktoren prägen die Regentschaft des Hauses Bragança: Zum einen **verarmt Portugal infolge der Fremdherrschaft** und der anschließenden Absicherungskriegen, zum zweiten gerät das Land (da Gegenleistungen für die britische Unterstützung gefordert wurden) in eine **Abhängigkeit von England**, welche die engen Beziehungen zwischen beiden Ländern bis in die Gegenwart begründet.

Zwar gelingt 1699 unter João V. die Erschließung der lange begehrten brasilianischen Goldminen, doch ist der **unvermeidliche Niedergang** durch verschwenderische Hofhaltung und aufgrund der „Altlasten" nicht mehr aufzuhalten. Auch der sogenannte **Methuen-Vertrag** von 1703 trägt zur fatalen Lage bei: Dieser nach dem britischen Botschafter in Portugal, Sir John Methuen, benannte Vertrag gestattet es Großbritannien, als einzige ausländische Nation Textilien auf den portugiesischen Markt zu bringen und den berühmten Portwein ohne Zahlung einer Exportsteuer zu erwerben.

Höfischer Prunk und Absolutismus erfahren unter José I. (1750–1777) ihren Höhepunkt, während sein **Premierminister Marquês de Pombal** (s. S. 52) **Wirtschaftsreformen** durchführt, um die zunehmende Abhängigkeit von England zu beenden. Auch das **verheerende Erdbeben von 1755**, in dem weite Teile Lissabons zerstört wurden, fällt in diese Ära (siehe rechts). Zwar lässt der Marquês sowohl die Hauptstadt als auch Städte der Algarve (insbesondere Vila Real de Santo António 1774) gemäß seinen Vorstellungen wiedererrichten, doch seine wichtigen Reformen werden nach dem Tod von José I. aufgehoben.

Das große Erdbeben von 1755

Am 1. November 1755, gegen 9 Uhr 40, wurde Europa von Skandinavien bis zu den Azoreninseln von einem ***Erdbeben von bis dahin unbekannten Ausmaßen*** *getroffen. Die schwersten Schäden hatten dabei die portugiesischen Küstenregionen, zuvorderst Lissabon und einige Städte an der Algarve zu verzeichnen. Nach heutigen Schätzungen lag das Epizentrum etwa 200 km südwestlich der portugiesischen Küste und forderte mit einer Stärke von 8,5 bis 9 auf der Richterskala neben zahlreichen Zerstörungen rund 100.000 Menschenleben.*

Wie man später anhand von Augenzeugenberichten rekonstruierte, dauerte das ***erste Hauptbeben*** *rund drei bis sechs Minuten. Es brachte bereits viele Gebäude zum Einsturz, riss meterbreite Spalten in die Straßen und löste lokale Brände aus. Es muss schon zu diesem Zeitpunkt viele Opfer gegeben haben, die eigentliche Katastrophe sollte jedoch erst noch folgen: Durch das Beben sank der Meeresspiegel kurzzeitig rapide ab – zahlreiche intakte Schiffe lagen in dem kurzzeitig wasserfreien Fluss verankert oder im Hafen vertaut – wenige Minuten später tobte eine* ***Tsunamiwelle*** *den Tejo hinauf, die in ihrer Wucht Gebäude und Menschen gleichermaßen mit sich riss. Es folgten im Anschluss noch zwei kleinere Flutwellen und später auch noch zwei Nachbeben.*

Jeder Dritte der damals 275.000 Einwohner Lissabons war tot, ***85 % der Gebäude zerstört,*** *darunter die Königspaläste und die Nationalbibliothek mit 70.000 Werken u. a. von Tizian, Rubens oder den Aufzeichnungen Vasco da Ga-*

mas. Im Zentrum der Altstadt stehen noch heute die Ruinen des Convento do Carmo (14) *als Denkmal an diese Katastrophe.*

Das Beben hatte ***eine ganze Reihe mittelbarer und unmittelbarer Folgen.*** *Zunächst litt König José I. fortan an einer Klaustrophobie, konnte daher nicht mehr in geschlossenen Räumen leben und wohnte in einer Zeltstadt vor den Toren Lissabons. Tiere hatten in Scharen noch vor dem Beben instinktiv den Weg auf Hügel gesucht - was zum Auslöser der Instinktforschung in Portugal wurde. Auch die Seismologie als eigener Wissenschaftszweig ging als Konsequenz aus dem Beben hervor. Ferner wurde eine Abkehr vom ausufernden Kolonialismus der Entdeckerzeiten beschlossen, man wollte sich mehr auf die Heimatnation konzentrieren. Nicht zuletzt begannen portugal- und europaweit philosophisch-theologische Dispute über die Frage, wie Gott eine solche Katastrophe - und allgemeiner das Übel in der Welt - zulassen konnte (sogenanntes Theodizee-Problem).*

Der pragmatische Premierminister Sebastião de Mello, der später zum ***Marquês de Pombal*** *erhoben wurde, soll quasi als Anstoß für einen zügigen Wiederaufbau gesagt haben „Und nun? Beerdigt die Toten und ernährt die Lebenden." Er ordnete gegen den Widerstand der katholischen Kirche Massenseebestattungen an, stellte Brandbekämpfungstruppen auf, ließ Plünderer aufknüpfen und als Abschreckung diverse Galgen im Stadtgebiet aufstellen.*

Ein Jahr später war die Hauptstadt aufgeräumt und Pombal ließ die ***Altstadt (Baixa) schachbrettförmig mit breiten Straßen anlegen*** *- als Begründung führte er an, auch diese Straßen würden eines Tages klein sein, ferner könnten Rettungstrupps so leichter zu brennenden Häusern gelangen. Häuser sollten erdbebensicher gebaut werden, weshalb er Holzmodelle bauen und die Armee rundherum exerzieren ließ, um Beben zu simulieren. Nach diesem pombalinischen Vorbild wurden zahlreiche Städte reorganisiert, als Muster gilt - neben Lissabons Baixa - Vila Real de Santo António an der Algarve.*

204lb Abb.: ©mtrommer, stock.adobe.com

Der Convento do Carmo (14) *wurde nach dem Erdbeben nicht wieder aufgebaut*

Vorbild für Asterix

Jeder kennt den einleitenden Satz in den weltbekannten Asterix-Heften: „Ganz Gallien ist von den Römern besetzt. Ganz Gallien? Nein, ein kleines Dorf ...“ Tatsächlich existiert ***für dieses Szenario ein reales Vorbild*** *– und zwar in Portugal.*

Im Jahre 1580 begann die Personalunion Portugals mit Spanien, als der spanische König Philip IV. als Philip III. ganz Portugal dem spanischen Reich einverleibte. Ganz Portugal? Nein, es war in der Tat ein im Vergleich zu den gigantischen, weltumspannenden Besitzungen Portugals kleines „Dorf“, das sich 60 Jahre lang, bis zum Ende der spanischen Fremdherrschaft 1640, penetrant und standhaft weigerte, die Oberhoheit Spaniens zu akzeptieren, geschweige denn die spanische Flagge zu hissen. Es handelte sich dabei um die erste und bis ins 19. Jahrhundert einzige Kolonie einer europäischen Macht in China: Macau. Die Stadt konnte sich ihren Widerstand, geschützt durch ihre mit Festungen bewehrte Halbinsellage, durchaus leisten. (Macau konnte in seiner Geschichte niemals erobert werden.)

1640, mit dem Ende der Fremdherrschaft, verlieh das portugiesische Mutterland der treuen Kolonie für ihren tapferen Widerstand den (bis zur Rückgabe an China 2000 gültigen) offiziellen Namen „Cidade Do Nome De Deus De Macau Não Ha Outra Mais Leal“ („Stadt im Namen des Herren, Macau, es gibt keine treuere“).

Königliches Exil und Miguelistenkriege

Die Truppen Napoleon Bonapartes besetzen Portugal zwischen den Jahren 1807 und 1811 und errichten eine erneut kurze Fremdherrschaft, während derer König João VI. nach Brasilien übersiedelt. Zwar schlagen englisch-portugiesische Truppen die Franzosen bei Coimbra entscheidend, doch wird der **britische General W.C. Beresford** erst Oberbefehlshaber aller portugiesischen Truppen und von 1816 bis 1820 quasi ein **Gouverneur Portugals zum Nutzen Britanniens.** Der deutliche Einfluss Englands prägt seidem weite Teile der portugiesischen Gesellschaft und führt ab 1820 zu Aufständen in Nord- und Zentralportugal mit dem Ziel einer liberalen Verfassung.

Noch immer in Brasilien weilend, akzeptiert João VI. die **Ausrufung einer liberalen Verfassung** (u.a. mit Pressefreiheit, Wahlrecht und Verbot der Inquisition) und kehrt nach Lissabon zurück. Sein Sohn Pedro IV. bleibt in Brasilien und ruft dessen Unabhängigkeit aus, Pedros Bruder Miguel widerruft jedoch 1828 die neue Verfassung und löst damit die sogenannten **„Miguelistenkriege“** zwischen den Konservativen (um Miguel) und Liberalen (um Pedro) aus. Pedro IV. setzt sich 1834 durch und verbannt Miguel nach dem militärischen Sieg am Cabo de São Vicente ins Exil.

Erste Republik und Diktatur

In der zweiten Hälfte des 19. Jh. ist Portugal bemüht, den Anschluss an die führenden Nationen herzustellen, die Industrialisierung schreitet jedoch zu langsam voran. Vor allem Korkproduktion und Fischerei spielen an der Algarve eine zunehmend wichtige Rolle, logistisch unterstützt durch die Errichtung einer Eisenbahnlinie von Faro nach Lissabon.

Die zunehmende Verarmung im Vergleich zu den führenden Nationen Europas und die Unfähigkeit des Königshauses zu ökonomischen Reformen führt 1910 schließlich zu einer von weiten Teilen der Bevölkerung und des Militärs getragenen Erhebung, während derer Manuel II., der letzte König des Hauses Bragança, nach England flieht. In Saus und Braus lebend, doch politisch völlig machtlos, muss er am **5. Oktober 1910** aus der Ferne die **Ausrufung der Republik** auf dem Rathausbalkon in Lissabon miterleben. Diese kann sich allerdings bei 44 Regierungswechseln in den folgenden 16 Jahren nicht stabilisieren.

Am 28. Mai 1926 schließlich **putscht das Militär** unter Gomes da Costa, unter dessen Nachfolger General Carmona der spätere **Diktator António de Oliveira Salazar** zum Finanz- und 1932 dann zum Premierminister ernannt wird. Mithilfe der von Salazar selbst aufgebauten Einheitspartei „União Nacional" ruft er die **„Estado Novo", die neue Verfassung,** aus und errichtet eine quasi-faschistische Diktatur.

Im Zweiten Weltkrieg strikt neutral, wird Portugal 1949 zum Gründungsmitglied der NATO und orientiert sich damit an Westeuropa. In den 1960er-Jahren sieht sich Portugal den **Befreiungskriegen der ehemaligen Kolonien** ausgesetzt, in denen nacheinander Angola (1961), Guinea-Bissau (1963) und schließlich Mosambik (1964) ihre Unabhängigkeit erklären.

Das **Stadtgebiet Lissabons wird unter Salazar drastisch modernisiert,** der Flughafen ausgebaut, 1959 die erste Metrolinie eröffnet und 1966 die Ponte 25 de Abril (damals noch „Salazar-Brücke") errichtet. Dabei gingen Salazars Modernisierungsbestrebungen zugunsten der Hauptstadt stets zu Lasten der anderen Regionen des Landes.

Insbesondere an der Algarve (Südportugal) nimmt ein zunächst **vorsichtiger, gelenkter Tourismus** seinen Anfang, gefördert durch den Bau des Flughafens von Faro (1965). Gesamtwirtschaftlich gelingt Salazar jedoch kein Durchbruch. 1968 erleidet er einen Gehirnschlag und wird von M. Caetano abgelöst.

026lb Abb.: wl

Büste von Ex-Präsident Francisco da Costa Gomes (reg. 1974–1976) im Nationalpalast von Queluz

Nelkenrevolution und Demokratie

Im Zuge der linksliberalen Bewegungen in Westeuropa mehren sich auch in Portugal die Stimmen gegen die Diktatur. Am **25. April 1974 putschen linksorientierte Offiziere** durch Besetzung von Regierungsgebäuden und Sendeanstalten gegen das Regime und erklären es unter dem Jubel der Bevölkerung für abgesetzt. Der Begriff „Nelkenrevolution", der sich für dieses Geschehen eingebürgert hat, geht auf die Friedhofsblume zurück, die Befürworter des Putsches symbolisch im Knopfloch trugen.

Eine **sozialistische Verfassung bei pro-westlicher Grundhaltung** wird erarbeitet, Agrarreformen und Entlassung aller Kolonien in die Unabhängigkeit (mit Ausnahme Macaus) folgen in den 1970er-Jahren. Zu einem großen innenpolitischen Problem werden die etwa **750.000 Heimkehrer aus den einstigen Überseegebieten**, die nicht alle rechtzeitig ihren Besitz liquidieren konnten und nun als mittellose Flüchtlinge in ihre Heimat Portugal zurückkommen. Wirtschaftspolitische Verbesserungen werden durch die Verstaatlichung von Industriebetrieben, Banken sowie Versicherungen angestrebt.

Portugal im Kreis der EU

Nachdem die portugiesischen Sozialisten als Gewinner aus den Parlamentswahlen 1976 hervorgegangen sind, werden allmählich normale Zustände erreicht, die Landbesetzungen von 1974 revidiert und konservative Reformen umgesetzt. 1986

Wie Schwäbisch-Hall beinahe zu Klein-Portugal wurde

2012 kam es zu einer geradezu grotesken und kolumnenreifen Posse im Zusammenhang mit einer Anzeige der Bundesagentur für Arbeit in Schwäbisch-Hall.

Nach dem Besuch zahlreicher europäischer Journalisten in der Stadt, auf deren Steine man bekanntlich bauen kann, schrieb die portugiesische Journalistin Madalena Queirós im „Diário Económico" einen Artikel, worin eine Stadt beschrieben wurde, in der Milch und Honig zu fließen scheinen. An die 3000 € betrage dort der Durchschnittsverdienst, der Schulbesuch für die Kinder sei kostenlos, auch Studiengebühren gebe es nicht mehr! Schwäbisch-Hall sei außerdem sehr gesund, staufrei und rühme sich zudem einer bemerkenswert niedrigen Arbeitslosenquote, so niedrig, dass die örtliche Bundesagentur „händeringend nach Arbeitskräften suche". Und damit ihre portugiesischen Landsleute ihre Bewerbungen gleich an die richtige Stelle senden konnten, lieferte Queirós die Internetadresse mit Bitte um englischsprachige Bewerbungen in ihrem Artikel praktischerweise gleich mit!

Die örtlichen Sachbearbeiter rieben daher verwundert die Augen, als nach Erscheinen des Artikels buchstäblich über Nacht rund 2500 Bewerbungen aus Portugal in Schwäbisch-Hall eingingen. Damit nicht genug: nachdem sie einige Tage darauf von dem Ansturm erfahren hatte, schrieb Queirós erneut einen Artikel, dass der Zuspruch so hoch sei und die Bundes-

wird Portugal **Vollmitglied der EU** (damals EG), angelockt sicherlich auch von in Aussicht gestellten Finanzhilfen. Zwar streicht man 1989 den Verfassungsauftrag der klassenlosen Gesellschaft, doch bleiben die Sozialisten auch in den 1990er-Jahren die führende Kraft im Lande.

Ende des 20. Jh. beginnt eine **neuerliche Modernisierungswelle in Lissabon.** Der Bau der riesigen Ponte Vasco da Gama und des Expo-Geländes Parque das Nações (Expo 1998) sind die prominentesten Projekte.

2002 löst dann der **Euro** den Escudo ab. Als sei dies ein Zeichen für einen politischen Kurswechsel, sehen sich die Liberalkonservativen (PSD) im Zuge der Parlamentswahlen gezwungen, unter ihrem neuen **Premier José Manuel Durão Barroso** eine Koalition mit der christdemokratischen Volkspartei (CDS/PP) einzugehen. Trotz vielversprechender Projekte wie der Fußball-EM 2004 wird diese Regierung bei der vorgezogenen Parlamentswahl im Februar 2005 wegen wirtschaftlicher Misserfolge wieder abgewählt und mit **José Sócrates** erneut ein Sozialist mit der Regierungsbildung beauftragt.

Nachdem mit dem rechtsliberalen Präsidenten **Anibal Cavaco Silva** (Amtszeit 2006–2011) zunächst ein neues Staatsoberhaupt inauguriert wurde, wird Sócrates 2007 turnusmäßiger **Ratspräsident der Europäischen Union** und profiliert sich mit dem für die künftige europäische Verfassung richtungsweisenden Vertrag von Lissabon am 13. Dezember 2007. 2010 wird klar, dass auch Portugal (neben Irland, Griechenland, Spanien und Italien) zu den EU-Mitgliedsländern gehört, die von Zahlungsunfähigkeit bedroht sind.

Bei vorgezogenen Parlamentswahlen erhält **Pedro Passos Coelho** 2011 mit der Partei PSD knapp 40 % der Stimmen. Coelhos Amtszeit trifft mit dem Höhepunkt der Eurokrise 2012/2013 zusammen. 2015 ist eine erste Entspannung der Krise spürbar. Im selben Jahr und 2019 gewinnt der Sozialist **António Costa**, zuvor Bürgermeister Lissabons, die Parlamentswahlen und ist seither Premierminister.

2016 tritt der hoch geachtete Jurist **Marcelo Rebelo de Sousa** (PSD) die Nachfolge Anibal Cavaco Silvas als Staatspräsident an und wird 2021 im Amt bestätigt. In seine Amtszeit fallen die schwierigen Zeiten der Coronapandemie und des russischen Einmarschs in der Ukraine nebst Energieverteuerung. Dessen ungeachtet will das Duo Costa/Sousa 2026 mit dem Bau des neuen Flughafens Alcochete beginnen.

agentur alles in ihren Kräften stehende tun würde, um die Menschen tatsächlich unterzubringen. Dies vervielfachte den Ansturm nochmals auf eine fünfstellige Bewerbungszahl, wobei es etliche nicht bei einer Initiativbewerbung beließen, sondern gar direkt aus Portugal nach Schwäbisch-Hall anreisten, teilweise sogar unter Aufkündigung ihres Jobs in der Heimat.

Erneut staunten die Haller nicht schlecht, bemühten sich nach Kräften um eine adäquate Aufarbeitung und schafften es tatsächlich, einige Bewerber zu vermitteln, viele mussten allerdings vertröstet werden. Die Bundesagentur vor Ort zog aus der Angelegenheit mithin die Lehre, künftige internationale Gesuche um Arbeitskräfte deutlich mehr zu steuern …

Leben in der Stadt

Regierung und Parteienlandschaft

Mit dem Ende der Diktatur wurde Portugal zur **parlamentarischen Demokratie** mit einem im Fünfjahresturnus direkt vom Volk gewählten Präsidenten an der Spitze (seit 2016 ist dies Marcelo Rebelo de Sousa) und einer von einem Premier geführten Regierung. Als Ergebnis der Wahlen (alle 4 Jahre, Verhältniswahlrecht) zum 230 Sitze umfassenden Parlament wird das Land seit 2015 von einer **sozialdemokratischen Regierung** unter der Führung von Premierminister António Luís Santos da Costa (PSD, Partido Social Democrata) regiert.

Weitere **politische Gruppierungen** in der aktuellen portugiesischen Parteienlandschaft sind die Sozialdemokraten (PS) unter der Führung von Carlos César, die Christdemokraten (CDS/PP), die etwas dubiose monarchistische PPM (Partido Popular Monarqico), „Os Verdes" (die Grünen) und die kommunistische Partido Comunista Português (PCP).

Die Regierung hat es sich zum Ziel gesetzt, die Wirtschaft neu zu beleben und politische Binnenstabilität innerhalb der EU zu schaffen. Zudem sind beispielsweise **Umweltschutz oder Vollbeschäftigung postulierte Verfassungsziele** seit 1976. In der Aktualisierung des Reformprogramms strebt die aktuelle Regierung innenpolitisch außerdem Veränderungen in der öffentlichen Verwaltung, des Gesundheitswesens und in der Arbeitsgesetzgebung an – dies stets unter dem Damoklesschwert von einem gegen Null gehenden Finanzspielraum.

027lb Abb.: wl

So vielversprechend sich all dies anhört, die Zielsetzung der „politischen Stabilität“ war schon seit der Zeit des Monokraten Salazars praktisch eine ständige politische Formel aller demokratischen Regierungen in Portugal. Und das Thema „wirtschaftliche Verbesserung“ spielt ohnehin stets eine Schlüsselrolle im Wahlkampf, erst recht seit der Misere, dass das Land innerhalb der EU mittlerweile auf einen hinteren Platz fiel. Das aber führte letztlich auch zu der Inanspruchnahme von 78 Milliarden Euro im Rahmen des sogenannten „Rettungsschirms“.

Ungeachtet dessen kann man zwischenzeitlich wieder **beachtliche wirtschaftliche Erfolge** vorweisen, bis Ende 2022 insbesondere eine Verringerung des Haushaltsdefizits auf unter 3 %, ein Wirtschaftswachstum von über 6 % sowie eine Verringerung der Arbeitslosenquote auf 6,1 %.

Wirtschaft und Handel

Gemessen am Indikator der Wirtschaftsleistung, dem Bruttoinlandsprodukt (BIP), steht Portugal mit rund 20.500 € pro Kopf (Stand Ende 2022, dies entspricht etwa dem Wert von 2008 und ca. zwei Drittel des EU-Durchschnitts) immer noch in der unteren Hälfte der Europäischen Union. Dabei muss man aber innerhalb des Landes **zwischen strukturschwachen, ländlichen Gebieten und relativ wohlhabenden Regionen unterscheiden.**

Protest-Graffiti gegen Bodenspekulationen in Lissabon

Die beiden **großen Zentren** sind **Lissabon und Porto,** in deren unmittelbaren Einzugsbereichen rund ein Drittel der Gesamtbevölkerung lebt und einer durchaus lukrativen Tätigkeit in Industrie, Handel, Dienstleistung oder Verwaltung nachgeht. Vom **Sonderfall Algarve** abgesehen, wo die meisten der 350.000 portugiesischen Algarve-Bewohner über im Landesvergleich überdurchschnittliche Löhne und Einkünfte aus dem Tourismussektor verfügen, lebt ansonsten der **überwiegende Teil der Bevölkerung in Dörfern und Kleinstädten in vergleichsweise bescheidenen Verhältnissen** von Landwirtschaft und Weinbau. 50 % der Fläche Portugals werden von der nur in geringem Umfang zum Inlandsprodukt beitragenden Landwirtschaft genutzt.

Sehr pikiert reagierte man in Lissabon auf das hier als relativ unverschämt erachtete wiederholt vorgetragene Begehren der griechischen Regierungsvertreter, für das nahezu bankrotte Griechenland einen Schuldenschnitt herauszuschlagen, da man in Portugal der Bevölkerung strenge Sparmaßnahmen zugemutet hatte. Die portugiesische Regierung will aber die nötigen Strukturanpassungen auch deshalb weiter vorantreiben, um die **internationale Wettbewerbsfähigkeit** des Landes wieder zu heben. Sie bemüht sich daher konstruktiv um einen stabilitäts- und wachstumsorientierten Wirtschaftskurs.

Dabei ist das **produzierende Gewerbe** (Düngemittel-, Papier- und Haushaltsgeräteindustrie) aufgrund der Rohstoffarmut (lediglich Wolfram, Eisen, Zinn, Kupfer, Mangan, Gold und Kohle werden abgebaut) vorwiegend auf Importe angewiesen, was erheblich zum Einfuhrüberschuss und einer negativen Han-

Tabak an den Kais von Lissabon

Was kaum jemand weiß: Es war der Hafen von Lissabon, in dem damals, vor fast 500 Jahren, die Entdecker und Abenteurer den skeptischen Händlern erstmals eine in Europa seinerzeit vollkommen unbekannte Heil- und Nutzpflanze aus den neu erworbenen überseeischen Besitzungen in Lateinamerika zeigten – das Tabakblatt! Denn laut einem Beitrag der portugiesischen Zeitschrift Público schrieb Jesuitenpater und Missionar Manuel da Nóbrega in einem Brief aus Brasilien 1550, dass die dortigen Mahlzeiten für Europäer schwer verdaulich seien, mithin aber ein Wundermittel existiere:

„Gott schenkte Abhilfe mit einem Kraut, dessen Rauch sehr bei der Verdauung und bei anderen körperlichen Beschwerden und beim Abführen des Magenschleims hilft. Bis jetzt gibt es noch keinen von unseren Brüdern, der es nutzt, wie es auch andere Christen nicht tun, um sich nicht mit den Ungläubigen zu vermischen, die es (das Rauchen) sehr schätzen.“

10 Jahre später schickte Jean Nicot, der französische Botschafter am Lissabonner Hof, seiner an Kopfschmerzen leidenden Königin Katharina de Medici eine Probe – sie schien zu genesen, der Wirkstoff wurde fortan nach Nicot benannt: Nikotin. Zunächst also als Medizin, dann als gerollte Zigarren für die Wohlhabenden (auch ohne körperliche Leiden), später schließlich als geschnittener Restetabak für Pfeife und noch später als Zigarette trat die neue Kulturpflanze von den Kais von Lissabon aus ihren Siegeszug durch Europa und die Welt an. Das staatliche Tabakmonopol lohnte sich für die königlichen Schatullen: Rund 20 % der Staatseinnahmen brachte die sich rasch verbreitende Lust der Bürger nach Tabak.

Erst im Zuge der Nichtraucher-Bewegungen des 20. Jh. wurde auch in Portugal über ein Rauchverbot in der Öffentlichkeit nachgedacht, seit 2008 gilt ein Nichtraucherschutzgesetz, wonach in öffentlichen Einrichtungen (also auch Casinos, Gaststätten, Bars usw.) nur noch in ausgewiesenen, abgetrennten Raucherbereichen dem blauen Dunst gefrönt werden darf. Ausgenommen sind lediglich Einrichtungen von einer Größe unter 100 m², deren Eigentümer/Pächter das Rauchen erlauben dürfen, wenn eine Dunstabzugsanlage eingebaut wurde. Wer als Gast dagegen verstößt, zahlt mindestens 75 € Geldstrafe, begehen die Betreiber der Lokalitäten einen Gesetzesverstoß, zahlen sie gar satte 10.000 €. Das gilt auch dann, wenn ein Wirt kein Schild an der Tür angebracht hat, welches das Etablissement als Nichtraucherzone kennzeichnet (rotes Schild mit durchgestrichener Zigarette und den Worten „Nao Fumadores/No Smokers“).

Übrigens war Portugal schon vor 2008 das Land mit der europaweit höchsten Nichtraucherquote: 58 % waren Nichtraucher, nur 27 % griffen regelmäßig zum Glimmstengel. Die Mehrheit der Portugiesen unterstützte folgerichtig das Rauchverbot: 81 % der Bevölkerung waren für das Gesetz (in Deutschland nur 66 %), und selbst für ein generelles Rauchverbot in Gaststätten und Kneipen stimmten in Portugal knapp 70 %, wohingegen sich in Deutschland keine Mehrheit fand (46 %)!

165lb Abb.: ©dmitrimaruta, stock.adobe.com

delsbilanz beiträgt. Aufgrund der **geringen Lohnkosten innerhalb der EU** wurde das Land für Investoren in den Bereichen Leder, Textil und Schuhe interessant. Fischkonserven, Wein, Kork, Kleinmaschinen und Holz bilden nach wie vor die wichtigsten Ausfuhrgüter. Deutschland ist nach Spanien der bedeutendste Handelspartner Portugals mit einem jeweiligen Anteil am Gesamtimport bzw. -export von ca. 14 %.

Bedingt durch die Probleme anderer klassischer Reiseregionen (Türkei, Nordafrika) profitierte Portugal, insbesondere Lissabon, gerade in den vergangenen Jahren von einer **Umorientierung der Tourismusströme** – auch zahlreicher deutschsprachiger Reisender – Richtung Portugal.

Durch die kulturelle, wirtschaftliche und auch arbeitsqualitative Vormachtstellung der beiden Zentren Porto und Lissabon sieht sich Portugal seit Jahren Problemen wie städtischer Zuwanderung, Elendsvierteln, schlechter Infrastruktur, Analphabetentum und **starken Gefällen zwischen Arm und Reich, aber auch zwischen Stadt und Land** ausgesetzt. Daher war die Bereitschaft zum EU-Beitritt sehr hoch. Ebenso betrachtet man in Lissabon die Folgen des Brexit mit mehr als gemischten Gefühlen, da zahlreiche Briten Wohneigentum in Portugal (meist Algarve) besitzen und der rechtliche Status dieser Besitzungen immer noch ungeklärt ist.

Der **Strukturausgleich** brachte die erwarteten Milliarden aus Brüssel, ohne jedoch die Unterentwicklung mancher Gebiete bislang wirksam beseitigen zu können. In Lissabon wird oft auf „geo-

Der Hafen zeugt noch heute von Lissabons einstiger Bedeutung als Zentrum der Seemacht Portugal

grafische Nachteile Portugals“ wie Hitze und Wassermangel verwiesen. Ob man dieser Argumentation angesichts ähnlich gelagerter Klimaverhältnisse etwa auf Zypern oder Malta bei deutlich besseren Ergebnissen Glauben schenken kann, darf bezweifelt werden.

Letztlich wurde Portugal **das riesige Kolonialreich zum Verhängnis**, da das Mutterland für die Überseeverwaltung eine große Anzahl fähiger Leute verlor. Zudem führte die im Mittelmeerraum nicht unübliche Laissez-faire-Mentalität zu einer Vernachlässigung des Aufbaus einer unabhängigen Versorgung innerhalb Portugals: Es war eben bequemer, Rohstoffe und Nahrungsmittel der Kolonien auszubeuten. Peinlichstes Beispiel war schon in den 1980er-Jahren Macau, wo das Bruttoinlandsprodukt stets deutlich über dem des Mutterlandes lag.

Bildung und Soziales

Seit der Nelkenrevolution von 1974 wird **erhöhter Wert auf die Ausbildung** zum mündigen Bürger gelegt. Immerhin waren selbst gegen Ende der Salazar-Diktatur noch immer knapp ein Drittel der über 16-Jährigen des Lesens und Schreibens unkundig. Noch heute wird in portugiesischen Amtsstuben in manchen Fällen die Beurkundung durch Fingerabdruck anstatt einer Unterschrift akzeptiert!

Die Schulpflicht beträgt neun Jahre, ab dem 10. Schuljahr beginnt die Spezialisierung des Schülers in berufsvorbereitenden oder studienrelevanten (allgemeinbildenden) Schwerpunktklassen, nach der 12. Klasse endet die Schullaufbahn. Weiterführende Hochschulen und Fachakademien gibt es u.a. in Lissabon, Porto und sogar Faro. Dennoch verzeichnet Portugal noch heute eine **vergleichswei-**

028lb Abb.: wl

se hohe **Analphabetenrate** von über 3%. Die **Gleichberechtigung der Geschlechter** bleibt weiterhin eine Baustelle. Politik ist auch heute noch überwiegend Männersache, wobei auch das Militär stärker repräsentiert ist als man es etwa aus Deutschland gewohnt ist. Frauen lösen sich erst ganz allmählich aus der traditionellen Rolle als Hausfrau und Mutter. Immerhin sind die Löhne und Gehälter zwischen den Geschlechtern mittlerweile annähernd gleichgestellt worden und eine moderne Sozialgesetzgebung ermöglicht mittels Erziehungsurlaub die Berufstätigkeit auch für Mütter.

Staatliche Krankenhäuser und Gesundheitszentren gewährleisten eine grundlegende **medizinische Grundversorgung** aller Bevölkerungsschichten. Qualität und Leistung hängen jedoch häufig vom Arbeitseifer der bis zum Einschlagen des letzten Sargnagels bereits versorgten Beamten ab.

Die Stellung Lissabons

Lissabon als Hauptstadt werden, wie das in vielen Hauptstädten der Welt der Fall ist, besonders viele Kapitalressourcen zugewiesen, was zu einer **zunehmenden Stadtflucht in die Lissabonner Randbezirke** führte, wo heute (mit Innenstadt) rund 3 Millionen Menschen oder knapp ein Viertel der Gesamtbevölkerung Portugals ihrem Broterwerb nachgehen.

Längst nicht alle, die in Lissabon arbeiten, wohnen auch in der Stadt (und umgekehrt). Das **tägliche Pendeln** aus dem immer näher an die Stadtgrenzen heranrückenden Umland forcierte den Straßenbau und die nachhaltige Verbesserung der öffentlichen Verkehrsmittel. Viele der wohlhabenderen *Lisboetas* – so die Bezeichnung für die Bewohner der portugiesischen Hauptstadt – haben nicht nur eine Stadtwohnung, sondern auch ein Eigenheim in einem der per S-Bahn zügig erreichbaren Vororte.

Die **Lebensqualität** gilt in Lissabon als **überdurchschnittlich hoch**, neben einem vielfältigen kulturellen Freizeitangebot, nahe gelegenen Stränden und bewaldeten Mittelgebirgsregionen ist auch die Umweltbelastung für eine Metropole dieser Größe recht gering. Die unmittelbare Atlantiknähe und die damit einhergehenden Luftströme wie auch eine an sich schon relativ geringe industrielle Belastung sorgen für positive Rahmenbedingungen.

Aufgrund der wirtschaftlichen Attraktivität der Großstadt (Arbeitsplätze) streben viele Menschen in den Großraum Lissabon, ohne dann aber direkt vom allgemeinen Wohlstand, der hier über dem Landesdurchschnitt liegt, zu partizipieren. Dies wiederum bedingt auch die Entstehung einer gewissen sozialen Unterschicht, die sich mit all ihren Randerscheinungen in den **tristen Plattenbausiedlungen** der Vorstädte wiederfindet.

Derzeit spielen in der **aktuellen Stadtentwicklung** zwei Themen eine besondere Rolle, die auch in den Medien und in der Öffentlichkeit kontrovers diskutiert werden. Erstes Thema ist der die Anlieger naturgemäß störende **Stadtflughafen Lissabon.** 2007 wurde das Terminal 2 eingeweiht (Inlandsflüge) – und 2008 wurde bekanntgegeben, dass auf dem Campo de Tiro Alcochete, einem Militärgelände ca. 40 km entfernt, ein

◁ *„Lissabon ist wunderschön“ – meinen auch die Einheimischen*

vollständig neuer nationaler und internationaler Flughafen aufgebaut werden sollte. Die Regierung Coelho stoppte im Rahmen der Finanzkrise das Projekt auf unbestimmte Zeit, ebenso den Bau einer dritten Brücke über den Tejo. 2022 wurde dann offiziell verkündet, dass ab dem Jahr 2026 weitergebaut wird und **der neue Flughafen Montijo** (rechte Tejo-Seite östlich des Zentrums) voraussichtlich 2035 in Betrieb genommen werden kann.

Das zweite Dauerthema in Lissabon ist die **Grundstücks- und Bodenspekulation**, die für den „kleinen Mann" zu nahezu schwindelerregenden Mietpreisen geführt hat. Hier haben sich mittlerweile Bürgerinitiativen und auch außerparlamentarischer Widerstand entwickelt, der bei genauer Beobachtung auch im Alltag sichtbar wird – man achte einmal auf angeklebte Flugblätter oder Graffitis zu diesem Thema.

Lissabon ist der **wirtschaftliche Motor des Landes**, hier wird knapp die Hälfte des portugiesischen BIP erzeugt, vorwiegend im Dienstleistungssektor. Während aber für die Hotel- und Gastronomiebetriebe die Touristen und Ausflügler (auch Binnentouristen) lebensnotwendig sind, scheint die Mehrheit des sonstigen Lissabon gut auf Touristen verzichten zu können. Nicht dass irgendwo Vorbehalte den Touristen gegenüber bestehen würden, sie fallen nur eben nicht sonderlich als solche auf. Tatsächlich ist es aber so, dass dem Staatshaushalt ein erhebliches Loch in den Etat gerissen würde, wenn nicht so viele Menschen die Hauptstadt Portugals besuchen würden.

⊡ *Beim Plausch*

Die Lissabonner und ihr Alltag

Den Portugiesen im Allgemeinen und den Bewohner Lissabons im Besonderen zu charakterisieren ist aufgrund der mannigfaltigen kolonialen Einflüsse und Vermischungen nur eingeschränkt möglich, schließlich handelt es sich um eine Weltstadt, die seit Jahrhunderten den Umgang mit anderen Kulturen pflegt.

Und dennoch: Man würde der portugiesischen Seele nicht gerecht, würde man nicht an dieser Stelle das Thema **„Saudade"**, diese spezifisch portugiesische Variante des Weltschmerzes, ansprechen, die sich nirgends so deutlich wie im nationalen Fado-Gesang (s. S. 131) widerspiegelt. Dieser Gesang ist tatsächlich einzigartig, er betrifft den Wehmut oder Weltschmerz der Portugiesen über den Verlust des einstigen Großreiches. Man hat scheinbar Ersatz gefunden: Statt über das Großreich spricht man heute – auch am Stehausschank – über Dichter und Opern, über Weltpolitik und Philosophie.

Während man überwiegend metaphysische Diskurse als Tourist nur beim Fado bzw. beim intensiven Eintauchen in die lokale Kneipenszene miterleben kann, gibt es mithin **einige interessante Angewohnheiten** – man mag auch „Macken" dazu sagen –, die im Alltag auffallen. Obwohl die Lissabonner beispielsweise alles andere als Ordnungsfanatiker sind, stellt man sich hier an der Haltestelle an, die Reihenfolge des Einsteigens entspricht jener des Eintreffens des Fahrgastes an der Haltestelle, gedrängelt wird praktisch nie! Will ein Lissabonner etwas erreichen, dann spielt er nicht die Axt im Walde, und sei etwa eine Beschwerde auch noch so gerechtfertigt. Immer scheu und schüchtern, ein häufiges *com licença* (etwa: Wenn sie gestatten ...) hilft hier 100-mal mehr.

Auch der Biorhythmus des *homo lissabonicus* dürfte dem Mitteleuropäer gewöhnungsbedürftig erscheinen. So wird es dem normalen Lissabonbesucher nicht leicht fallen, eine Disco zu finden, in der vor 1 oder 2 Uhr nachts etwas los ist. Auch das abendliche Mahl startet hier gerne erst um 20 Uhr oder gar später.

Der **familiäre Zusammenhalt** ist nach wie vor sehr groß. Die Familie bildet den Kern der sozialen Gemeinschaft. Während bei uns Familiennamen wie Müller, Meier oder Schulze nichts mehr über die Beziehung ihrer Träger untereinander aussagen, steht in Portugal hinter Namen wie Oliveira, Pinto oder da Silva immer eine Großfamilie, die nicht nur auf gemeinsame Vorfahren zurückblickt, sondern innerhalb derer auch heute noch tatsächlich engere Bande bestehen.

Die **jüngere Generation** versucht sich jedoch, sofern durch einen städtischen Arbeitsplatz die Möglichkeit dazu besteht, zunehmend abzunabeln und einen eigenen Weg zu gehen. Ein derartiger Generationenkonflikt ist zwar nichts Neues, führt aber zu einem Auseinanderklaffen der sozialen Schere zwischen den Jungen in der Stadt und den Alten auf dem Land.

Ansonsten trifft man sich zu einem Plausch vor der Tür, spaziert durch die Parks, beobachtet die örtlichen Fußballmannschaften beim Training oder spielt eine Partie Boccia (s. S. 189). Am Sonntag treffen sich die Männer nach dem Kirchgang zum Frühschoppen in einer der vielen Bars und diskutieren die jüngsten Fußballergebnisse ihrer Lieblinge aus Porto oder Lissabon.

Den Portugiesen ist es wichtig, dass es beim Schlangestehen gerecht zugeht. An vielen Orten wie z. B. in Apotheken, bei der Post oder an der Fleischtheke im Supermarkt muss man eine Nummer ziehen und warten, bis diese aufgerufen wird.

An den Klingelschildern und Briefkästen der Häuser und Wohnungen findet man übrigens keine Namen, nur Hausnummern oder einen blumigen Namen des Domizils.

203lb Abb.: wl

Lissabon und der Klimawandel

Während die Gefahren des Klimawandels auch im nördlicheren Europa praktisch tagtäglich den politischen Diskurs beherrschen, kämpfen Portugal und die gesamte iberische Halbinsel bereits mit den handfesten Folgen der Erderwärmung: Teile Portugals sind **so trocken wie seit mehr als tausend Jahren nicht mehr.**

Grund dafür ist eine durch den Klimawandel ausgelöste **Veränderung des Azoren-Hochdruckgebiets**, wie es in einer 2022 in der Fachzeitschrift „Nature Geoscience" veröffentlichten Studie heißt, die vor **schwerwiegenden Folgen für die Landwirtschaft und die Küstenregionen** im Land warnt. Demnach dehnt sich das Azorenhoch, bedingt durch eine Zunahme der Treibhausgase seit über 200 Jahren, über eine immer größere Fläche aus, in unserem Jahrhundert noch einmal verstärkt durch die globale Erwärmung. Die Regenmengen hingegen gehen zurück – die Winter im westlichen Mittelmeerraum sind spürbar trockener geworden. Bis Ende des 21. Jahrhunderts werden die Niederschläge in der Region voraussichtlich um weitere 10 bis 20 Prozent sinken. Das resultiert nicht nur in katastrophalen Waldbränden, deren Saison immer früher im Jahr beginnt. Schätzungen zufolge dürften die **Weinbaugebiete Portugals** bis 2050 um 25 bis 30 % schrumpfen.

Die Regierung in Lissabon hat das Dilemma allerdings erkannt und gegengesteuert: Bereits heute deckt Lissabon seinen Energiebedarf zu rund zwei Dritteln aus **erneuerbaren Energien**, wobei Wind- und Wasserkraft eine Schlüsselrolle spielen. Bis 2030 will man 80 % erreichen. Portugal konnte 2021 vorzeitig (!) sein letztes Kohlekraftwerk abschalten.

Auch der **Sonnenenergie** kommt künftig eine Schlüsselrolle zu – eine Technologie, die bislang wegen eines Mangels an Investoren und fehlendem Know-How eher vernachlässigt wurde. So investierte die Allianz-Gruppe in den Solara-Photovoltaikpark in Südportugal, mit 219 Megawatt Leistung die derzeit größte Anlage ihrer Art in Europa.

Auch scheinbar futuristische Projekte sind bereits realisiert worden, so etwa der **erste schwimmende Windpark Kontinentaleuropas:** Auf einem Trockendock wurden die 30 Meter hohen Windkraftanlagen mit insgesamt 25 Gigawatt Leistung auf Stahlplattformen montiert, auf hohe See geschleppt und in rund 100 Meter tiefen Gewässern fest verankert – damit können über 60.000 Haushalte versorgt werden.

Noch im Jahr 2023 soll die erste **Grüner-Wasserstoff-Anlage** in Betrieb gehen: Über ein Solarkraftwerk wird die Energie gewonnen, die benötigt wird, um Atlantikwasser per Elektrolyse in Wasserstoff und Sauerstoff umzuwandeln.

Man ist sich in Lissabon der Herausforderungen, die durch den Klimawandel entstehen, mehr als bewusst und geht diese tatkräftig an.

PRAKTISCHE REISETIPPS

168lb Abb.: nw

An- und Rückreise

Mit dem Flugzeug

Allgemeines

Die Anreise mit dem Flugzeug ist mit Sicherheit die beliebteste Variante bei Lissabonbesuchern, gelangt man doch auf diese Weise recht bequem in nur etwa drei Stunden von Deutschland, Österreich oder der Schweiz aus hierhin.

Nonstop-Verbindungen aus dem deutschsprachigen Raum bestehen ab Berlin, Düsseldorf, Stuttgart, Frankfurt, Hamburg, Hannover, Köln, München, Wien und Zürich.

Daneben gibt es eine ganze Reihe von **Umsteigeverbindungen** nach Lissabon, die zwar billiger sein können als die Nonstop-Flüge, bei denen man aber auch eine längere Flugdauer einkalkulieren muss. Diese sind dann auch von anderen Flughäfen im deutschsprachigen Raum (etwa Innsbruck, Leipzig oder Dresden) möglich, aber auch z. B. mit Air France über Paris, mit Alitalia über Rom, mit Brussels Airlines über Brüssel, mit Iberia über Madrid und mit KLM über Amsterdam.

Flugpreise

Ein Economy-Ticket von Deutschland, Österreich und der Schweiz hin und zurück nach Lissabon bekommt man je nach Jahreszeit und Aufenthaltsdauer derzeit ab rund 300 € (einschl. aller Steuern, Gebühren und Entgelte). Am teuersten ist es in der Hauptsaison im Sommerhalbjahr, in der die Preise für Flüge in den Ferienmonaten Juli und August besonders hoch sind und über 500 € betragen können.

Kinder unter zwei Jahren fliegen ohne Sitzplatzanspruch für 10 % des Erwachsenenpreises, ansonsten werden für ältere Kinder die regulären Preise je nach Airline manchmal um 25–50 % ermäßigt. Ab dem 12. Lebensjahr gilt der Erwachsenentarif.

Buchung

Natürlich kann man Anfragen und Buchungen über ein örtliches Reisebüro vornehmen, was aber insbesondere bei **Nur-Flug-Buchungen** nur in den seltensten Fällen zu einer Ersparnis führt. Heutzutage findet man die günstigsten Flugpreise im Internet, wobei je nach Reisezeit für ein- und denselben Flug Preisunterschiede durchaus möglich sind. Grundsätzlich sind die folgenden **Buchungstipps** für jedermann und zu jedem Zeitpunkt interessant, da ein wenig Eigeninitiative bares Geld wert sein kann:

- Wer im Einzugsgebiet **mehrerer internationaler Flughäfen** wohnt, kann bares Geld sparen, wenn man auch hier ein wenig vergleicht. Ein Beispiel: Ein Linienflug (Rückflugticket) von Düsseldorf nach Lissabon mit TAP Portugal (www.flytap.com) kostet durchschnittlich knapp 20 % weniger als vom vergleichsweise teuren Flughafen Frankfurt/M.

Vorseite: Touristenbus vor dem Arco Triunfal (s. S. 22)

Der Lissabonner Flughafen liegt relativ zentrumsnah

059lb Abb.: wl

- Einige Internetanbieter vermitteln auch gleichzeitig **Unterkunft und/oder Mietwagen**, was bei Bedarf zu sehr attraktiven Paketpreisen führen kann.

Billigfluglinien

Preiswerter geht es mit etwas Glück nur, wenn man bei einer Billigairline sehr früh online bucht. Es werden keine Tickets ausgestellt, sondern man bekommt nur eine Buchungsnummer per E-Mail. Zur Bezahlung wird in der Regel eine Kreditkarte verlangt.

Im Flugzeug gibt es oft keine festen Sitzplätze, sondern man wird meist schubweise zum Boarden aufgerufen, um Gedränge weitgehend zu vermeiden. Verpflegung wird extra berechnet, bei einigen Fluggesellschaften auch aufgegebenes Gepäck. Nach Lissabon fliegen:

- RyanAir (www.ryanair.com)
- Transavia (www.transavia.com)
- Eurowings (www.eurowings.com)
- EasyJet (www.easyjet.com)

Ankunft am Lissabon Airport

Der Lissabonner Flughafen gliedert sich in zwei baulich getrennte, aber unmittelbar miteinander verbundene Bereiche für Abflug und Ankunft. Dies ist auch für ankommende Reisende durchaus komfortabel, um die im **Abflugbereich** liegenden Serviceinstitutionen (u.a. Drogerie mit Internetecke, Post, Telefonkarten-Automaten, Bankautomaten usw.) zu nutzen.

Nach der Gepäckaufnahme und Erledigung eventueller Zollformalitäten gelangt man unmittelbar in den kleinen **Ankunftsbereich** mit dem großen **Touristeninformationsschalter** im Zentrum. Diesen sollte man unbedingt aufsuchen, sei es für Prospekte und Stadtpläne, Taxibuchung, Erwerb der Lisboa

Card (s. S. 205) oder Unterkunftsbuchung. Unmittelbar daneben kann man sich an einer Multimediasäule mit mehrsprachiger Menüführung zu diversen touristischen Fragen informieren. Man kann zudem Adressen oder Punkte eingeben, man erhält dann einen möglichen Anfahrtsweg.

Um zu den **Mietwagenagenturen** (Europcar, Avis, Hertz, Autojardim, Budget und Sixt) zu gelangen, muss man zu einem etwa 150 m entfernten Parkhaus gehen, das unterirdisch mit der Ankunftshalle (gut beschildert, nach Ankunft rechts halten, „car hire") verbunden ist. Hierfür unbedingt einen Trolley mitnehmen, denn der Weg zieht sich in die Länge!

Der Flughafen ist in **Terminal 1 und 2** aufgeteilt, wobei nahezu alle EU-Reisenden an Terminal 1 ankommen, Terminal 2 ist Airlines aus Übersee und einigen Billigfliegern vorbehalten. Für den Fall eines notwendigen kurzen Transfers fahren kostenlose Shuttlebusse im 10-Minuten-Takt (grüne Pfeile auf dem Boden beachten).

› Internetauftritt des Flughafens: www.ana.pt

Transfer ins Zentrum

Eine der – zumindest für den Reisenden – angenehmen Seiten Lissabons ist die **zentrumsnahe Lage des Flughafens.** Binnen weniger Minuten ist man per **Aerobus (Linie 1)** oder für rund 20 € (je nach Ziel) per **Taxi** im Zentrum.

Günstiger geht es mit der **Metro** vom Stadtflughafen („Aeroporto") Richtung Innenstadt. Wenn man aus der Ankunftshalle rechts zur Station geht, kann man unten (um die Ecke links) am Schalter oder an einem der Automaten eine Via Viagem Card kaufen (wichtig: verschiedene Optionen beim Kauf, s. S. 205). Auch die Lisboa Card (s. S. 205), die bei der Touristeninformation in der Ankunftshalle erhältlich ist, kann sofort für die Metro genutzt werden.

Mit dem Auto

Eines vorab: Wer ausschließlich nach Portugal bzw. Lissabon fahren möchte, sollte besser fliegen! Die Anreise per Pkw übersteigt für ein oder zwei Personen, zumindest bei günstigen Nebensaisonflugpreisen, die Kosten für Flugticket(s) plus Leihwagen vor Ort deutlich. Ab drei

Kurzsprachhilfe für Tankstellen

Deutsch	Französisch	Spanisch	Portugiesisch
Benzin	Essence	Gasolina	Gasolina
Super	Super	Súper	Súper
Diesel	Gasoil	Diesel	Gasóleo
Volltanken, bitte	Le plain, s'il-vous plaît	Lleno, por favor	Cheio, se faz favor
Tankstelle	Station-service	Estación de servicio	Posto de gasolina
(Getriebe-)Öl	L'huile	Aceite	Óleo
(Kühl-)Wasser	L'eau refroidissement	Agua del radiator	Agua de refrigeraçao
Autobahn	Autoroute	Autopista	Autoestrada

bis vier Personen – insbesondere bei Familien mit Kindern also – „rechnet" sich dann zwar die Anreise mit dem eigenen Fahrzeug, ein Erholungseffekt dürfte nach der rund 2600 km langen Rückfahrt von Lissabon nach Deutschland jedoch kaum mehr vorhanden sein. Neben Sprit (ca. 250–350 € einfach, je nach Verbrauch und Treibstoffart) und Autobahngebühren (derzeit insgesamt rund 140 € für eine Strecke) kommen jeweils noch zwei Übernachtungen hinzu, sodass schon allein **für An- und Rückreise knapp eine Woche** einkalkuliert werden muss.

Mit dem Bus

Von Pauschalreisen abgesehen (Information und Buchung in vielen Reisebüros) gibt es bedingt durch die langjährige Gastarbeitertradition auf die Iberische Halbinsel gute **Linienbusverbindungen** zwischen Deutschland und Portugal.

Vor allem für Preisbewusste, die sich nicht Ewigkeiten im Voraus festlegen wollen, ist der Bus eine gute Wahl. Während bei der Bahn oder den Billigfliegern alle bezahlbaren Kontingente nur bei langfristiger Vorbuchung zu haben sind, lässt sich so ein Busticket auch noch relativ kurzfristig erhaschen.

Informationen über Fahrpläne und Buchung erteilt die Deutsche Touring GmbH. Auf der Internetseite können Ausgangs- und Zielorte gewählt sowie Fahrtzeiten und Preise abgefragt werden.

› **Eurolines/Deutsche Touring GmbH,** Am Römerhof 17, 60486 Frankfurt/M., Tel. 069 790350, www.eurolines.de
› Alternativen bietet auch **Flixbus** (www.flixbus.de); meist handelt es sich um Umsteigeverbindungen (Metz/Frankreich), die allerdings gut aufeinander abgestimmt sind.

Von vielen deutschen Großstädten aus werden alle wichtigen Orte Portugals angefahren, die **Kosten** belaufen sich auf etwa 300 € (hin und zurück). Kinder unter 12 Jahren zahlen die Hälfte, unter 4 Jahren 20 % des Fahrpreises. Auf allen Routen erhalten Studenten mit Ausweis 10 % Rabatt, alle Tickets können mit festem oder offengelassenem Rückreisetermin gebucht werden. Die Fahrtzeit Köln–Lissabon beträgt rund 34 Stunden.

Die Mitnahme von **Reisegepäck** ist auf zwei Gepäckstücke in Koffermaßen und ein Handgepäck pro Person begrenzt, das Handgepäck ist frei. Wenn es die Gepäckraumkapazität zulässt, kann nach Ermessen der Fahrer ein drittes Gepäckstück gegen eine Gebühr von 5 € mitgenommen werden. Es ist daher reine Spekulation, ob ein Fahrrad mitgenommen werden kann oder nicht, und dann auch nur ordentlich in Karton verpackt.

Wichtig: Die Reservierung für die Rückfahrt (Rückbestätigung) muss für offengelassene Rückfahrttermine vier Tage vor Fahrtantritt am Zielort durchgeführt werden, wofür vor Ort eine Gebühr erhoben wird.

Mit dem Zug

Früher eine Odyssee von beträchtlicher Dauer, ist eine Bahnfahrt nach Lissabon heute keine Weltreise mehr – aber immer noch ein sicher außergewöhnliches Erlebnis. Eine solche Reise macht man weder, um Geld zu sparen, noch um schnell anzukommen. Es ist eine kleine Kreuzfahrt durch den alten Kontinent – und so durchaus nicht nur etwas **für reine Bahnliebhaber.**

Je nach Heimatort bestehen unterschiedliche Verbindungsoptionen, etwa

167lb Abb.: ©pounais24, stock.adobe.com

ab Hamburg Hbf via Paris und Madrid (mit mehrfachem Umsteigen, darunter auch Bahnhofswechsel) in rund 40 Stunden oder etwa – von Süddeutschland aus – die Südtrasse via Straßburg, Nimes und Madrid (ebenfalls mit mehreren Umstiegen und Bahnhofswechsel), wobei man allerdings auch nicht schneller ans Ziel kommt als aus dem Norden.

Der Zug hält zunächst am Bahnhof Oriente [e4], dem Bahnhof der Expo 1998, von wo aus gute Stadtverkehrsverbindungen in alle umliegenden Stadtteile bestehen. Am Bahnhof Santa Apolonia [Z20] am Rande der Altstadt und gleich am Ufer des Tejo endet die große Fahrt schließlich.

Wer nicht nur das eigentliche Ziel erreichen möchte, sondern sich mehr Zeit lässt, kann en passant ein paar **Städte unterwegs besuchen** und die Reise unterbrechen, ohne mehr zu bezahlen – ein Vorteil, den nur die Bahn möglich macht.

Die **Preise** für eine solche Fahrt schwanken sehr stark, je nachdem wie lange vorher gebucht wird und wann die Fahrt stattfinden soll. Überdies gibt es ständig wechselnde Sonderangebote, die es unmöglich machen, einen allgemeinen Überblick zu geben. Allerdings: Teuer muss es nicht sein. Mit etwas Glück ist die einfache Fahrt z. B. von Frankfurt nach Lissabon für rund 280 € zu bekommen.

Weitergehende Auskünfte zu individuellen Reiseplänen mit der Bahn erteilen die örtlichen Reisebüros sowie die Fahrplanauskünfte der nationalen Bahngesellschaften.

- Deutschland: http://reiseauskunft.bahn.de
- Österreich: http://fahrplan.oebb.at
- Schweiz: http://fahrplan.sbb.ch

Mit dem Schiff

Wer selbst zur See fuhr, weiß es aus eigener Erfahrung, und wer weitgereiste Seeleute kennt, zumindest aus Erzählungen: Die Einfahrt auf dem Seeweg nach Lissabon zählt zu den **schönsten städtischen Panoramen weltweit.** Wer die Seereise nach Lissabon wagen möchte, kann bei Hamburg-Süd-Frachtschiffreisen GmbH (www.hamburg-frachtschiffreisen.de), Internationale Frachtschiffreisen Pfeiffer GmbH (https://frachtschiffreisen-pfeiffer.de), Frachtschiffreisen Kapitän Hoffmann (http://www.frachtschiff-reisen.net), Frachtschiff-Touristik Kapitän Zylmann GmbH (www.zylmann.de), dem NSB Reisebüro (https://nsb-group.com) oder in der Schweiz bei Ship'n'Train (www.shipntrain.ch) entsprechende Auskünfte einholen. Im Rahmen einer Kreuzfahrt wird Lissabon ebenfalls des Öfteren angefahren.

Autofahren

Auf die Benutzung eines Pkws innerhalb Lissabons sollte man aufgrund des **hohen Verkehrsaufkommens** und der oftmals **engen Straßenführung** besser verzichten. **Parkplätze** sind schon für die selbst in den kleinsten Gassen kundigen Ortsansässigen ein Dauerproblem. (Parkhäuser gibt es zentral beispielsweise an der Av. Liberdade und am Pr. dos Restauradores 1.) Nimmt man es vielleicht mit den Parkvorschriften nicht so ganz

212lb Abb.: ©Yasonya, stock.adobe.com

genau? Mitnichten: Es wird rigoros abgeschleppt, und das wird nicht billig!

Egal ob man das eigene Fahrzeug (mit ausländischem Kennzeichen) oder einen Mietwagen benutzt, immer ist zu beachten, dass es nirgends in Portugal so viele **Autodiebe** zu geben scheint wie gerade in Lissabon – der Wagen könnte also auch gestohlen sein statt abgeschleppt. Mietwagenfahrer wenden sich am besten an den Vermieter, der dann zunächst davon ausgeht, dass der Ausländer abgeschleppt wurde, und entsprechend nachforscht. Erst dann wendet man sich an die städtische Polizei (s. S. 186) oder an die Abteilung Reboque Viaturas

Der nächtlich beleuchtetete Bahnhof Rossio (s. S. 16)

Die engen Gassen Lissabons sind nicht gut zum Autofahren geeignet

der Polícia de Segurança Pública (PSP, Tel. 213421634).

Wer nicht auf einen fahrbaren Untersatz verzichten möchte, kann vorab über das Internet oder auch direkt am Flughafen einen **Mietwagen** buchen, auch die meisten Hotels und größeren Pensionen bieten eine Kfz-Vermittlung an.

Die Mietwagenpreise sind relativ günstig (ab 25 €/Tag), wobei die meisten Vermieter ein Mindestalter von 21 Jahren und den Nachweis einer mind. einjährigen Fahrpraxis (Führerscheinbesitz) voraussetzen. Weitere Details unterscheiden sich je nach Anbieter. So sollte man genau darauf achten, ob eine **Versicherung** tatsächlich „Vollkasko" nach unserer Vorstellung beinhaltet, denn oft sind **hohe Selbstbehalte** (über 1000 € pro Schaden) die Regel und man erfährt dies erst bei der Fahrzeugübernahme. Zwar kann jegliche Eigenbeteiligung im Schadensfall zusätzlich durch Abschluss einer weiteren Versicherung vermieden werden, doch das kostet je nach Anbieter mindestens 12–15 €/Tag extra. Schon deshalb sollte man bei der Übernahme sehr genau darauf achten, welche Vorschäden das angemietete Fahrzeug aufweist und wirklich jeden Kratzer eintragen lassen (**Übernahmeprotokoll**). Auch die „Tankregeln" sind unterschiedlich: Oft wird vollgetankt übergeben (und gesondert berechnet), dann gibt man das Fahrzeug möglichst leer zurück, bisweilen erhält man das Fahrzeug auch mit mehr oder weniger leerem Tank. Grundsätzlich wird eine Kaution entweder in bar oder in Form einer Kreditkartensicherheit verlangt.

Auf die **Verkehrsvorschriften** sollte man penibel achten. Wenn nicht anders beschildert, gelten folgende **Geschwindigkeitsbegrenzungen**: innerorts 50 km/h, außerorts 90 km/h, auf Autobahnen 120 km/h. **Alkohol am Steuer** (0,5 ‰, Fahranfänger drei Jahre lang 0,2 ‰) wird ebenso wie Telefonieren ohne Freisprecheinrichtung mit hohen Strafen geahndet. Auf manchen besonders unfallträchtigen Straßen läuft die Aktion **„tolerância zero – segurança maxima"**. Das bedeutet, dass es bei polizeilichen Kontrollen an solchen Straßen kein Pardon gibt und auch jeder kleinste Verstoß geahndet wird. Sieht man ein entsprechendes Schild, sollte man sich peinlich genau an die Verkehrsregeln halten.

Einige **wichtige Verkehrsschilder** sind mit Unterschrift versehen:

- *Alto* = Halt
- *Atençao/Cuidado* = Achtung/Vorsicht
- *Curva perigosa* = gefährliche Kurve
- *De passagem* = Vorfahrt beachten
- *Estacionamento proibido* = Parkverbot
- *Ir pela direita/esquerda* = rechts/links fahren

Bei einem **Unfall** muss die Polizei wegen der Versicherungsbestimmungen/Polizeiprotokoll auf jeden Fall eingeschaltet werden. Daher: Beweise sichern, Unfallfahrzeuge und Schäden möglichst fotografieren, bevor ein Fahrzeug bewegt wird, Daten des Unfallgegners einschließlich dessen Versicherung aufschreiben und kein Schuldeingeständnis abgeben. Außerdem ist das Entfernen vom Unfallort in Portugal eine Straftat.

Beim **Automovil Club de Portugal (ACP)** kann 24-Stunden-Pannenhilfe unter Tel. 219429103 gerufen werden. Darüber hinaus ist Hilfe z. B. für ADACPlus-Mitglieder oder ÖAMTC-Mitglieder teilweise kostenlos. Man kann sich auch direkt an seinen Automobilclub wenden, hier die drei größten für Deutschland, Österreich und die Schweiz:

- **ADAC,** deutschsprachige Notrufstation in Barcelona Tel. +34 935082808 oder direkt in Deutschland Tel. +49 (0)89 222222, unter Tel. +49 (0)89 767676 gibt es Adressen von deutschsprachigen Ärzten in der Nähe des Urlaubsortes (Liste auch vorab anforderbar).
- **ÖAMTC,** Tel. +43 (0)1 2512000 oder Tel. +43 (0)1 2512020 für medizinische Notfälle
- **TCS,** Tel. +41 (0)22 4172220

Oft wird Lissabon, etwa bei einem längeren Urlaub an der Algarve, auch als Ausflugsziel zwischengeschaltet. In diesem Fall kommt man über die A-1 (Maut ca. 20 €, www.maut-in-portugal.info) und die (mit 2,80 €/Pkw mautpflichtige) Ponte Vasco da Gama/Norte und dann die Beschilderung „Centro“ in die Innenstadt.

Ausrüstung und Kleidung

Es versteht sich von selbst, in Museen, Kirchen, gehobenen Restaurants usw. angemessene Bekleidung zu tragen, während an den Stränden oder auf Wanderungen im Umland lockere Freizeitkleidung niemanden befremdet. Für offizielle Anlässe oder Geschäftsreisen sind Kostüm bzw. Anzug und Krawatte allerdings unverzichtbar. Ansonsten aber nimmt man es im heißen Lissabon eher locker, wobei man trotzdem selten einen Städter in kurzen Hosen antreffen wird.

Auch im Hochsommer weht abends ein **empfindlich kühler Wind,** sodass auch eine leichte Jacke/dickes Sweatshirt unverzichtbarer Reisebegleiter sein sollte.

Noch ein Hinweis zu der Schuhauswahl: Der innerstädtische Bereich wurde an vielen Stellen mit kunstvollen Pflastersteinen ausgekleidet, die bei Regen – insbesondere an den Hügeln der Innenstadt – sehr rutschig sein können.

Barrierefreies Reisen

Ein umfassendes Urteil über reisebezogene Einschränkungen ist schwer zu fällen, da es sehr individuell auf Art und Umfang der Einschränkungen und Besonderheiten ankommt. Generell kann man jedoch über Lissabon sagen, dass es **an vielem mangelt,** angefangen von zu kurzen Grünphasen an Ampeln über nicht abgeflachte Gehsteige, alte und oft sehr enge Lifte bis hin zu Schwierigkeiten, in die meisten der Metrostationen (viele ohne Lift!) auch nur hineinzukommen. Gleiches gilt für andere Verkehrsmittel mit großen Höhenunterschieden zwischen Gehsteig und Fahrzeug.

Auch sind die Hügel der Stadt an sich, erst recht in Kombination mit dem typischen unebenen **Kopfsteinpflaster,** der Bewegungsfreiheit nicht zuträglich. Ausnahmen bilden hochmoderne Einrichtungen wie das Expo-Gelände 43 oder Hotels der Spitzenklasse, die als voll behindertengerecht bezeichnet werden können.

Prinzipiell kann Lissabon – zumindest falls man ohne Begleitung unterwegs sein möchte – nicht uneingeschränkt für Menschen mit Mobilitätseinschränkungen empfohlen werden. Weitere Informationen:

- https://wheeliewanderlust.de/bom-dia-lissabon (persönliche Erfahrungen vor Ort)
- www.golisbon.com/practical-lisbon/disabled.html

Diplomatische Vertretungen

- •170 [V18] **Deutsche Botschaft,** Campo dos Mártires da Pátria 38, Tel. +351 218810210, in dringenden Notfällen Tel. 00351 965808092, https://lissabon.diplo.de/pt-de
- •171 [P21] **Österreichische Botschaft,** Avenida Infante Santo 43, 4. Stock, Tel. 00351 213943900, www.bmeia.gv.at/oeb-lissabon
- •172 [Q20] **Botschaft der Schweiz,** Travessa do Jardim 17, Tel. 00351 213944090, www.eda.admin.ch/lisbon

Ein- und Ausreisebestimmungen

Bürger der Europäischen Union und Schweizer dürfen sich unbegrenzt ohne Visum in Portugal aufhalten. Zur Einreise genügt ein gültiger **Personalausweis** bzw. Identitätskarte, der zwar gemäß dem Schengener Abkommen bei Reisen von EU-Bürgern innerhalb der EU nicht immer verlangt wird, dennoch ist ein Ausweisdokument mitzuführen, um gegebenenfalls bei Verkehrskontrollen, im Hotel, für Banktransaktionen, beim Mietwagenverleiher oder Ähnlichem eine amtliche Identifikation vorlegen zu können – am Flughafen wird er ohnehin benötigt.

In allen EU- und EFTA-Mitgliedstaaten gelten weiterhin nationale **Ein-, Aus- oder Durchfuhrbeschränkungen**, zum Beispiel für Tiere, Pflanzen, Waffen, starke Medikamente und Drogen (auch Cannabisbesitz und -handel). **Zollfrei einführen** darf man persönliches, gebrauchtes Reisegut, Reiseproviant und alkoholfreie Getränke. Waren, die zu gewerblichen Zwecken verwendet werden, müssen grundsätzlich beim Finanzamt zur Umsatzsteuer und, sofern sie der Verbrauchssteuer unterliegen, auch beim Hauptzollamt angemeldet werden. Die **Freimengen** innerhalb der EU-Länder betragen:

- **Alkohol** (für Personen über 17 Jahre): 90 l Wein (davon max. 60 l Schaumwein) oder 110 l Bier oder 10 l Spirituosen über 22 Vol.-% oder 20 l unter 22 Vol.-% oder eine anteilige Zusammenstellung dieser Waren
- **Tabakwaren** (für Personen über 17 Jahre): 800 Zigaretten oder 400 Zigarillos oder 200 Zigarren oder 1 kg Tabak oder eine anteilige Zusammenstellung dieser Waren
- **Anderes:** 10 kg Kaffee und 20 Liter Kraftstoff im Benzinkanister

Freimengen für EU-Reisende aus einem Drittland (z. B. der Schweiz):

- **Alkohol** (für Personen ab 17 Jahren): 1 l Spirituosen (über 22 Vol.-%) oder 2 l Spirituosen (unter 22 Vol.-%) oder eine anteilige Zusammenstellung dieser Waren, und 4 l nicht schäumende Weine und 16 l Bier
- **Tabakwaren** (für Personen ab 17 Jahren): 200 Zigaretten oder 100 Zigarillos oder 50 Zigarren oder 250 g Tabak oder eine anteilige Zusammenstellung dieser Tabakwaren
- **Andere Waren:** 10 l Kraftstoff im Benzinkanister, für See- und Flugreisende bis zu ei-

nem Warenwert von insgesamt 430 €, über Land Reisende 300 €, alle Reisende unter 15 Jahren 175 €

Freimengen bei der Rückkehr in die Schweiz:

- **Alkohol** (für Personen ab 17 Jahren): 2 l bis 15 Vol.-% und 1 l über 15 Vol.-%
- **Tabakwaren** (für Personen ab 17 Jahren): 200 Zigaretten oder 50 Zigarren oder 250 g Schnitttabak oder eine anteilige Zusammenstellung dieser Waren
- **Andere Waren:** neuangeschaffte Waren für den Privatgebrauch bis zu einem Gesamtwert von 300 CHF, bei Nahrungsmitteln gibt es innerhalb dieser Wertfreigrenze auch Mengenbeschränkungen

Nähere Informationen zu den genauen Bestimmungen:

- **Deutschland:** www.zoll.de, Zoll-Infocenter Tel. 069 46997600
- **Österreich:** www.bmf.gv.at, Zollamt Klagenfurt Villach Tel. 01 51433 564053
- **Schweiz:** www.ezv.admin.ch, Zollkreisdirektion Basel Tel. 061 2871111

Elektrizität

Die Stromspannung beträgt wie in Deutschland und anderen mitteleuropäischen Ländern auch 220 V bei 60 Hz, die Steckdosen sind landesweit ohne Adapter nutzbar (Eurodosen ohne Schutzleiter).

Geldfragen

Das **allgemeine Preisniveau** in Lissabon entspricht dem einer Großstadt im deutschen Sprachraum. Angenehm fällt dabei der öffentliche Nahverkehr ins Auge, dessen Preise nicht nur für Pendler günstig sind. Anreise und Unterkunft nicht eingerechnet, kann man bei durchschnittlichem Großstadtreiseverhalten (Imbiss am Mittag, ausgedehntes Abendessen, Nutzung öffentlicher Verkehrsmittel und einige Eintritte für Museen usw.) mit 60–80 € pro Tag zurechtkommen.

Portugal ist Mitglied der europäischen Währungsunion, Zahlungsmittel ist also der Euro, sodass für Deutsche und Österreicher kein Geldwechsel erforderlich ist.

205lb Abb.: wl

Mehrsprachige Bankautomaten versorgen Reisende mit dem nötigen Kleingeld

Lissabon preiswert

- *Wer besonders preisbewusst Portugals Hauptstadt erleben möchte, sollte die Möglichkeiten der* ***Lisboa Card*** *(s. S. 205) intensiv ausschöpfen. Mit ihr kann man innerhalb eines bestimmten Zeitraums Metro, Busse, Funiculars und S-Bahnen Richtung Sintra und Cascais (außer Fähren, sonstige S-Bahnen und Flughafenbus 1) nach Belieben nutzen. Zudem gewährt sie für einige Sehenswürdigkeiten Eintrittsermäßigungen oder sogar freien Eintritt.*
- *Sehr beliebt sind die* ***Lisbon Chill-Out Free Tours*** *(Tel. 916060768, www.lisbon-chillout-freetour.com), wo im Winter tgl. 10 und 15 Uhr, im Sommer tgl. 10 und 16.30 Uhr auf Englisch, Spanisch oder Portugiesisch Gratis-Stadtführungen ohne vorherige Anmeldung angeboten werden. Treffpunkt Pr. Luís de Camões, Details siehe Website.*
- *Am ersten So. im Monat ist ein Teil der* ***Museen*** *ganztägig gratis geöffnet, einige jeden So. bis 14 Uhr, was die Reisekasse spürbar entlastet.*
- *In Tageszeitungen und Touristenbroschüren werben Restaurants, Boutiquen und Verkaufsstätten aller Art mit* ***Rabattgutscheinen*** *um Kunden – auch hier bietet sich einiges Einsparpotenzial.*
- *In den Cafés werden unterschiedliche Preise berechnet:* ***Im Stehen an der Theke*** *ist der Café oft um* ***bis zu 30 Prozent günstiger als am Tisch.***
- *Viele Kneipen und Bars haben eine so genannte* ***Happy Hour*** *z. B. mit Getränken zum halben Preis oder mit der Aktion „2-4-1" (zwei Getränke bestellen, eines bezahlen).*
- *Für* ***Senioren*** *gelten häufig günstigere Tarife. Als Senioren gelten in Portugal nicht nur Pensionäre und Rentner, sondern alle Personen ab 65 Jahren.*

Schweizer Franken werden in Banken, Wechselstuben und oft auch in Hotels gewechselt. Die **Banken** der portugiesischen Hauptstadt sind in der Regel werktags 8.30–15.30 Uhr geöffnet.

In den meisten Hotels, Restaurants und Geschäften kann mit den gängigen **Kreditkarten** (Mastercard, Visa, American Express, Diners Club) bezahlt werden, teilweise auch mit einer **Debitkarte** (auch Girocard genannt).

Praktisch und sicher sind die **Geldautomaten** direkt an den Banken (immer auch auf Englisch, teilweise auch mit Deutsch in der Sprachauswahl), wo mit **Debitkarte und PIN-Code** meist bis zu 300 € pro Transaktion abgehoben werden können. Jede Bank legt selbst fest, wie viel **Gebühren** fremde Kunden an ihren Automaten zahlen, wobei sie zwischen 1,75 € und 7,50 € pro Abhebung (in Einzelfällen bis zu 10 €) betragen.

Für **Barabhebungen per Kreditkarte** kann das Kreditkartenkonto je nach ausstellender Bank mit einer Gebühr von bis zu 5,5 % belastet werden, für das bargeldlose Zahlen werden nur 1–2 % für den Auslandseinsatz berechnet. Also am besten viel bargeldlos bezahlen und Bargeld gleich in größeren Summen mit der Debitkarte abheben.

Informationsquellen

Infostellen in der Stadt

In Lissabon findet man die zentrale Touristeninformation direkt am Pr. dos Restauradores 1, wo man neben Stadtplänen Auskünfte zu touristischen Fragen aller Art erhält.

› Alle Standorte finden sich unter www.visitlisboa.com/pt-pt/c/postos-de-turismo

173 [X3] **Ask Me Lisboa – Aeroporto de Lisboa,** im Flughafen, Tel. 00351 218450660, tgl. 7–22 Uhr

174 [V19] **Ask Me Lisboa – Jardim do Regedor,** Rua do Jardim do Regedor 50, Tel. 213472134, tägl. 10–13, 14–18.30 Uhr

175 [U19] **Ask Me Lisboa – Palácio Foz,** Pr. dos Restauradores, Tel. 00351 213463314, **derzeit (Mitte 2023) wegen Renovierung geschlossen**

176 [V20] **Ask Me Lisboa – Rossio,** Pr. Dom Pedro IV, nur im Sommer tgl. 10–13, 14–18 Uhr. Kleiner Info-Kiosk.

177 [Z20] **Ask Me Lisboa – Santa Apolónia,** Tel. 00351 910517982, Di.–Sa. 10–13, 14–19 Uhr

178 [W22] **Ask Me Lisboa – Terreiro do Paço,** Praça do Comércio, Tel. 00351 210312810, tgl. 10–19 Uhr

› **Touristeninformations-Servicenummer (Linha de apoia ao turista,** gratis): Tel. 800 296296. Für dringende, unmittelbare telefonische Anfragen, Veranstaltungshinweise oder auch Hilfestellungen jeglicher Art.

Fundbüro

•179 [d3] **Fundbüro,** PSP Secção de Achados, Pr. Cidade Salazar, Lote 180, Olivais, Tel. 218535403, tgl. 9–12.30 und 14–16 Uhr, mit Filialschalter am Flughafen (Tel. 218431183)

EXTRATIPP

In Lissabon zu Hause

Wer sich z. B. aus beruflichen Gründen länger in Lissabon aufhält und landsmannschaftliche Kontakte sucht, kann sich dem **Clube Alemão em Lisboa** (Deutscher Verein in Lissabon) anschließen, der zahlreiche Veranstaltungen und Aktivitäten organisiert.

•180 [T22] **Clube Alemão em Lisboa,** Rua da Moeda 1, www.dvlpt.info

Die Stadt im Internet

› **www.visitlisboa.com:** offizielle Website der Stadt (auch auf Deutsch) mit zahlreichen Hinweisen zu Unterkünften, Gastronomie, Veranstaltungen usw.

› **www.lissabon.org:** sehr tiefgehend und weit verlinkt, derzeit eine der besten „Allround-Seiten" zur portugiesischen Hauptstadt

› **www.golisbon.com:** gemischte englischsprachige Seite mit direkter Buchungsmöglichkeit z. B. von Stadtrundfahrten, Ausflügen, Unterkünften (auch zahlreichen Billigunterkünften) und sogar Sprachkursen

› **www.visitportugal.com:** mehrsprachige Seite des portugiesischen Tourismusverbandes mit Infos zu allen Regionen des Landes. Neben Tipps zu Unterkünften, Gastronomie, Verkehrsmitteln und Reisebüros besteht sogar die Möglichkeit, sich eine persönliche Reisebroschüre erstellen zu lassen.

› **www.parquesdesintra.pt/en/parks-monuments:** Seite über die aktuellen Preise der Nationalmuseen und Paläste

› **www.portugalglobal.pt:** Seite mit Handels- und Wirtschaftsinformationen auch in deutscher Sprache (für Geschäftsleute)

› **www.theportugalnews.com:** reine Nachrichtenseite zu Politik, Sport und Kultur in Portugal

Meine Literaturtipps

Sachbuch

- *Bauer, Martin:* ***Die Tempelritter – Mythos und Wahrheit,*** *Heyne 2006*
- *Briesemeister, D. und Schönberger, A. (Hg.):* ***Portugal heute. Politik, Wirtschaft, Kultur,*** *Vervuert Verlagsges. 1997. Skizziert die wirtschaftspolitische Entwicklung seit der Salazar-Zeit bis in die jüngere Gegenwart.*
- *de Oliveira Marques, António Henrique R.:* ***Geschichte Portugals und des portugiesischen Weltreichs,*** *Kröner 2001. Umfassender Überblick über die Geschichte der einstigen Kolonialmacht von den Anfängen bis in die jüngere Gegenwart.*
- *Jacob, E. G.:* ***Grundzüge der Geschichte Portugals und seiner Übersee-Provinzen,*** *Wissenschaftliche Buchges. 1969. Historischer Abriss über die Kolonialgeschichte und Machtpolitik Portugals von den Anfängen bis in die Neuzeit.*
- *Sperling, Urte:* ***Die Nelkenrevolution in Portugal,*** *Papyrossa Verlagsgesellschaft, 2014. Kurzweiliger historischer Abriss der Ereignisse vor und während der antifaschistischen Demokratiebewegung in Portugal unter Berücksichtigung der wichtigsten Persönlichkeiten und der unmittelbaren Nachrevolutionszeit.*

Belletristik

- *Frank, Claus-Günter und Barcklow, Brigitte:* ***Lissabon. Entdeckungen in Portugals Metropole,*** *Klöpfer und Meyer 2005. Gedichte und Berichte, Fantasien und Reflexionen, Briefe und Tagebuchblätter teils bekannter, teils auch wenig bekannter Autoren werden mittels des Kunstgriffs acht literarischer Spaziergänge zu einem ganz besonderen (fiktiven) Stadtführer verwoben und verleihen Lissabon im Spiegel literarisch-poetischer Impressionen eine besondere Aura.*
- *Heise, Bodo:* ***Deutsche Fußabdrücke in Portugal,*** *Isensee-Verlag 2022. Überraschend wenige Besucher Portugals wissen, dass Deutschland eine ganze Reihe historischer „Fußabdrücke" in Portugal hinterlassen hat. Der Autor zeigt dem Leser überraschende Verbindungen deutsch-portugiesischer Geschichte und beschreibt in kurzer, sehr lebendiger Form den Einfluss deutscher Persönlichkeiten auf die Entdeckungsfahrten Portugals.*
- *Mercier, Pascal (Pseudonym):* ***Nachtzug nach Lissabon,*** *Btb 2008. Moderner, schöngeistiger Abenteuerroman über die Suche des deutschen Lateinlehrers Gregorius nach dem portugiesischen Dichter de Prado. Dabei steigt Gregorius allmählich in die Gedankenwelt des Arztes und Widerstandskämpfers gegen das Salazar-Regime ein. Lebenserfahrungen und unbequeme Fragen führen schließlich in die Grenzregionen der Persönlichkeitsspaltung. 2013 wurde das Buch des Schweizer Philosophieprofessors Peter Bieri verfilmt.*
- *Müller, Titus:* ***Die Jesuitin von Lissabon,*** *Aufbau Taschenbuch 2011. Spielt in Lissabon im Jahr 1755, also exakt zur Zeit des großen Erdbebens. Ein portugiesischer Adeliger hat es sich zur Le-*

bensaufgabe gemacht, den alles dominierenden Orden der Jesuiten zu bekämpfen, wobei ihm eine deutsche Kaufmannstochter zu Hilfe kommen soll, die jedoch ebenfalls Jesuitin ist.

- *Tabucchi, Antonio:* ***Lissabonner Requiem: Eine Halluzination,*** *Dtv 1998. Der mit den wichtigsten italienischen Literaturpreisen ausgezeichnete Portugiesisch-Professor der Universitäten Genua und Siena gilt als einer der interessantesten und bedeutendsten Schriftsteller der jüngeren Generation. Sein „Lissabonner Requiem" zeugt von seiner tief greifenden Bewunderung Lissabons, seiner Cafés, Museen, Restaurants, Friedhöfe und natürlich seiner Menschen. Tabucchi beschreibt – hauptsächlich anhand der Erfahrungen während seiner Zeit als Leiter des italienischen Kulturinstituts in Lissabon – den fließenden Übergang zwischen Traum und Wachen, Fiktion und Realität.*
- *Wilson, Robert:* ***Tod in Lissabon,*** *Goldmann 2008. Der Gewinner des Deutschen Krimi Preises 2003 (Sparte: internationale Bücher) betraut seinen Helden, Inspektor Zé Coelho, mit der Aufklärung des Mordes an einem in Lissabon getöteten jungen Mädchen. Bei seinen Nachforschungen stößt Zé Coelho auf eine bis in die Zeit des Zweiten Weltkriegs zurückreichende Spur: Ein Mitglied der SS suchte kriegswichtige Rohstoffe in Portugal, was mittels Erpressungen und Morden Folgen für die Gegenwart hat – und Zé Coelho in den Augen mancher Politiker als unangenehmen Zeitgenossen erscheinen lässt. Kurzweilige Krimilektüre für jedermann.*

206lb Abb.: wl

- *Winkler, Oscar:* ***Verliebt in Lissabon: Streifzüge durch die Stadt am Tejo,*** *Wiesenburg 2006. Der Autor streift bergauf, bergab durch Lissabons enge Gassen und breite Avenidas. Das Gulbenkian-Kunstmuseum begeistert ihn ebenso wie faszinierende Ausblickspunkte auf die Stadt. Mit der nostalgischen Straßenbahn 28 zuckelt er durch die Altstadt, ein sprachgewandter Knabe führt den Wanderer durch das Vergnügungsviertel. Typische Lokale und mit Köstlichkeiten lockende Cafés laden ihn zum Verweilen ein. Und immer wieder wandern seine Gedanken zurück zu Glória, in die der Autor wohl ebenso verliebt ist wie in die „weiße Stadt" selbst. Auf den Spuren seiner Erinnerungen durchstreift er die alte, Reichtum und Macht repräsentierende Metropole ebenso wie das ursprüngliche Lissabon, wo der Fado geboren wurde und die Saudade zu Hause ist.*

Publikationen und Medien

Stadtblätter und Programmhefte

Folgende **kostenlose Informationsbroschüren** liegen an zahlreichen Punkten der Stadt aus (Touristeninformationen, Flughafen, Hotels) und können für Reisende vor Ort von Interesse sein:

- **APA (Aeroporto de Lisboa):** halbjährlicher Flugplan und Basisinformationen zu Transport, Serviceleistungen usw. (englisch)
- **Your Guide,** englischsprachiges Büchlein mit allen wichtigen Sehenswürdigkeiten, Gastronomie- und Einkaufstipps, Karten und essayistischen Hintergrundinformationen (zweisprachig engl./port.)
- **Follow Me:** Monatsheft der Touristeninformation mit Veranstaltungshinweisen zum aktuellen Monat und einem ausführlichen Adressteil (englisch)
- **Portugal Shopping Guide:** Adresslistenbuch, ausführlich gegliedert nach Branchen bzw. Suchbegriffen (zweisprachig englisch/portugiesisch)
- **Cascais Agenda Cultural:** Hintergrundberichte, Veranstaltungen, Adressen kultureller Veranstaltungen aller Art, erscheint sechsmal jährlich (englisch oder portugiesisch)
- **What's on in Estoril:** Quartalsheft zu Estoril und Umgebung, mit Veranstaltungshinweisen, Einkaufs- und Gastronomieadressen u. v. m. (zweisprachig englisch/portugiesisch)
- **Sintra Cultural:** Monatsheft der Stadt Sintra zu Veranstaltungen, Sehenswürdigkeiten und mit einem Basis-Adressteil sowie Hintergrundberichten zu bedeutenden Bauwerken, lokalen Künstlern usw. (englisch oder portugiesisch)

Deutschsprachige Zeitungen

Selbstverständlich muss man auch in Lissabon nicht auf die Lektüre deutschsprachiger Zeitungen verzichten, allerdings ist die Allgegenwart deutscher Titel längst nicht so sehr gegeben wie in den großen Urlauberzentren im Süden (Algarve) – das Publikum ist in Lissabon einfach zu international.

Viele große Hotels haben mindestens einen oder zwei deutschsprachige Titel in ihrem täglichen Zeitschriftensortiment ausliegen.

Auch bei einem der **allgegenwärtigen Zeitungskioske** in der Innenstadt bestehen gute Chancen, zumindest die eine oder andere überregionale Tageszeitung in deutscher Sprache erwerben zu können.

Gute Adressen sind ferner die Zeitschriftenläden der Shoppingmalls sowie am Flughafen und an den Bahnhöfen.

Apps

- **Metro-LX:** Wer in der Hauptstadt mit der Metro unterwegs ist, kann diesen Routenplaner für das U-Bahn-System in Lissabon nutzen (kostenlos für Android und iOS).
- **Lisboa MOVE-ME:** Sehr nützlich ist diese App, eine Koproduktion der öffentlichen Verkehrsmittelsysteme mit Echtzeithinweisen zu Verkehrsmöglichkeiten zu bzw. zwischen den wichtigsten Sehenswürdigkeiten einschließlich Routenplanung vor Ort (kostenlos für Android und iOS).
- **English to Portuguese Phrases:** übersichtlich nach Kategorien gegliederter Übersetzer (Arzt, Transport, Hotel ...), der die einzelnen Sätze auch vorspricht (kostenlos für iOS)
- **Carris:** Die App des öffentlichen Verkehrsunternehmens Carris (Stadtbusse, Straßenbahnen und Funiculars) bietet Informationen zu Haltestellen, Linienführung und Fahrplänen in Echtzeit (kostenlos für Android und iOS).

LGBT+

Lissabon präsentiert sich weltoffen. Im Bairro Alto ist erfreulicherweise oft nur schwer auszumachen, welche Bars, Cafés, Restaurants und Clubs schwul/lesbisch, schwulen-/lesbenfreundlich, heterofreundlich oder was auch immer sind.

- **www.patroc.de/lissabon** mit Hotels, Clubs, Events und genauen Lagekarten
- Alljährlich meist im September findet das **schwul-lesbische Filmfestival** statt – eines der größten in Europa: **Queer Lisboa** (http://queerlisboa.pt).
- Speziell schwule und lesbische Besucher Lissabons spricht die kleine Firma **Lisbon Gay & Lesbian Tours** (www.lisbongaytours.com, Tel. 219259376, Mobil 967111761) mit einem umfassenden Angebot von kulturellen und einschlägigen Privatführungen usw. an.
- Allgemeine Infos: http://portugalgay.pt

Bars und Clubs

Gerade das Altstadtviertel Bairro Alto hat eine sehr offene LGBT-Szene entwickelt, ohne sich dabei etwa auf irgendeinen Straßenzug zu beschränken. Allenfalls östlich vom botanischen Garten zwischen der Rua de São Marçal und der Rua O Século findet sich eine Reihe an LGBT-freundlichen Bars, z. B.

181 [T21] **Água no Bico,** Rua Gaivotas 8, Tel. 910111470, tgl. 21–2 Uhr

182 [T19] **Bar 106,** Rua de São Marçal 106, Tel. 213427373, ebenfalls tgl. 21–2 Uhr

183 [U21] **Clube da Esquina,** Rua da Barroca 30, Tel. 213427149. Kleine Eckbar im Bairro Alto, Hip-Hop.

184 [U21] **Espaço 40 e 1,** Rua da Barroca 41, Tel. 213460304, tgl. 20–2 Uhr, Fr., Sa. bis 3 Uhr. Bar an der „Esquina" im Bairro Alto.

Eine LGBT-Legende in Lissabon ist der **Club** Trumps:

185 [S19] **Trumps,** Rua da Impresa Nacional 104, Tel. 915938266, https://trumps.pt, westlich vom botanischen Garten, tgl. ab Mitternacht bis 6 Uhr

Medizinische Versorgung

Der staatliche Sektor des portugiesischen Gesundheitssystems deckt die Grundversorgung ab und ist der gesamten Bevölkerung zugänglich.

Im Krankheitsfall besteht ein **Anspruch auf ambulante oder stationäre Behandlung** bei jedem zugelassenen Arzt und in **staatlichen Krankenhäusern.** Die gesetzlichen Krankenkassen von Deutschland und Österreich garantieren eine Behandlung im akuten Krankheitsfall, wenn die Versorgung nicht bis nach der Rückkehr warten kann. Als Anspruchsnachweis benötigt man seine **Europäische Krankenversicherungskarte (EKVK).**

Schweizer sollten bei ihrer Krankenversicherung nachfragen, ob die Auslandsdeckung auch für Portugal gilt.

Da die Leistungen im Ausland abgerechnet werden, kann es notwendig werden, zunächst die Kosten der Behandlung selbst zu tragen. Obwohl bestimmte Beträge von der Krankenkasse hinterher erstattet werden, kann ein Teil der finanziellen Belastung beim Patienten verbleiben und zu Kosten in kaum vorhersagbarem Umfang führen. Deshalb wird der **Abschluss einer privaten Auslandskrankenversicherung dringend empfohlen.**

Neben staatlichen Instituten gibt es eine ganze Reihe **privater Kliniken und Ärzte,** die gegen Vorkasse behandeln. Dies bedeutet nicht, dass man die Kosten nicht von der heimischen Kasse nachträglich erstattet bekäme – allerdings nur bis zu einem bestimmten Höchstsatz. Der Hauptvorteil dieser „Privaten" liegt darin, dass es sich häufig um niedergelassene englische oder deutsche Ärzte handelt und die Beschwerden so ohne große Verständigungsprobleme erläutert werden können. Bei Zahnproblemen ist ohnehin ein „freier Arzt" aufzusuchen.

Eine **Liste deutschsprachiger Ärzte** im Raum Lissabon ist unter https://lissabon.diplo.de/pt-de einsehbar („Service", dann „Anwälte, Ärzte, Übersetzer").

Die **Krankenhäuser mit Notaufnahme** im Raum Lissabon sind:

- 186 [S12] **Hospital de Curry Cabral,** Rua de Beneficiência, Tel. 217924200
- 187 [D22] **Hospital de São Francisco Xavier,** Estrada do Forte do Alto do Duque, Tel. 210431000
- 188 [W19] **Hospital de São José,** Rua José António Serrano Tel. 308802678 (sehr zentral gelegen, Metro: M. Moniz)
- 189 [I B1] **Hospital Distrital de Cascais,** Rua D. Francisco Avilez, Tel. 214827700
- 190 [Q9] **Hospital Santa Maria,** Av. Professor Egas Moniz, Tel. 217805000

Apotheken heißen „Farmácia", sind im Stadtgebiet reichlich anzutreffen und haben meist 9–13 und 15–19 Uhr (Mo.–Fr., Sa. nur vormittags) geöffnet. Außerhalb dieser Zeiten wird auf die diensthabenden Notdienstapotheken verwiesen. Informationen zum speziellen Urlaubsort in Portugal sowie den dortigen Apotheken und Notdiensten bietet die unten genannte Website. Hier eine Auswahl in Lissabon zentral gelegener Apotheken:

- 191 [U21] **Farmácia Andrade,** Lda., R. Alecrim 125 (Praça Luís de Camões), Tel. 213241670
- 192 [e1] **Farmácia Banha,** Av. Moscavide 22A (Oststadt, Moscavide), Tel. 219446517
- 193 [W16] **Farmácia Castro,** Av. Almirante Reis 76A (nördl. Zentrum, Metro: Anjos), Tel. 218121973

› Eine aktuelle **Liste der diensthabenden 24-Stunden Apotheken** mit Stadtplanangabe findet man unter www.farmaciasdeservico.net

Notfälle

› **Allgemeine Notrufnummer** für Polizei, Feuerwehr, Unfallhilfe usw.: **Tel. 112**

- 194 [V19] **PSP (Touristenpolizei),** im Palácio Foz, Praça dos Restauradores 22, Tel. 213421623 und 213400090, www.psp.pt, täglich 10–18 Uhr

Verlust und Diebstahl

Bei Diebstahl oder Verbrechen ist immer eine **Meldung bei der Polizei** (s. o.) und die Anfertigung eines Polizeiprotokolls erforderlich, danach auch eine Meldung bei der betreffenden Stelle (beispielsweise Botschaft, Fluggesellschaft oder Bank), möglichst exakt mit Nummern beziehungsweise Kopien der entsprechenden Dokumente.

Kartensperrung

Bei **Verlust der Debit-/Giro-, Kredit-** oder **SIM-Karte** gibt es für Kartensperrungen eine **deutsche Zentralnummer** (unbedingt vor der Reise klären, ob die eigene Bank bzw. der jeweilige Mobilfunkanbieter diesem Notrufsystem angeschlossen ist). **Aber Achtung:** Mit der telefonischen Sperrung sind die Bezahlkarten zwar für die Bezahlung/Geldabhebung mit der PIN gesperrt, nicht jedoch für das **Lastschriftverfahren mit Unterschrift.** Man sollte daher auf jeden Fall den Verlust zusätzlich **bei der Polizei zur Anzeige bringen,** um gegebenenfalls auftretende Ansprüche zurückweisen zu können.

In **Österreich** und der **Schweiz** gibt es keine zentrale Sperrnummer, daher sollten sich Besitzer von in diesen Ländern ausgestellten Debit- oder Kreditkarten vor der Abreise bei ihrem Kreditinstitut über den zuständigen Sperrnotruf informieren.

Generell sollte man sich immer die **wichtigsten Daten** wie Kartennummer und Ausstellungsdatum **separat notieren,** da diese unter Umständen abgefragt werden.

› **Deutscher Sperrnotruf:** Tel. +49 116116 oder Tel. +49 3040504050
› **Weitere Infos:** www.kartensicherheit.de, www.sperr-notruf.de

Öffnungszeiten

Die Öffnungszeiten in Lissabon variieren je nach Institution stark. Allgemein sind **Museen und Baudenkmäler** Di.–So. 10–18 Uhr geöffnet. **Wichtig:** Montags sind die meisten Museen geschlossen – an einem Montag sollte man am besten den Parque das Nações 43, den Zoo 21 oder einen Tagesausflug ins Umland (Sintra, Cascais/Estoril) in Erwägung ziehen.

Banken und Behörden haben Mo.–Fr. 8.30–15.30 Uhr geöffnet, der **Einzelhandel** meist 10–13 und 15–19 Uhr (Sa. nur am Vormittag), **große Kaufhäuser** dagegen täglich durchgehend 10–mind. 21 Uhr (auch sonntags), manche auch 10–23 Uhr oder sogar noch länger.

Post

Das **Porto** für Briefe und Postkarten (bis 20 g) innerhalb Europas kostet 1,05 €. Briefmarken für Karten und Briefe kann man in Postfilialen und an den roten **elektronischen Briefkastensäulen** ziehen (*Correios*, mit mehrsprachigem Menü), die man vor allem an den großen Plätzen der Innenstadt findet.

✉196 [V19] **Hauptpost am Restauradores,** werktags 8.30–22 Uhr, samstags 9–18 Uhr

064lb Abb.: wl

☒ *Briefkasten der effizient und schnell arbeitenden portugiesischen Post*

Radfahren

Lissabons Innenstadt ist für Radfahrer – zumindest derzeit – eher **nicht geeignet.** Diese schlichte Tatsache erklärt sich sowohl durch den eklatanten Mangel an Radwegen als auch klimatisch (Hitze im Sommer) und geografisch (stark hügeliges Terrain). Es gibt allerdings den schönen **Uferweg zwischen den Docas de Santo Amaro und Belém,** und auch in einzelnen Randgebieten wurden **zusätzliche Radwege** eingerichtet – einschließlich einiger Radverleihstellen. **Carris,** der Betreiber des öffentlichen Nahverkehrsnetzes, gestattet das Mitnehmen von Rädern auf einigen seiner Linien (www.carris.pt/en/travel/useful-information/bike-bus).

Das offizielle **städtische Leihradsystem,** das weitläufig im Zentrum (z. B. Av. da Liberdade (26) vor der Touristinfo Palácio Foz, s. S. 181) und anderen Distrikten (z. B. im Parque das Nações (43) oder in Belém am Denkmal der Entdeckungen (35)) vertreten ist, heißt **Gira Lisboa.** Die vollelektronische Anmietung erfolgt nach der Anmeldung auf der Website (Kreditkarte) und dem Herunterladen der App auf das Mobiltelefon. Per App wird das Rad entsperrt und auch wieder „abgegeben".

› **Gira Lisboa,** Tel. 21163060, www.gira-bicicletasdelisboa.pt, **App** „Gira. Bicicletas de Lisboa" (kostenlos für iOS und Android)

•**197** [V22] **Bike Iberia,** Largo Corpo Santo 5, Tel. 213470347, www.bikeiberia.com. Neben täglichen Ausleihmöglichkeiten (ab 9.30 Uhr, ab 15 €/Tag, E-Bike ab 25 €) werden auch 2–4-stündige Rundfahrten angeboten, die tägl. um 10 Uhr am Geschäft starten (keine Reservierung notwendig, bei Interesse einfach hingehen). Die Touren kosten um die 40 €, für 10 € Aufpreis kann man dann noch das Rad nach der Tour für den nächsten Tag vergünstigt ausleihen. (Weitere Verleihstellen s. Cascais und Sintra, Seite 93 und Seite 107)

•**198** [W22] **rent a fun,** Rua Cais de Santarém 34, Tel. 914173432, www.rent-a-fun.com. Eine prima Adresse für den Radverleih vor Ort, aber auch für organisierte Radausflüge in und um Lissabon. Die Räder werden von 9 bis 20 Uhr ab 20 € verliehen, E-Räder sind ebenfalls erhältlich und bei Innenstadttouren gar nicht so verkehrt (45 €). Auch die organisierten Touren sind recht preiswert und kosten inkl. Rad ab 40 €.

› **www.bikemap.net:** vorzügliche Routenbeschreibungen mit Routenkarten und Höhenprofilen

207lb Abb.: wl

Gira Lisboa heißt das öffentliche Leihradsystem in Lissabon

Sicherheit

Eines vorab: In Lissabon wird man nur höchst selten auf echte Gefahren für Leib und Leben treffen und wenn doch, dann dürfte in vielen Fällen ein **eigenes Verschulden** die Ursache sein. Hierzu zählen etwa leichtsinniges Schwimmen in den Ausflugszielen an der Küste bei hohen Wellen oder starker Strömung, oft in Verbindung mit Alkohol und zu viel Sonne. Gleiches gilt für den Straßenverkehr, wo viele Ausländer meinen, die 0,5-Promille-Grenze gelte nicht für sie.

Das Aufkommen an **Kleinkriminalität** ist erfreulicherweise nicht halb so hoch wie im benachbarten Spanien oder an der französischen Côte d'Azur. Dennoch sollte man man stets Vorsicht walten lassen, nur begrenzt Bargeld mit sich führen und Gepäck nicht unbeaufsichtigt lassen. Des Weiteren ist es ratsam, Geld im Brust- oder Hüftgurt zu verstauen und das Handschuhfach des (Leih-) Wagens demonstrativ leer und geöffnet zu lassen.

Wie bei Unfällen sollte man im Falle eines **Autoeinbruchs** unbedingt einen Polizeibericht für die Versicherung anfertigen lassen. Dies scheint in der Tat ein beachtenswertes Problem zu sein: Einbrüche in Pkws zählen zu den häufigsten kleinkriminellen Delikten Lissabons, wobei auch ein Mietwagen nicht schützt und das Abstellen eines Pkw mit ausländischem Kennzeichen für den Besitzer mit hoher Wahrscheinlichkeit den Besuch einer lokalen Polizeidirektion nach sich ziehen dürfte.

Alleinreisende Frauen werden feststellen, dass sich Portugal entspannt bereisen lässt – abgesehen von der ein oder anderen, selten vorkommenden, plumpen „Anmache". Man ist sich auf politischer Ebene der lebenswichtigen wirtschaftlichen Bedeutung des Tourismus für ganz Portugal sehr wohl bewusst und lässt die GN *(Guardia Nacional)* entsprechend pflichtbewusst Streifendienste und Patrouillen versehen.

Sport und Erholung

Baden

Gerade im Sommer möchte man sich vielleicht während eines mehrtägigen Aufenthalts in Lissabon auch einmal in die nahe gelegenen Fluten des Atlantik stürzen, wofür sich hauptsächlich die **Strände westlich von Lissabon** anbieten, besonders jene von Estoril und Cascais (s. S. 84). Da diese im August oft sehr voll sind, bevorzugen viele *Lisboetas* die kilometerlangen **Sandstrände und Dünen von Caparica** südlich des Tejo. Am einfachsten nimmt man im Sommer einen Direktbus ab Campo Grande oder fährt per Transtejo-Fähre (s. S. 212) nach Cacilhas und dort per Bus (beschriftet) weiter bis Caparica.

Boccia (Boule)

Der in Südeuropa sehr häufigen Freizeitbeschäftigung wird auch in Portugal gefrönt, wobei vorwiegend Männer im vorgerückten Alter die 700 Gramm schweren Kugeln nach dem sogenannten Fuchs werfen. Vor allem in den Vororten, aber auch in den **innerstädtischen Parks** sieht man immer wieder Gruppen von Bocciaspielern bei diesem Geschicklichkeitssport.

Fußball

Mit dem Fußball identifizieren sich nahezu alle Portugiesen und hängen an den berühmten Idolen wie Eusébio oder Luís Figo, entsprechend groß war der Jubel nach dem ersten Gewinn eines großen internationalen Titels bei der Europameisterschaft in Frankreich 2016 mit dem Team um Cristiano Ronaldo, dem mehrfachen Weltfußballer des Jahres. In Lissabon selbst ist, vom gemeinsamen Mitfiebern bei Spielen der Nationalelf abgesehen, die Anhängerschaft in zwei große Lager gespalten: Man hängt entweder an den „grünen Eidechsen“ des **Sporting Clube de Portugal** (kurz: Sporting Lissabon, www.sporting.pt), die das Estádio José Alvalade (Metro: Campo Grande) ihr Eigen nennen, oder an den „roten Teufeln“ des **Clube Sport Lisboa e Benfica** (kurz: Benfica Lissabon, www.slbenfica.pt) mit dem Estádio da Luz 24 (Metro: blaue Linie, Station „Colégio Militar/ Luz“).

Beide genannten Stadien waren Arenen des Geschehens während der Europameisterschaft 2004 in Portugal und die beiden genannten Vereine spielen (neben Porto) regelmäßig eine bedeutende Rolle bei den internationalen Vereinswettbewerben der UEFA. Besucher können sich während der Saison **Tickets** über die im Kapitel „Tickets, Eintrittskarten“ (s. S. 141) genannten Ticket-Vorverkaufsstellen besorgen – oder direkt am jeweiligen Stadion (selten ausverkauft).

Golf

Es gibt über ein Dutzend 18-Loch-Plätze in der Region, allen voran der **Clube de Golf do Estoril** (Avenida da República, Tel. 214680176) in Estoril und der **Lisboa Sports Club** nahe Queluz in der Casal da Carregueira in Belas (Tel. 21 4310077) seien empfohlen. Die Gebühren beginnen bei 55 € ohne Mitgliedschaftszwang.

Tourada (Stierkampf)

Der Stierkampf, dessen historische Wurzeln in Kreta und Ägypten liegen und der vermutlich einst den sagenhaften Kampf des Menschen gegen den Minotaurus symbolisierte, hat auf dem europäischen Festland nur auf der Iberischen Halbinsel und in Südfrankreich Fuß fassen können. Während die *corrida de torros* in Spanien ein – oftmals kritisiertes – blutrünstiges Ereignis darstellt, entwickelte sich im benachbarten Portugal eine **gemäßigtere Variante: die Tourada.**

Neben dem Stier sind der *cavaleiro* (Ritter) sowie assistierend sein *toureiro* (Fahnenjunker) und mehrere *forçados* (tapfere Fußsoldaten) die Hauptakteure. Der *toureiro* weicht dem Stier tänzelnd aus und versucht, ihm die *farpas* und *ferros* (Lang- und Kurzspieße) in den Nacken zu werfen.

Kommt der Reiter in Bedrängnis, wedelt der *toureiro* mit einem farbigen, oft dunkelroten Tuch und lenkt damit die Aufmerksamkeit des Stiers auf sich. Das Ziel besteht darin, dem Stier alle Spieße in den Nacken zu stoßen. Wenn dies dem *cavaleiro* gelungen ist, tritt er ab und überlässt den *forçados* das Feld, einer Mischung aus Lebensmüden und Clowns, die sich dem Stier mit bloßen Händen stellen. Auch hier wird bei Gefahr der Stier vom *toureiro* (der in Portugal also kein eigentlicher Kämpfer ist) abgelenkt.

Es ist oft zu hören und zu lesen, der portugiesische Stierkampf verlaufe dank des gesetzlichen Tötungsverbotes unblutig – dies ist aber nicht immer der Fall. 2001 erschütterte ein **Skandal** das Land, als in Moita bei Lissabon der landesweit berühmte Matador Pedrito de Portugal trotz des Verbots dem Stier den Todesstoß gab. 2002 erfolgte eine Gesetzesänderung, wonach „in Ausnahmefällen" der Todesstoß in der Arena legalisiert wurde. Unter heftigen Protesten von Tierschützern aus aller Welt darf seither der Stier im Schaukampf zwar wieder legal getötet werden, doch kam dies seither in der Praxis nicht vor.

Stierkämpfe finden im **Campo Pequeno** 23 nur noch selten, aber gelegentlich statt. Gezeigt werden dann meist drei Kämpfe von maximal halbstündiger Dauer.

Sprache

Das **Portugiesische zählt zu den romanischen Sprachen** und ist daher mit dem Französischen und Italienischen ebenso verwandt wie mit dem Spanischen. Portugiesisch ist also kein Ableger oder Dialekt des Spanischen, wie weithin angenommen wird, sondern vollkommen eigenständig in Wortschatz und Grammatik. Interessenten seien an dieser Stelle auf die „Kleine Sprachhilfe" im Anhang dieses CityTrip PLUS und für einen intensiveren Einstieg auf den Kauderwelsch-Band „Portugiesisch – Wort für Wort" aus dem Reise Know-How Verlag hingewiesen.

Allerdings sind in Lissabon **nicht unbedingt Kenntnisse der Landessprache vonnöten.** Zum einen scheinen in den Sommermonaten ebenso viele Touristen wie Einheimische die Straßen zu beleben, zum anderen wird allerorts aufgrund der dominierenden Präsenz britischer Touristen gut **Englisch** gesprochen – das gilt für Tankstellen und Lebensmittelgeschäfte ebenso wie für den Arztbesuch im Notfall.

Stadttouren

- Wer eine **Kombination aus Stadtführung und Gastro-Erlebnis** sucht, wird bei www.viatorcom.de fündig. Im Angebot stehen u. a. Spaziergänge, geführte Touren und Ausflüge (Bus/Kleinbus) mit unterschiedlichen kulinarischen Schwerpunkten (Weinproben, Snacks, Marktbesuch mit Kochkurs ...). Das interessante Konzept von Viator bietet auch geführte Touren durch das Lissabonner Nachtleben, Shopping-Touren und Ausflüge. Die meisten dieser Ausflüge werden in englischer Sprache angeboten, rund ein Drittel auch auf Deutsch.
- Wer unter der Anleitung eines ortsansässigen Reiseleiters eine geführte Stadttour durch Lissabon zu Fuß unternehmen möchte, kann acht verschiedene 2–3-stündige Rundgänge mit der **Fa. Lisbon Walks** unternehmen. Treffpunkt (keine Vorabbuchung notwendig, einfach hingehen und orangefarbenen Rucksack suchen) ist der Pr. do Comércio gegenüber der Touristeninformation tgl. 10 Uhr, das Ticket kostet ab 15 € (12–26 J. und Senioren 10 €, unter 12 J. frei). Tel. 218861840, www.lisbonwalker.com. Alternativ sei auf die kostenlosen Führungen von Lisbon Chill-Out Free Tours (s. S. 180), verwiesen.
- Sehr beliebt sind **Bootsfahrten auf dem Tejo,** welche (allerdings nur im Sommerhalbjahr) die Fährfirma Transtejo (Info und Buchung unter Tel. 210422417, www.transtejo.pt)

136lb Abb.: jg

Eine speziell für Stadtrundfahrten umgebaute Tram

von April bis Okt. täglich um 11 und 15 Uhr am Pier Terreiro do Paço [X22] (Metro: „Terreiro do Paço“) anbietet. Die Fahrt dauert etwa zwei Stunden, im Preis sind Erfrischungen und mehrsprachige Erläuterungen zu den passierten Sehenswürdigkeiten inbegriffen.

- **Blue Cruises,** Terreiro do Paço, https://bluecruises.pt, Tel. 934623777, bietet direkt am Ufer beim Terreiro do Paço eine Reihe unterschiedlicher Flussfahrten an (ab 17 €). Sehr beliebt sind die Fahrt nach Belém entlang der Promenade oder die Sunset Tour mit Snacks und Getränk (29 €).
- **Eco Tuk Tours,** Tel. 914925450, Travessa Da Pereira 16a, www.ecotuktours.com, ist eine Art Motorrollertaxi mit mehreren festen Touren im Angebot, wie etwa „Follow the 28“ (120 Minuten, 129 €) oder Oldtown-Lisboa (90 Minuten, 99 €), wobei man ein Fahrzeug mit Fahrer quasi mietet und dann eine individuelle Führung bekommt.
- **Eco-Tours,** Rua da Madaleina 67, Tel. 211951459, www.lisbonecotours.com, vermietet elektrische 2-Sitzer (Selbstfahrer ab 18 J., Führerschein erforderlich) mit integriertem Audio-Guide ab 44 € (sog. „Twizy“), womit man dann selbstständig und nach eigenem Tempo die Stadt erkunden kann.4 Stunden kosten 85 €, 6 Stunden 99 €.
- Ähnlich arbeitet die Firma **Go-Car,** Rua dos Douradores 16, www.gocartours.com, Tel. 210965030, die ab 45 € kleine zweisitzige Cabrio-Flitzer vermietet, die mit einem Audioguide ausgestattet sind. Beliebt sind die drei Touren Belém, Altstadt und Expo-Gelände.
- **Bus-Stadtrundfahrten** werden von **Cityrama Gray Line,** Tel. 213191090, www.cityrama.pt (mehrsprachige Erläuterungen) angeboten, es können auch Touren nach Sintra, Cascais und Estoril (ab 38 €) gebucht werden. Die meisten Stadtrundfahrten beginnen am Praça Marquês de Pombal [T17] (hier auch Buchungskioske) bzw. am Nordrand des Parque Eduardo VII, auch Hotelabholung ist möglich. Angefahren werden die wichtigsten Punkte der Altstadt.

Cityrama Gray Line setzt auch die auffälligen, oben offenen Doppeldeckerbusse ein. Angeboten werden vier Hauptlinien: die **Belém-Linie,** tgl. 9–19 alle 30 Min., Winter 9.30–16.45 Uhr, bis Belém mit 18 Stopps, die **Castelo-Linie,** die tgl. 9.35–18, Winter 10–17 Uhr, alle 15 Min. in die alte Oberstadt bis zur Burg fährt, die **Oriente-Linie** zum Parque das Nações, 9.50–18, Winter 10–17 Uhr, die jede Stunde fährt, sowie die **Cascais-Linie,** die nur um 10.15, 12.15, 14.15 und 17.15 Uhr nach Cascais und Estoríl fährt. Alle Linien starten und enden am **Praça M. de Pombal.** Die Fahrt auf einer Linie kostet 22 € (Tagesticket), ein Gesamtticket gilt 72 Std. und kann beliebig auf allen vier Linien eingesetzt werden (34 €). Auch Audioguides werden angeboten, des Weiteren können Flussrundfahrten zu 42 € und auch geführte Stadtspaziergänge ab 35 € gebucht werden.

- Mit **Yellow-Bus Tours** (www.yellowbustours.com) kann man am Praça do Comércio (4) eine 90-minütige Rundfahrt mit einer **restaurierten Trambahn** unternehmen (20 €, Kinder 10 €). Diese „rote Linie" fährt eine ähnliche Strecke wie die berühmte Linie 28. Zu bestimmten Zeiten werden **Weinproben-Touren** oder **Gourmet-Touren** (mit Restaurantbesuch) per Touristen-Tram angeboten (gleiche Preise bzw. mit Menü ab 39 €). Ähnlich wie bei den „offenen Doppeldeckern" von Grayline bietet Yellow-Tours nahezu deckungsgleiche Stadtrundfahrten und Bootstouren auf dem Tejo an.

Auch die Tourismusbehörde arbeitet eng mit zahlreichen Anbietern zusammen. Alle Routen (geführte Rundgänge, Tram-/Bustouren und etliche Ausflüge) sind sehr übersichtlich unter www.visitlisboa.com/tours einsehbar und können dort gebucht werden. Hier findet man eine dreistündige Innenstadtführung zu Fuß ab 20 €, thematische Wein-/Fado-Touren oder organisierte Fahrten ins nähere Umland (Cascais, Sintra u. a.).

Telefonieren und Internet

Es gibt in der EU keine Roaminggebühren mehr. Damit ist das Telefonieren und Surfen mit dem **Handy** im EU-Ausland so günstig wie zu Hause – es sei denn, man nutzt das Handy im Ausland über einen längeren Zeitraum hinweg, dann können je nach Anbieter Nutzungsobergrenzen gelten. Für Schweizer Verträge gilt, dass nach wie vor je nach Anbieter und Vertrag unterschiedliche Gebühren anfallen können.

- **Vorwahl** von Portugal: **00351**
- Die **Ortsvorwahl muss immer mitgewählt werden** (für Lissabon ist dies die 21).
- Von Portugal nach Österreich wählt man 0043, in die Schweiz 0041 und nach Deutschland 0049 vor. Bei Gesprächen aus Portugal ist dann die erste „0" der Ortskennzahl wegzulassen.

Fast alle Hotels – auch in den unteren Preisgefilden – wie auch Pensionen, Jugenherbergen etc. bieten **WLAN-Nutzung** an.

Kostenlose WLAN-Zonen sind z. B. der Flughafen, die Einkaufszentren Colombo und Vasco da Gama (s. S. 135), die Docas de Santo Amaro (28) sowie die meisten Restaurants, z. B. das Hard Rock Cafe (s. S. 131).

Uhrzeit

Lissabon liegt, wie ganz Portugal, in der Greenwich-Zeitzone (Greenwich Mean Time, GMT). Daher muss man, wenn man aus der mitteleuropäischen Zeitzone kommt, in der Deutschland, Österreich und die Schweiz liegen, die Uhr **um eine Stunde zurückstellen** (MEZ -1).

Unterkunft

Allgemeine Situation

Für einen gelungenen Städtetrip spielt natürlich auch die gewählte Unterkunft eine wichtige Rolle. Neben den klassischen Hotelunterkünften (staatlich eingestuft von ein bis fünf Sterne), die vielfach bei Städtepauschalreisen integriert sind, bietet die portugiesische Hauptstadt **eine ganze Reihe zusätzlicher oder alternativer Unterkunftsmöglichkeiten für Individualreisende.**

Für alle Unterkunftsformen empfiehlt sich zumindest in der Hochsaison (Juli–August) eine vorherige **Reservierung**, insbesondere in den Sommermonaten. Die Touristeninformationen (s. S. 181) bemühen sich aber, auch Kurzentschlossenen eine passende Unterkunft zu vermitteln.

Manchmal lässt sich bei der **Buchung direkt über die Website der Unterkunft** im Vergleich zum Preis von Vermittlern wie Reisebüros oder Buchungsportalen der eine oder andere Euro sparen. Auf ein spontanes Schnäppchen bei direkter, persönlicher Nachfrage bezüglich des Zimmerpreises vor Ort sollte man aber nicht hoffen.

In Lissabon wird eine **Bettensteuer** in Höhe von 1 € pro Nacht erhoben, die nicht immer im Übernachtungspreis enthalten ist.

Pousadas

Pousadas sind mit Sicherheit nichts für jeden Geldbeutel, aber vielleicht ein Tipp für die Hochzeitsreise: In kunstvoll **restaurierten, staatseigenen Klöstern, Burgen oder Schlössern** bietet man anspruchsvollen Gästen besonderen Luxus in reizvoller Umgebung.

EXTRAINFO

Buchungsportale

Neben Buchungsportalen für **Hotels** (z. B. www.booking.com, www.hrs.de oder www.trivago.de) bzw. für **Hostels** (z. B. www.hostelworld.com) gibt es auch Anbieter, bei denen man **Privatunterkünfte** buchen kann. Portale wie www.airbnb.de oder www.wimdu.de vermitteln Wohnungen, Zimmer oder auch nur einen Schlafplatz auf einer Couch. Diese oft recht günstigen Übernachtungsmöglichkeiten sind nicht unumstritten, weil manchmal normale Wohnungen gewerblich missbraucht werden. Einige Regierungen greifen deshalb regulierend ein.

Die Übernachtung mit Frühstück kostet im DZ normalerweise zwischen 150 und 350 €, zentrale Reservierungs- und Informationsstelle für Pousadas in Portugal ist:

- › **Pousada de Portugal,** Tel. 218442001, www.pousadas.pt
- › **Pestana Citadela Cascais** (s. S. 93)

199 Pousada D. Maria I. €€€, Queluz, Tel. 214356158, www.pousadasofportugal.com/pousadas/queluz. **Wohnen wie die Fürsten:** Im Vorort Queluz liegt das gleichnamige Prunkschloss 53, dessen ursprünglich den königlichen Wachtruppen vorbehaltener Trakt diese Pousada beherbergt. Neben absolut stilgerechtem Ambiente hat das Haus auch Massagen, Golf oder Reiten im Freizeitangebot. Das Beste am Ganzen: Die Übernachtungen sind hier – zumindest außerhalb des Hochsommers – sogar relativ günstig. Als Nachteil muss die etwas abgelegene

Preiskategorien Unterkünfte

Die folgende preisliche Einteilung erfolgt unabhängig von den jeweiligen (Sterne-)Einstufungen vor Ort und bezieht sich ausschließlich auf die Kosten einer Unterkunft in der Hauptsaison, nicht etwa auf deren Qualität. Die Preise gelten, wenn nicht anders erwähnt, für **zwei Personen in einem Doppelzimmer pro Nacht** ohne Frühstück. Preisspannen ergeben sich gegebenenfalls aus unterschiedlichen Ausstattungen/Lagen bzw. unterschiedlichen Saisonpreisen. Dabei fallen saisonale Unterschiede in Lissabon deutlich geringer aus (meist etwa 20–25 %) als in den Feriengebieten der portugiesischen Küstengebiete (z. B. Algarve bis zu 200 % saisonale Unterschiede).

Einstufung	Hotels/Pousadas	Residenciais/Albergarias	Pensionen (Pensões)/Hostels
€€€€€	ab 250 €	–	–
€€€€	170–250 €	120–180 €	100–150 €
€€€	90–170 €	90–120 €	70–100 €
€€	50–90 €	60–90 €	50–70 €
€	–	bis 60 €	bis 50 €

Lage angeführt werden, man gelangt jedoch mit der S-Bahn von Queluz direkt bis zum Bahnhof Rossio im Zentrum Lissabons.

Hotels

Allgemeines

Wer pauschal eine Städtetour nach Lissabon bucht, wird meist ein Hotel mitgebucht haben. Lissabon verfügt über Hotelunterkünfte im dreistelligen Bereich, sodass nicht jeder Pauschalreisende bei der unten stehenden Auswahl „sein" Hotel finden wird.

Ohne Pauschalbuchung sollte man die Hotelwahl von einem **zentralen bzw. verkehrsgünstigen Standort** abhängig machen. So könnte man beispielsweise versucht sein, eines der Hotels der gehobenen Mittelklasse am Parque das Nações 43 zu buchen – um dann festzustellen, dass man permanent weite (Metro-)Anfahrten bis ins eigentliche Zentrum unternehmen muss. Um das „Herz" Lissabons zu erfahren, sollte man auch einigermaßen zentral wohnen. Die in diesem Buch getroffene Vorauswahl an Hotelunterkünften wurde daher bewusst nach dem Prinzip „Lage vor Ausstattung" vorgenommen.

Einige Boutiquehotels im Zentrum haben sich zur **Werbegemeinschaft Hotéis Heritage Lisboa** zusammengeschlossen (www.heritage.pt).

Hotelempfehlungen

200 [U19] **Boutique Hotel Heritage Avenida Liberdade** €€€€, Avenida da Liberdade 28, www.heritageavliberdade.com, Tel. 213404040, Metro: „Avenida". **Oberklasse in stilvollem Bürgerhaus:** Sehr stilvolles, vom portugiesischen Stararchitekten Miguel Câncio Martins gestaltetes Hotel in einem prächtigen Bürgerhaus aus dem späten 18. Jh. Komfortable, in gelungener Mischung aus Klassizistik und Moderne eingerichtete Räu-

213lb Abb.: ©Fotokon, stock.adobe.com

me. Das Hotel bietet einige Erholungskomponenten wie Fitness- und Wellnessbereich.

201 [T12] **Holiday Inn Continental** €€€€, Rua Laura Alves 9, www.holidayinn.com, Tel. 210046000, Metro: „Campo Pequeno", S-Bahn: „Entre Campos". **Gehobene Mittelklasse nahe der Stierkampfarena:** Im Bezirk Campo Pequeno bietet das Holiday Inn Continental den gewohnten gehobenen Standard dieser Kette. Zum Hotelservice gehören ein Fitnesscenter, eine Tiefgarage (ab 15 €/Tag), Wäschereiservice, ein Businesscenter, diverse Shops und ein hochgelobtes Restaurant. Die modernen Zimmer lassen keine Wünsche offen und sind bis ins Detail (Bügelpresse, Arbeitsbereich, Kaffee-/Teemaschine ...) vollständig ausgestattet.

Eleganz und Tradition im Hotel Avenida Palace

202 [V20] **Hotel Avenida Palace** €€€€€, Rua 1° de Dezembro 123, Tel. 213218100 und 213218115, www.hotelavenidapalace.pt, Metro: „Restauradores". **Atmet den Duft der guten alten Zeit Lissabons:** Das renommierte und etablierte 5-Sterne-Hotel Avenida Palace gilt als die Nummer eins der Altstadt, die Eleganz und Tradition vereint, und liegt günstig am Platz Restauradores. Dieses berühmte Hotel wurde im Jahr 1892 eingeweiht und galt insbesondere in der *Belle Époque* wegen seines Glamours, seiner Lage und seines Service als eines der besten Hotels Europas. Alle 82 Zimmer (inklusive 20 Suiten) sind elegant und mit modernstem Komfort eingerichtet. Der Geschäftswelt stehen acht Konferenzräume zur Verfügung, die Gäste haben alle Verkehrsmittel einschließlich einer direkten Zugverbindung nach Sintra und Cascais praktisch vor der Tür. Alle Zimmer sind geräuschgedämmt, mit Klimaanlage ausgerüstet und verfügen über Marmorbäder.

203 [T19] **Hotel Botânico** €€€, Rua da Mãe de Água 16/20, Tel. 213420392, https://hotelbotanico.pt, Metro: „Avenida". **Unauffällig und zentral am botanischen Garten:** in einer sehr ruhigen Wohngegend gelegen bietet das ordentliche, vielfach von Reisegruppen frequentierte Mittelklassehotel Ausflugsvermittlung, Wäschereiservice und hoteleigene Parkmöglichkeiten. Das äußerlich eher unscheinbare Hotel wie auch die einfachen, aber modernen DZ sind im Innenbereich vorwiegend in zum Thema „botanischer Garten" passenden Grüntönen gehalten.

204 [U18] **Hotel Britania** €€€€, R. Rodrigues Sampaio 17, Tel. 213155016, https://hotelbritania.ihotelier.com, Metro: „Avenida". **Art déco aus berühmter Hand:** Quasi um die Ecke vom Hotel Liberdade wirbt das 1940 vom damals landesweit bekannten Architekten Cassiano Branco erbaute Britania damit, einziges Art-déco-Hotel der portugiesischen Hauptstadt zu sein. Die großen Räume verfügen über alle modernen Standards und wurden in warmen Farben gehalten, klassisches Mobiliar und moderne Marmorverkleidungen gehen eine elegante Verbindung ein. Die schöne Lobby mit Bar und offenem Feuer erinnert schon beim Betreten an einen klassischen englischen Club für Mitglieder des Oberhauses - und so ist es wohl auch gewollt. Senioren ab 55 J. erhalten übrigens für einen minimalen Aufpreis besondere Pakete mit Frühstücksservice aufs Zimmer und einen Museums-Pass für alle Museen.

205 [V21] **Hotel do Chiado** €€€€, Rua Nova do Almada 114, Tel. 213256100, www.hoteldochiado.pt, Metro: „Baixa-Chiado". **Nicht nur von Geschäftsleuten bevorzugtes stilvolles Ambiente:** Das Hotel inmitten des pulsierenden Stadtteils Chiado wurde von den herausragenden portugiesischen Architekten Siza Vieira und Pedro Espirito Santo in harmonischer Kombination feinster orientalischer und portugiesischer Kunstelemente entworfen. In der Entretanto Bar hat man einen herrlichen Panoramablick über die Stadt. Jedes der Hotelzimmer oder Suiten ist mit modernster Technik einschließlich Internetanschluss versehen, sodass das Hotel bei Geschäftsleuten besonders beliebt ist.

206 [S17] **Hotel Fénix** €€€, Praça Marquês de Pombal 8, www.hfhotels.com, Tel. 213862121. **Zentral und verkehrsgünstig am Praça Marquês de Pombal:** Das Fenix beherbergt 188 komfortable Zimmer mit Klimaanlage, Minibar und Zimmersafe. Das Hotel selbst bietet Fahrzeugvermietung, Hotelgarage, ein Businesscenter, Babysitting und behindertengerechte Einrichtungen.

207 [f3] **Hotel Melia Oriente** €€€€, Av. Dom João II, Tel. 218930000, www.melialisboaoriente.com **Schnell am Flughafen und Ostbahnhof:** Unweit vom Hotel Tivoli Oriente bietet das Tryp Oriente eine nahezu identisch luxuriöse Unterkunft (hier teilweise mit kleiner Kitchenette), ebenfalls mit Wäschereiservice, Tagungsräumlichkeiten und behindertengerechten Einrichtungen. Auch hier sind bei Buchung über das Internet erhebliche Ersparnisse zu den Listenpreisen möglich. Für beide Hotels gilt: Relativ flughafennah (5 Minuten per Taxi) direkt am Bahnhof Oriente (Metrostation: „Oriente") und somit direkt am Parque das Nações gelegen, für die Sehenswürdigkeiten der Stadt muss man aber einige Metrofahrten in Kauf nehmen.

208 [X20] **Hotel Olissippo Castelo** €€€€, Rua Costa do Castelo 126, Tel. 218820190, www.olissippohotels.com. **Moderne Unterkunft nahe der Burg:** Nur 20 Zimmer und vier Suiten beherbergt dieses kleinere, aber luxuriös und modern ausgestattete Hotel im Burgviertel. Zum Hotelservice gehören ein Wäschereiservice und eine Privatgarage. Die Lage oberhalb der Altstadt nahe der Burg ist sicherlich ein Plus, bis zur nächsten Metrostation („Pr. da Figueira") sind es allerdings gut 10 Minuten zu Fuß.

209 [U14] **Hotel Sheraton Lisboa** €€€€, Rua Latino Coelho 1/Ecke Avenida Fontes Pereira do Melo, www.sheraton.com/lisboa, Tel. 213120000. **Luxusunterkunft und Gourmettempel mit Aussicht:** Das Sheraton Lisboa gilt als eines der renommiertesten Hotels in Lissabon mit 369 geräumigen und komfortabel eingerichteten Zimmern und Suiten. Alle Zimmer verfügen neben einer standardmäßig luxuriösen Ausstattung über Internetzugang und einen gesonderten Arbeitsbereich. Entspannung bieten u. a. ein 1500 m² großer Wellnessbereich und das Sheraton Fitnesscenter. Kulinarische Genüsse bieten das Gourmetrestaurant Panorama oder die gleichnamige, moderne Cocktailbar auf der obersten Etage, die außerdem einen großartigen Ausblick auf Lissabon bietet. Das Sheraton befindet sich verkehrsgünstig an einer der Schlagadern zwischen Flughafen und Altstadt, die Metrostationen „Picoas" und „Saldanha" liegen praktisch vor der Tür.

210 [U18] **Hotel Sofitel Lisboa** €€€€, Avenida da Liberdade 127, Tel. 213300541, www.sofitel-lisbon-liberdade.com, Metro: „Liberdade". **Tagungshotel mit schlichter Eleganz:** Sehr schönes, vollständig behindertengerechtes Hotel (amerikanischer Standard) der gehobenen Mittelklasse zentral an der Avenida da Liberdade, nur 5 Gehminuten von der Altstadt entfernt mit eigener Tiefgarage, Fahrzeugverleih und Fitnessstudio. Das Sofitel ist auch ein sehr beliebtes Tagungshotel mit eigenem Businesscenter. Modernes Interieur wurde mit schlichter Eleganz geschickt kombiniert. Interessante und sehr flexible Tarifgestaltung je nachdem, wie verbindlich man bucht und welche Extras gewünscht werden.

211 [X20] **Hotel Solar do Castelo (dos Mouros)** €€€€, Rua das Cozinhas 2, Tel. 218806050, www.solardocastelo.com. **Klassisch-modernistisches Herrenhaus mit Stil:** Das nach seiner früheren Funktion manchmal auch als „Küchenschlösschen" bezeichnete Hotelgebäude an der Südseite des Kastells wurde bereits um 1765 innerhalb der Burgmauern von São Jorge als Herrenhaus erbaut. Das Hotel besteht aus zwei Etagen und dem Dachgeschoss und verfügt über einen Innenhof und einen schönen Garten sowie eine alte Zisterne, die früher zu den Nebengebäuden des Herrenhauses gehörte. Auch die Zimmer zeugen von einer geschmackvollen Stilwahrung der umfangreichen Geschichte des Anwesens. Zu den Serviceleistungen gehören Autovermittlung, Ausflugsorganisation und Babysitting, auf in dieser Preisklasse eigentlich übliche Merkmale wie Wellnessbereich oder Pool wurde bewusst verzichtet, um den geschichtsträchtigen Gesamteindruck nicht zu verfälschen. Vom Hotel benötigt man gut 10 Gehminuten zur nächsten Metrostation, alternativ fährt man mit Tram 12 bis zur Kirche Santa Luzia, von dort sind es etwa 5 Minuten zum Hotel.

212 [f4] **Hotel Tivoli Oriente** €€€€, Av. Dom João II, www.tivolihotels.com, Tel. 218915100. **Kurze Wege für Geschäftsreisende beim Expo-Gelände:** Außerhalb des unmittelbaren Zentrums kann man auch am Parque das Nações 43 wohnen, etwa im Tivoli Tejo. Alle 280 Zimmer verfügen über jeden erdenklichen Luxus. Wegen der günstigen Lage direkt am Bahnhof Oriente und dem kurzen Weg zum Flughafen ist das Haus als Business- und Tagungshotel sehr beliebt. Zu den besonderen Annehmlichkeiten der Anlage gehören u. a. Hallenbad, Sauna, türkisches Bad, Fitnessstudio und das beliebte Panoramarestaurant Colina mit Blick auf das Expo-Gelände.

213 [T17] **Hotel Turim** €€€, Rua Filipe Folque, 20, Tel. 213139410, www.turimhoteis.com, Metro: „Picoas" oder „Parque". **Einfache Mittelklasse ohne Schnickschnack:** Sehr schönes Hotel zwischen Saldanha-Kreisel und Parque Eduardo VII mit ordentlichen, großen DZ, die teilweise über eine Einbaukitchenette (Spüle, 2-Platten-Herd) verfügen. Großes Frühstücksbuffet, Ausflugsvermittlung, Hotelgarage.

214 [U14] **Hotel VIP Inn Saldanha** €€, Rua Fernão Lopes, www.viphotels.com, Tel. 213300541, Metro: „Saldanha" oder „Picoas". **Preiswerte Alternative zu den großen Ketten der Gegend:** Die Zimmer des unscheinbaren Hotels sind einfach, aber modern ausgestattet. Mit kleiner Bar. Kleinstes und einfachstes Hotel der in Lissabon mehrfach vertretenen VIP-Kette.

215 [V20] **Internacional Design Hotel** €€€, Rua Augusta/Ecke Rua Betesga das Internacional, www.idesignhotel.com, Tel. 213240990, Metro: „Rossio". **Eines der geschichtsträchtigsten Hotels der Stadt:** Wer auf eigene Faust unterwegs ist und ein genau so absolut zentrales wie stilvolles Hotel sucht, ist hier richtig. Die Anfänge des Hauses reichen bis ins 15. Jahrhundert zurück, im frühen 20. Jahrhundert galt es unter dem Namen Grand Hotel Internacional als Lissabonner Tophotel. Mehrfach renoviert mit vollkommen unterschiedlichen Dekorthemen auf den vier Etagen, bietet das Haus heute modern und zweckmäßig ausgestattete DZ mit Blick über die Altstadtplätze und teilweise auf die Burg São Jorge. Mit Ausflugs- und Fahrzeugvermittlung sowie kostenlosem Flughafentransfer (mittels Flughafenbus).

216 [G24] **Jerónimos 8** €€€€, Rua dos Jerónimos 8, Tel. 213600900, www.almeidahotels.pt, Straßenbahn 18 bis „Jerónimos". **Wer im historischen Ortsteil Belém wohnen möchte:** Das nahe dem gleichnamigen Kloster gelegene Jerónimos ist eine überschaubare 65-Zimmer-Anlage mit moderner, innovativer architektonischer Gestaltung bei elegant-traditionellem Äußeren.

217 [W20] **My Story** €€€, Rua dos Condes de Monsanto 2, www.mystoryhotels.com, Tel. 218866182, Metro: „Rossio". **Sehr zentral unmittelbar ostseitig des Pr. da Figueira gelegen:** Dieses sehr gute Mittelklassehotel bietet eine gelungene Mischung aus modernem Ambiente und klassischem portugiesischem Stil. In den Zimmern wie auch im gesamten Hotel herrschen warme Farben vor.

214lb Abb.: ©4kclips, stock.adobe.com

Modern trifft klassisch im Hotel My Story

Residenciais/Albergarias

Hierbei handelt es sich um **Hotelpensionen** (meist ohne Restaurant, aber mit Frühstücksraum), die offiziell mit bis zu vier Sternen eingestuft und sehr **oft als Familienbetrieb geführt** werden. Von den beiden sehr ähnlichen Kleinhotelklassen sind die Residenciais meist etwas einfacher ausgestattet als die Albergarias. In beiden Fällen ist aber häufig ein Frühstück inklusive, außerdem steht die Zimmerausstattung den einfachen Hotels in kaum etwas nach. Prinzipiell kann als Faustregel gelten: Wer einen gewissen Wert auf einen Mindeststandard legt, sollte bevorzugt zumindest eine der Residenciais als Quartier wählen. Eine Reservierung empfiehlt sich vor allem in den Sommermonaten.

218 [X18] **Albergaria Senhora do Monte** €€€, Calçada do Monte 39, Tel. 218866002, www.hotelsenhoradomonte.com. **Schöne und ruhige Hügellage:** Beinahe malerisch in Toplage auf einem der Hügel des Viertels Mouraria gelegen bietet sich die Albergaria für Reisende an, die sowohl etwas abseits des unmittelbaren Altstadtzentrums, aber auch mit hervorragender Aussicht und einem gewissen Komfort wohnen möchten. Im

Blick aller Doppelzimmer der bei Individualreisenden sehr beliebten Albergaria liegen das Kastell São Jorge ⑩, die Altstadt wie auch der Rio Tejo. In wenigen Minuten ist man zu Fuß im Zentrum beziehungsweise an der traditionellen, durch die Mouraria führenden Straßenbahn Nr. 28. Zum Serviceangebot gehören Wäscherei, Autovermietung, die Organisation von Ausflügen und Babysitting.

219 [V20] **Residencial Estrela de Mondego** €, Calçada do Carmo 25 (nicht weit vom oberen Ausgang Bahnhof Rossio), http://pensao-residencial-estrela-do-mondego.lisbon-hotel.org, Tel. 213462864. **Klein, aber fein:** Einfache, klassische und preiswerte Kleinpension ohne Schnickschnack.

220 [V19] **Residencial Florescente** €€€, Rua Portas de Santo Antão 99, Tel. 213426609, www.residencialflorescente.com, Metro: „Restauradores". **Mitten im Kneipenviertel Rua Portas de Santo Antão:** Das Residencial bietet einigen Komfort. Das Hotel vermittelt günstige Mietwagen. Auch Dreibettzimmer werden angeboten.

221 [V20] **Residencial Inn Rossio (Americano)** €€€, Rua 1° de Dezembro 73, Tel. 213474976, www.hotelamericano.com, Metro: „Rossio". **Günstige Unterkunft am Rossio:** In unmittelbarer Nähe zum Bahnhof Rossio bietet die ebenfalls sehr zentral gelegene Residencial Americano auf drei Etagen 49 einfach, aber funktional ausgestattete Zimmer. Das Hotel bietet einen Express-Wäschereiservice an.

222 [W20] **Residencial Norte** €€, Rua dos Douradores 159, mitten in der Baixa gelegen, http://pensao-residencial-norte.lisbon-hotel.org, u. a. deutschsprachige Reservierungsnummer unter Tel. (0049) 069 380789650. **Ideal zum Erkunden des Zentrums:** Einfach, sauber, Gepäckaufbewahrung.

223 [W17] **Residencial Roxi** €€, Avenida Almirante Reis 31/Ecke Rua dos Anjos, Tel. 218126341, http://residencialroxi.com, Metro: „Intendente". **Wen die Straßenlage nicht stört:** Das kleine Familienhotel beherbergt 16 schlichte und ordentliche Einzel- bzw. Doppelzimmer, die alle über einen Wohnbereich/Sitzecke verfügen. Es kann mit oder ohne eigenes WC gebucht werden. Frühstück wird nicht angeboten. Die Zimmer liegen überwiegend zur Hauptstraße hin, weshalb viele Leser den Straßenlärm monieren. Nachteilig ist eventuell auch, dass nur wenig Englisch verstanden wird – mit Französisch kommt man gut zurecht.

Pensionen (Pensões)

In Pensionen findet man üblicherweise Einzel- oder Doppelzimmer, seltener dagegen Mehr- bzw. Vielbettzimmer, in der Regel jeweils ohne Frühstück. Die Kosten variieren je nach Lage, Ausstattung und Saison zwischen etwa 50 und 150 €/DZ. Die offizielle Einstufung in Portugal erfolgt in die Kategorien „1a" (höchste Kategorie) bis „4a" (unterste Kategorie).

Pensionen sind meist sehr schlicht ausgestattet, eignen sich aber gut als **preiswerte Unterkünfte für Kurzaufenthalte** bzw. als gute Alternative zur Jugendherberge. In jedem Fall werden beide von jugendlichen Reisenden/Backpackern bevorzugt, die weniger Wert auf Luxus, sondern das Hauptaugenmerk auf den Preis richten. Die folgenden Pensionen sind qualitativ nicht unbedingt besser als die genannten Jugendherbergen, haben aber den großen Vorteil, dass sie **sehr zentral liegen** und das Zentrum der Altstadt jederzeit gut zu Fuß erkundet werden kann. Außerdem ist eine

Vorabreservierung wie bei den Jugendherbergen nicht unbedingt erforderlich, man kann sich also zunächst selbst ein Bild machen und kauft nicht die Katze im Sack.

224 [V20] **Pensão Estação Central** €, Calçada Do Carmo 17 (Ecke 1° Dezembro), Tel. 213423308, http://pensao-estacao-central.lisbon-hotel.org/de. **Eine Institution im Zentrum:** In unmittelbarer Nähe zum Rossio liegt diese Pensão mit 27 Einzel- und Doppelzimmern. Die Zimmer sind einfach, aber in Ordnung, verfügen über ein eigenes Bad und verteilen sich über mehrere Etagen des Altstadtbaus. Wäschereiservice und eine kleine Bar.

225 [V19] **Pensão Gerês** €, Largo Domingos, https://pensao-residencial-geres.business.site. **Eine der günstigsten Unterkünfte Lissabons:** Hinter dem Nordende des Praça Figueira und der Kirche Igreja São Domingos liegt am Largo Domingos diese hübsche, kleine, familiär geführte Pension, die über im Jahr 2020 renovierte Einzel- bis Vierbettzimmer verfügt. Kein Frühstück. Hauptvorteil ist auch hier die absolut zentrale Lage im Altstadtkern.

226 [V20] **Pensão Ibérica** €€, Praça Figueira 3 (Ecke Rua Jardim do Regedor), Tel. 218865781. **Beliebt bei Rucksackreisenden:** Von den zahlreichen Pensionen verdient diese am Praça Figueira – Eingang neben dem Mercado Figueira – eine Erwähnung. Einfache, aber angenehme DZ mit Klimaanlage.

227 [W20] **Pensão Nova Goa** €€, Rua Arco M. de Alegrete (zentral beim Pr. M. Moniz), www.pensaonovagoa.com, Tel. 218881137, einfache DZ inkl. Frühstück 80 €, 3er-Zimmer 110 €. **Zentral und mit gutem Service:** Klimaanlage, Fahrzeugverleih.

228 [W20] **Pensão Praça Figueira** €-€€, Travessa Nova de S. Domingos 9, Tel. 213426757, www.pensaopracadafigueira.com. **Familiäre Backpacker-Hochburg:** In unmittelbarer Nachbarschaft bietet die Pension durchaus ordentliche und gut ausgestattete Zimmer für 2–6 Personen an, mit oder ohne eigenem Bad. Praktisch für Backpacker: Wäschereiservice, Gepäckaufbewahrung, Touren- und Leihfahrzeugvermittlung.

229 [V19] **Quinta Colina Boutique Guesthouse** €€€€, Calçada de Santana 198, Tel. 914176969, www.shiadu.com/quinta-colina. **Einfach und ruhig:** Etwas versteckt im Distrikt Anjos, noch zentral nahe der Bergstation Elevador do Lavra. Sehr ruhig, schöne Zimmer und ein Penthouse.

Jugendherbergen und Hostels

Die Jugendherbergen *(Pousadas de Juventude)* Lissabons **stehen jedermann offen**, der einen internationalen Hostelausweis vorlegen kann. Die Mitgliedschaft muss im Heimatland beantragt werden, kann online erfolgen und kostet 7 €/Jahr (ab 27 J. und Familien/Partner 22,50 €); Details s. u. www.jugendherberge.de/mitgliedschaft.

In Lissabon selbst gibt es zwei Jugendherbergen des portugiesischen Jugendherbergsverbandes, aber auch unabhängig geführte Hostels:

230 [U18] **Bluesock Hostels Lissabon** €€, R. Manuel Jesus Coelho 1, Tel. 938758267, www.bluesockhostels.com. **An der Avenida:** Am Nordende der Kneipenmeile Antao/José bietet das moderne Hostel neben Unterkunft auch Gepäckaufbewahrung, Airport-Transfer, Dachterrasse und Frühstücksservice.

231 [W21] **City Center Hostel** €, Rua Augusta 188, www.citycenterhostel.pt, Tel. 967421231. **Wer nicht viel Platz braucht:** Mehrere an sich schon nicht allzu große

0631b Abb.: wl

Zimmer sind zu 6-Bett-Schlafsaalräumen umfunktioniert worden. Günstig, aber auch nicht nach jedermanns Geschmack.

232 [T15] **Pousada de Juventude de Lisboa** €€, Rua Andrade Corvo 46, Metro: „Picoas“, (Ausgang Rua Andrade Corvo poente), Tel. 213532696, https://pousadasjuventude.pt. **Bei Jung und Alt gleichermaßen beliebt:** Die große Jugendherberge liegt in Zentrumsnähe. Eine Vorabreservierung ist empfehlenswert, gilt sie doch als eine der besten Jugendherbergen Portugals mit Bar, Gemeinschaftsraum, Spielraum und Internetanschluss. 12 Sechser-, 19 Vierer- und 14 Doppelzimmer, Rezeption 8–24 Uhr geöffnet.

233 Pousada de Juventude do Parque das Nações €-€€, Rua da Moscavide 47–101, https://pousadasjuventude.pt, Tel. 218920890. **Jugendherberge mit guter Anbindung an Bahnhof (Ost) und Flughafen:** Insbesondere für Bahnreisende interessant, da nahe dem Bahnhof Oriente gelegen. Zwischen Flughafen und Station Oriente pendelt der Bus Nr. 5. 19 Vierer- und 8 DZ mit Bad sowie zwei behindertengerechte DZ mit Bad. Die Rezeption ist 8–24 Uhr geöffnet.

Ferienwohnungen

Portugiesische Privatanbieter von Ferienwohnungen *(apartamentos turísticos)* müssen als offizielle Unterkunft registriert sein und das von den Tourismusbehörden verpflichtend zugeordnete Prädikat „AL“ (*Alojamento local,* Privatunterkunft) am Objekt tragen. Sie verfügen meist über ein bis drei Zimmer plus Bad und Küche (teilweise Kochnische), häufig auch Balkon oder Dachterrasse. Die Preise für vier Personen beginnen bei rund 100 € pro Nacht, wobei meist eine Woche als Buchungsminimum gilt. Anbieter ohne dieses Prädikat vermieten illegal, Strafen zieht dies allerdings nur für den Anbieter nach sich.

Wer außerhalb der wärmeren Monate reist, sollte wissen, dass die Häuser **nicht so massiv und gut isoliert** sind wie in Nordeuropa. Bei hohen Temperaturunterschieden zwischen Tag und Nacht sowie innen und außen können Kondenswasserprobleme an den „Kältebrücken" in Ecken, hinter Schränken, in Badezimmern und Küchen auftreten. Hotelzimmer und gute Apartments werden ausreichend per Elektroofen beheizt, viele Ferienwohnungen und -villen verfügen sogar über einen Kamin.

Wichtig ist bei den Ferienwohnungen eine **Vorabreservierung.** Bei vielen Wohnungen wird in Lissabon zusätzlich eine Endreinigungspauschale von 30–50 € berechnet.

› Einer der gerade auf Lissabon spezialisierten Anbieter für Ferienwohnungen ist die Firma **Lissabon-Altstadt** (www.lissabon-altstadt.de). Apartments und Wohnungen in zentraler Lage kosten hier pro Tag ab 100 € (2 Personen) bis 550 € für Luxuswohnungen für 8 Personen.

› **Fewodata e.K.** (www.ferienwohnungen.de/europa/portugal) bietet Apartments, Wohnungen und Gästezimmer in allen Preisklassen an. Eine durchschnittliche Wohnung (70 m²) im Zentrum für 2 Personen gibt es hier für 550–850 €/Woche, abhängig von der jeweiligen Jahreszeit.

› Eine ebenfalls sehr gute und umfangreiche Auswahl bietet die spanische Firma **City Siesta** (www.citysiesta.com, deutschsprachige Seite). Kleine Studios, die es in der Nebensaison schon ab 65 €/Nacht gibt, finden sich ebenso im Angebot wie komplett mit Waschmaschine und allen Extras ausgestattete große Wohnungen ab 200 €/Nacht. Der Hauptsaisonzuschlag beträgt 10 %, die Endreinigung ist bei diesem Anbieter jeweils inklusive.

234 [U19] **Aparthotel Eden,** Praça dos Restauradores 24, Tel. 213300541, 213216600, www.edenaparthotelvip.com, Metro: „Restauradores". **Komplette Ausstattung und zentrale Lage:** Unmittelbar neben der Touristeninformation liegt absolut zentral dieses Apartmenthotel, das auch schon als bestes städtisches Renovierungsprojekt ausgezeichnet wurde. Über Geschmack lässt sich bekanntlich streiten, manche Besucher halten das moderne Bauwerk inmitten der klassizistischen Häuserfront für deplatziert. Immerhin finden (Geschäfts-)Reisende hier voll ausgestattete, moderne Studios und Apartments mit Küchenzeileund im Hotelbereich u. a. einen Dachpool, Solarium und auf Anfrage Babysitting. Apartment-Hotelanlagen sind in Portugals Feriengebieten recht häufig anzutreffen und unterscheiden sich von Hotels durch die Ausstattung der Wohneinheiten als Apartments bei gleichzeitigem Verzicht auf Restaurantbetrieb. Im Eden kosten kleinere Studios pro Nacht ab 145 € (2er-Studio) bzw. 220 € (4er-Wohnung). Wochenpreise jeweils etwas günstiger.

Privatzimmer (Quartos Particulares)

Recht günstig kommt man privat in Lissabon unter, ab rund 60 €/DZ sollte man zumindest außerhalb der Hauptreisezeit (Juli/August) immer etwas finden. Im Zentrum Lissabons ist dies allerdings eher die Ausnahme, weitaus mehr Privatzimmer findet man in den Küstenvororten Cascais/Estoril (s. S. 84).

Apartment-Hotels wie das Eden erfreuen sich zunehmender Beliebtheit

Hierzu wendet man sich am besten an die jeweilige Touristeninformation vor Ort, die über eine vollständige Liste aller Privatanbieter verfügen. Des Öfteren versuchen die Informationen dabei aber, die Touristen in teurere Hotelanlagen zu bugsieren – da muss man einfach etwas hartnäckig sein.

Camping

Das klassische Camping *(acampamento, campismo)* ist in Lissabon naturgemäß nicht sehr verbreitet, einen Platz in Zentrumsnähe gibt es allerdings:

⚠**235** [G16] **Lisboa Camping & Bungalows,** Est. da Circunvalação, Tel. 217609620, www.lisboacamping.com. Lisboa Camping & Bungalows liegen im Nordwesten von Lissabon im Park von Monsanto. Der Platz ist in etwa einer Dreiviertelstunde mit dem Bus 714 ab Praca Figueira und Praca do Comércio vom Zentrum aus und mit dem gleichen Bus in 20 Minuten von Belém aus zu erreichen und kommt daher nur bei einem längeren Aufenthalt in Betracht. Auf dem Platz können insgesamt 70 Bungalows (2–20 Pers.) angemietet werden. Alle Bungalows umfassen Strom, Warmwasser, Telefon, Kabelfernsehen, eine ausgestattete Kitchenette, Badezimmer, Bettwäsche, Handtücher und tägliche Zimmerreinigung. Die Kosten für einen Bungalow beginnen bei 55 € für zwei bzw. 85 € für sechs Personen, das Camping (400 Zeltplätze) kostet 8 € p. P. zzgl. 7,50 €/Zelt bzw. 8–12,50 €/Wohnwagen. Auf dem Gelände stehen Sportmöglichkeiten (Tennis, Schwimmbad, Skatebahn), Unterhaltungsmöglichkeiten (Kinderspielplätze, Solarium, Minigolfplatz, Amphitheater), Bars und Restaurants sowie ein Minimarkt zur Verfügung.

Auf das prinzipielle **Campingverbot außerhalb ausgewiesener Plätze** (Waldbrandgefahr) sei an dieser Stelle ausdrücklich hingewiesen. Grundsätzlich unterliegen alle Campingplätze einer offiziellen Einstufung von 1 bis 4 Sternen. Eine recht gute Gesamtübersicht über alle Plätze rund um Lissabon bietet die Website www.camping-portugal.org.

Verhaltenstipps

- **Niemals Portugiesen mit Spaniern gleichsetzen,** was unbedarften „spanienerfahrenen" Touristen sehr häufig durch die versehentliche Verwendung der (spanischen) Dankesformel „gracias" (anstatt portugiesisch „obrigado"/männl. bzw. „obrigada"/weibl.) passiert!
- Lissabon ist eine internationale Metropole, sich einfach so in einem Lokal einen Tisch zu suchen, gilt als ungehörig – man sucht den Blickkontakt zu einem der Kellner, der den Besuchern einen **Tisch zuweist.** Diese Regel gilt nicht nur für Restaurants der gehobenen Kategorie, sondern auch für gutbürgerliche Lokale. Nur in einfachen Lokalen, Cafés, Straßenrestaurants und natürlich in Fast-Food-Lokalen gilt: Wer zuerst kommt, mahlt zuerst.
- Als ebenso unziemlich wird der **Besuch von Kirchen und Museen** oder auch Diskotheken in kurzen Hosen, mit nacktem Oberkörper o. Ä. betrachtet.
- Irgendwie haben es die Engländer geschafft, das charakteristische *queueing-up* (diszipliniertes Schlangestehen in Reih und Glied) unter anderem auch nach Portugal zu exportieren – ein absolutes Muss an den Haltestellen der öffentlichen Verkehrsmittel, an Kassen, Infoständen usw.
- Allgemein gelten die Portugiesen als sehr freundlich und höflich, dabei als weit weni-

ger aufdringlich, laut oder „machohaft“, als es die immer noch verbreiteten Klischees gegenüber Südeuropäern vermuten ließen. Besucher sollten jedoch stets darauf achten, die **Privatsphäre nicht zu verletzen.** Bei aller Freundlichkeit bleibt man Fremden gegenüber immer etwas reserviert. Eine Ausnahme bilden **Kleinkinder** – über diese kommt man meist sehr schnell in Kontakt zu den außerordentlich kinderlieben Portugiesen.

Verkehrsmittel

Fahrscheine, Kombitickets, Lisboa Card und Viva Viagem

Für die öffentlichen Verkehrsmittel gibt es **mehrere Ticketalternativen.** Hierzu muss man zunächst wissen, dass es keinen „Universalbetreiber“ für die verschiedenen Verkehrsmittel gibt, sondern dass **mehrere Unternehmen am Verkehrsverbund beteiligt** sind.

Es gibt in Lissabon vier größere Unternehmen, die nicht nur Einzel-, Tages- oder Monatstickets anbieten, sondern auch Kombinationen für zwei oder drei dieser Betreiberfirmen

- **Metropolitano de Lisboa:** Metro, www.metrolisboa.pt
- **CP-Bahn:** S-Bahn, www.cp.pt
- **Transtejo:** Fähren, https://ttsl.pt
- **Carris:** Betreiber von Stadtbussen, Straßenbahnen und Funiculars, www.carris.pt (App s. S. 184)

Jedes Verkehrsmittel kann natürlich per Einzelfahrschein genutzt werden, was aber bei Einzelfahrpreisen zwischen 1,40 und 6 € und intensiver Nutzung der Verkehrsmittel erheblich ins Geld geht. Am Verkehrsmittel selbst sind erhältlich:

- Einzelkarte Fähre ab 1,60 €
- Einzelkarte Bus 2,20 €
- Einzelkarte Metro (Automat, vor Betreten der abgesperrten Innenbereiche) 1,70 €, zwei Zonen 2,30 €
- Tram 3 €
- Funiculare bis zu 3,80 €
- Elevador de Santa Justa 6 €

Grundsätzlich und vereinfacht dargestellt gibt es drei Typen von **Zeit- bzw. Mehrfahrtentickets** für Besucher der Stadt:

- Die **Lisboa Card** (s. S. 205): die beste Wahl, wenn man viel besichtigt und viel herumfährt.
- **Viva-Viagem- oder 7-Colinas-Card:** mit Prepaid-Guthaben aufladbare Karten. Praktisch, wenn man während des Gesamtaufenthalts eher wenig fährt.
- **Viva-Viagem- oder 7-Colinas-24-Stunden-Karte:** für zwei, drei oder vier Verkehrsmittel. Empfehlenswert, wenn man viel fährt und ab und zu etwas besichtigt. Schon die Tram- und Standseilbahnfahrten lohnen die Tageskarte (die datumsübergreifend 24 Stunden gilt und wieder aufladbar ist).

Am einfachsten ist für den Reisenden der Erwerb der sogenannten **Lisboa Card,** die wahlweise eine Gültigkeitsdauer von 24 (22 €, Kinder ab 4 Jahren 15 €), 48 (37 bzw. 21 €) oder 72 Stunden (46 bzw. 26 €) besitzt (gemessen ab der ersten Nutzung). Mit dieser Karte hat man freie Fahrt in (fast) allen öffentlichen Verkehrsmitteln (außer Fähren, S-Bahn und Sonderbussen, aber einschließlich S-Bahn nach Sintra und Cascais). Zusätzlich gewähren zahlreiche Sehenswürdigkeiten und Museen freien Eintritt oder zumindest einen Preisnachlass. Die Lisboa Card ist in großen Hotels und bei den Touristeninformationen

(s. S. 181) erhältlich. Sie kann auch im Vorhinein online erworben und an einer Touristinfo abgeholt werden, manchmal gibt es online Rabatt.

› www.visitlisboa.com/lisboa-card

Auch für Touristen gut sind **Viva Viagem** und **7 Colinas.** Hierbei handelt es sich um (leere) Plastikkarten zum Preis von 0,50 €. Welche der beiden Karten man erwirbt, ist unerheblich, sie funktionieren beide genau gleich. Man muss sich entscheiden, ob man **Zapping** oder **Tageskarten** (24 Std.) hinzubuchen möchte:

Beim **Zapping** kann man derzeit bis zu 20 € auf seine Viva-Viagem-/7-Colinas-Karte buchen und dieses Guthaben auf allen genannten Verkehrsmitteln der vier Betreiber „abfahren“. Die Fahrpreise sind günstiger als Einzelfahrten.

Alternativ kann man auch **24-Std.-Tageskarten** aufbuchen. Damit kann man beliebig viele Fahrten mit den Verkehrsmitteln im Gültigkeitsbereich tätigen. Es gibt wahlweise Tageskarten für Carris (Bus/Metro, 6,60 €), Carris/Transtejo (Cacilhas, Bus, Metro, Fähre, 9,70 €) und Carris/Metro/CP (Metro, Bus, und S-Bahnen Sintra/Cascais, 10,70 €).

Natürlich ist das **individuelle Fahr- und Nutzungsverhalten** der Reisenden sehr unterschiedlich, folgende Faustregel mag bei der Entscheidung helfen: Wer in begrenzter Zeit sehr viel die öffentlichen Verkehrsmittel nutzt und den Besuch einiger Museen plant, ist mit der Lisboa Card sicherlich nicht schlecht beraten. Wer eher im Stadtbereich Lissabon (ohne Vororte und ohne Tejo-Fähren), vielleicht zum Shoppen oder „äußeren Sightseeing“, unterwegs sein möchte, dem genügt eine 24 h-Karte der Metro/Carris-Kombination. Zapping bietet sich nur dann an, wenn man wenige Fahrten über einige Tage verteilt machen möchte.

Wichtig: Es kommen durchaus einmal Störungen bei den Karten vor – Quittung aufbewahren und bei der nächsten Kartenverkaufsstelle prüfen lassen! Zapping-Restguthaben können in eine andere Karte (z. B. Tageskarte) „umgewandelt“ werden oder verfallen.

Noch ein Wort zur **Etikette** bei der Nutzung von Bussen und Straßenbahnen: Egal ob beim Kartenkauf oder beim Einstieg – in Lissabon stellt man sich nahezu „britisch“, d. h. ordentlich in einer Reihe an, alles andere gilt als rüpelhaft. Nicht nur Busse, auch Straßenbahnen halten nur dann, wenn die Wartenden die **Hand zum Zeichen des Mitfahrens heben,** ansonsten wird nicht unbedingt angehalten. Und wer aussteigen möchte, muss zunächst einen der zahlreichen Klingelknöpfe im jeweiligen Fahrzeug betätigen.

Die Viva-Viagem-Karte ist eine lohnende Investition

Gleich welches Ticket man erwirbt, die **Nutzung** ist recht einfach. Alle Verkehrsmittel wurden automatisiert, beim Einstieg in Bus/Tram/Funicular (vorne) wird das Ticket an ein kleines Lesegerät hinter dem Fahrer gehalten, bis dieses grün leuchtet – der Fahrpreis wird automatisch abgezogen bzw. die Berechtigung bestätigt. In der Metro passiert man die Drehkreuze durch Auflegen des Tickets auf das winzige Lesegerät direkt davor (die Einstiegsstation wird gespeichert), ebenso beim Verlassen der Ausstiegsstation, wobei nun der Fahrpreis automatisch ermittelt und abgezogen wird. Bei Lisboa Card oder (Mehr-)Tageskarten wird lediglich das Gültigkeitsdatum geprüft. Falls es mit einem Ticket Probleme geben sollte: In allen Metrostationen gibt es Serviceschalter, an denen das Ticket sofort geprüft werden kann, daher sollte man den Kaufbeleg immer gut aufbewahren.

Kartenerwerb und Nachbuchung

Viele Reisende kommen am Flughafen an und können schon an der **Metrostation Airport** eine Viva Viagem oder 7 Colinas Card und bei der Touristeninformation in der Ankunftshalle die Lisboa Card erwerben.

Ist die Viva Viagem/7 Colinas Card aufgebraucht (Zapping oder 24-Std.-Karte), kann man **jedes beliebige andere Modell nachbuchen.** Man kann also die leergefahrene Carris-/Metro-Karte am **Bahnhof Rossio** oder **Cais do Sodré** als Tageskarte für die S-Bahn aufladen (oder Zappingbeträge aufbuchen).

An **Automaten** (S-Bahn Bahnhöfe oder Metrostationen) kann man ebenfalls nachbuchen, hierzu steckt man das Ticket in den Schlitz (englischsprachige Menüführung wählbar) und wählt auf dem Touchscreen nacheinander „reload – 24h-Ticket“ (S-Bahn: day) – cash“, woraufhin der zu zahlende Betrag erscheint. Geld einwerfen (überzähliges Restgeld wird ausgeworfen; Achtung: nur kleine Scheine), Ladevorgang abwarten, Ticket dabei nicht entfernen.

In großen **Metrostationen** kann man sich auch an die Angestellten am **Schalter** wenden, ebenso bei der Tejo-Fähre.

208lb Abb.: wl

Metro

Die **Metropolitano de Lisboa** oder auch **Metro Lisboa** umfasst ein derzeit rund 40 Kilometer langes Schienennetz, das 1959 seine Jungfernfahrt erlebte und seither permanent erweitert und verbessert wird. Anders als in manchen Untergrundbahnen anderer europäischer Metropolen, die oftmals steril, düster und bedrohlich wirken, wurde in Lissabon **besonderer Wert auf künstlerische Gestal-**

Die Metro – schnellstes Verkehrsmittel in der Hauptstadt

tung vieler Stationen und ein auch im Detail mit Farben und Symbolen versehenes Linienschema gelegt. Dafür mangelt es an fast allen U-Bahnhöfen an durchgängiger Erreichbarkeit der Bahnsteige über Rolltreppen sowie an Aufzügen für Menschen mit eingeschränkter Mobilität.

Die **vier Metrolinien** sind **farblich und mit Symbolen gegliedert**, wichtig für den Nutzer ist die Kenntnis der jeweiligen Endstation der Richtung, in die man fahren möchte, da diese sowohl an den Zügen als auch an den Treppen zu den Bahnsteigen als Wegweiser angebracht sind. Dies sind für die **blaue Linie** („Linha Azul") Reboleira bzw. Santa Apolónia, für die **gelbe Linie** („Linha Amarela") Rato bzw. Odivelas, für die **grüne Linie** („Linha Verde") Cais do Sodré bzw. Telheiras sowie für die **rote Linie** („Linha Vermelha") São Sebastião bzw. Aeroporto. Die letzte Erweiterung der roten Linie bis zum Flughafen ist für Reisende durchaus praktisch und 2024 wird die Erweiterung der „grünen" Linie von den Cais do Sodré über Santos und Estrela bis Rato eröffnet.

Die Metronutzung wurde durch die Einführung diverser **elektronischer Tickets** erheblich vereinfacht, für Einzelfahrscheine stehen Automaten (zweisprachige Menüführung Portugiesisch/Englisch) in allen Stationen bereit. Die Metro fährt täglich von 6.30 bis 1 Uhr nachts.

Tram/Straßenbahn

Im Stadtgebiet verkehren insgesamt nur fünf Linien, wichtig sind für den Reisenden vor allem die folgenden großen Haltestellen: **Praça do Comércio** 4 (am Arco Rua Augusta) für die Straßenbahn 15E (Richtung Belém, fährt bis Algés und zurück), **Praça da Figueira** 3 für die Linie 12E (Burg und Alfama, tolle Rundfahrt) und 15E (von/nach Belém), **Praça Martim Moniz** [W19] für die 28E (Richtung Basílica da Estrela westlich der Altstadt oder Richtung Burg und Alfama) und schließlich die **Cais do Sodré** 19 (Fähren, S-Bahn) für die 15E von/nach Belém.

Die 15E ist eine moderne Straßenbahn, bei den **Linien 12E** (Rundkurs) **und 28E** (Martim Moniz – Campo de Ourique) hingegen handelt es sich um **urige, hölzerne Einkabiner.** Man sollte beide unbedingt mehrfach nutzen, vor allem die 12E rumpelt unnachahmlich durch die engen Häuserfronten der Alfama!

209lb Abb.: wl

Der **Einzelfahrschein** bei Carris ist vor allem für die beliebten Funiculare und alten Straßenbahnen teurer als die Nutzung einer Viva Viagem Card (s. S. 205).

Busse

Überlandverbindungen

Der **zentrale Busbahnhof** *(Central Rodoviária)* für Städteverbindungen innerhalb Portugals und internationale Linien liegt am Sete Rios/Praça Humberto Delgado (Metro: „Jardim Zoológico", dort beschildert eine kleine Rolltreppe außen an der Metrostation hinauf), Info-Tel. 213613000.

Von hier aus hat man Anbindung zu allen wichtigen Orten Portugals, insbesondere die Hauptorte an der Algarve (je nach Ziel zwischen 55 und 90 €) werden mehrfach täglich von den gelbgrünen Bussen der Firma EVA oder den blauen der Firma RENEX angefahren.

Stadtbusse

Die Stadtbusse der Firma Carris fahren praktisch rund um die Uhr, wobei zwischen Tages- und Nachtbussen (erstere fahren alle 5 bis 15 Minuten, letztere alle 30 bis 60 Minuten) bei gleichen Busnummern unterschieden wird. Vor allem die folgenden Linien (E = Tram) dürften für den Lissabonbesucher von Nutzen sein:

- **E-12:** Praça Figueira - Burgviertel - Praça Figueira
- **E-15:** Praça Figueira - Praça Comercio - Cais do Sodré - Museu Nacional de Arte Antiga
- **E-18:** Cais do Sodré - Museu Nacional de Arte Antiga
- **E-25:** Praça Comercio - Terreiro Paço - Basílica Estrela
- **E-28:** Martim Moniz - Graça - Miradouro Sta. Luzia - Kathedrale - Basílica Estrela
- **714:** Belém - Caís do Sodré & Praça Figueira
- **728:** Belém - Caís do Sodré & Terreiro Paço
- **208:** Oriente (Park d. Nationen) - Caís do Sodré - Martim Moniz (zu Tram E-12) - Flughafen
- **760:** Oriente (Park d. Nationen) - Caís do Sodré - Martim Moniz (zu Tram E-12)
- **737:** Praça Figueira - Castelo S. Jorge (via Kathedrale und Sta. Lucia)
- **712:** Praça Marquês de Pombal - Rossio - Praça Comercio - Estação Santa Apolónia
- **744:** M. Pombal - Flughafen
- **205, 732:** Praça Marquês de Pombal - Caís do Sodré
- **705, 708:** Oriente (Park d. Nationen) - Flughafen

Gigantische Comic-„Azulejos" in der Metrostation Oriente

S-Bahn

Bedeutung für Reisende haben die beiden **S-Bahn-Terminals Cais do Sodré** 19 (Metroanbindung) für Belém (s. S. 62), Cascais und Estoril sowie **Rossio** für Queluz 53 und Sintra 54. Fahrten mit diesen Vorortzügen sind generell nicht in der Lisboa Card (s. S. 205) oder in Tageskarten enthalten, hierfür sind Einzelfahrscheine an den Automaten am Bahnsteig zu erwerben. Ausnahmen gibt es auch hier: Die Lisboa Card deckt die Strecken Cais do Sodré–Cascais/Estoril und Rossio–Sintra/Queluz ab.

Die Menüführung der Automaten für Einzelfahrscheine wurde benutzerfreundlich zweisprachig (Portugiesisch und Englisch) gestaltet. Man wählt per

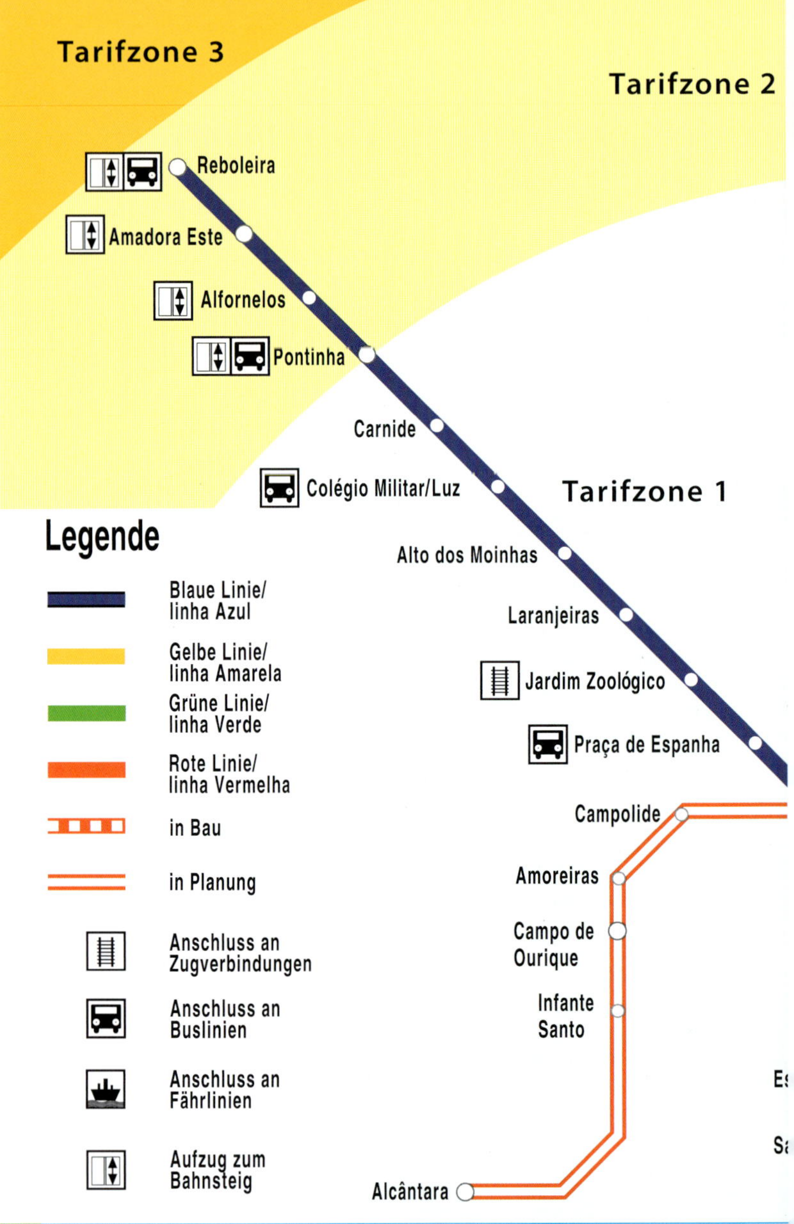
Tarifzone 3
Tarifzone 2
Reboleira
Amadora Este
Alfornelos
Pontinha
Carnide
Colégio Militar/Luz
Tarifzone 1
Alto dos Moinhas
Laranjeiras
Jardim Zoológico
Praça de Espanha
Campolide
Amoreiras
Campo de Ourique
Infante Santo
Alcântara
Rio Tejo
Legende
Blaue Linie/ linha Azul
Gelbe Linie/ linha Amarela
Grüne Linie/ linha Verde
Rote Linie/ linha Vermelha
in Bau
in Planung
Anschluss an Zugverbindungen
Anschluss an Buslinien
Anschluss an Fährlinien
Aufzug zum Bahnsteig

Odivelas
Senhor Roubado
Ameixoeira
Lumiar
Alta de Lisboa
Aeroporto
Encarnação
Portela
Sacavém
Moscavide
Quinta das Conchas
Campo Grande
Telheiras
Oriente
Cidade Universitária
Alvalade
Cabo Ruivo
Olivais
Entre Campos
Roma
Chelas
ampo Pequeno
Areeiro
Bela Vista
Olaias
São Sebastião
Saldanha
Alameda
Parque
Picoas
Arroios
Marquês de Pombal
Anjos
Intendente
Avenida
Rato
Martim Moniz
rela
Restauradores
Rossio
ntos
Baixa-Chiado
Cais do Sodré
Terreiro do Paço
Santa Apolónia
Rio Tejo

210lb Abb.: wl

„Spezialtram“ für steile Anstiege: Ascensor (Funicular) da Glória

Zifferntastatur die gewünschte Zielstation, der Preis erscheint und nach Einwurf des entsprechenden Betrags wird die (Einzel-)Karte ausgedruckt. Die S-Bahnen sind **sehr sauber und pünktlich**, deutliche Durchsagen weisen auf die jeweils nächste Haltestation („proxima paragem: ...“) hin.

Ascensor (Funicular) und Elevador (Aufzug)

Von der Achse Baixa – Avenida da Liberdade aus geht es sowohl ost- als auch westwärts recht steil die Hügel hinauf. Während sich Richtung Burg 10 (Viertel Mouraria und Alfama) die Trams (12 und 28) noch ächzend die Hügel hinaufquälen können, gibt es in westlicher Richtung neben der Tram 28 Richtung Campo de Ourique noch andere urige Verkehrsmittel, die den Aufstieg erleichtern: Die **Ascensor da Bica** [U21], **Ascensor do Lavra** [V19] und vor allem die **Ascensor da Glória** [U20] (mit tollem Aussichtspunkt am oberen Ende) genannten kurzen **Bergtrams** bzw. **Standseilbahnen**, die auch „Funicular“ oder „Elevador“ genannt werden, sowie den **Elevador de Santa Justa** 5, tgl. 7–20.45 Uhr, einen ungewöhnlichen, zwei Straßen verbindenden **Freiluftstahlaufzug** aus der Schule des Eiffelturm-Erbauers Gustave Eiffel, der praktisch zum Wahrzeichen der Altstadt wurde. Die Benutzung des Elevador de Santa Justa kostet 5,15 € (einfach), die anderen können mit Zapping oder einer 24-Std.-Karte genutzt werden.

Fähren

Die Firma Transtejo verbindet mit zahlreichen Fährschiffen **Nord- und Südufer des Tejo**, vor allem Berufspendler nutzen diese Möglichkeit für ihren täglichen Weg zur Arbeit. Für den Urlauber ist dabei nur eine Linie von Belang, die aber eine **empfehlenswerte Route** ermöglicht: Ab den zentralen Cais do Sodré 19 pendelt spätestens alle 15 Minuten 5.35–2.30 Uhr eine Fähre ans Südufer nach Cacilhas zur Cristo-Rei-Statue 44 (1,60 € bei Zapping).

Taxi

Wer am Flughafen ankommt, kann bei der Touristeninfo in der Ankunftshalle sogenannte **Taxi-Vouchers** (Gutscheine) für die Fahrt zur Unterkunft erwerben (kosten je nach Ziel in der Innenstadt etwa 30 €) oder natürlich auch direkt in ein Taxi (außen vor der Ankunftshalle) steigen, was bei Zielen im Zentrum normalerweise nicht teurer kommt.

Wochentags gilt der **Tarif** 1, an Wochenenden sowie von 21 bis 6 Uhr der Tarif 2, bei Fahrten in Vororte oder außerstädtische Ziele gibt es weitere Sondertarife. Die Grundgebühr beträgt 3,25 € (bzw. 3,90 € bei Tarif 2), pro Kilometer kommen 0,47 € (nachts 0,56 €) und außerdem 0,25 € pro „Standminute" im Stau bzw. an der Ampel hinzu. Nachts und bei wenig Verkehr zahlt man nicht mehr als 20 € vom Flughafen in die Stadt, was die Festpreis-Taxivoucher unrentabel macht. Für Gepäckstücke im Kofferraum werden pauschal 2 € hinzuaddiert, bei telefonischer Taxibestellung (Tel. 218119000 oder 218111100) nochmals 0,90 €. Taxis ab 5 Sitzplätzen kosten rund ein Drittel mehr.

Der Fahrdienstleister **Uber** ist auch in Lissabon vertreten: Über die bekannte App können am Flughafen oder an anderen Orten der Stadt Fahrzeuge geordert werden.

› Infos und Registrierung unter www.uber.com/global/de/cities/lisbon

E-Scooter

Viele lieben sie, manche hassen sie – die allgegenwärtigen E-Scooter, die per QR-Code (Anmeldung über Mobiltelefon mit Kreditkarte) überall in Lissabon aufgegriffen und abgestellt werden können. Im Zentrum stolpert man nahezu überall über die rasanten Fortbewegungsmittel – auch zu Lasten des Stadtbilds. Es gibt mehrere Anbieter in Lissabon, sodass man, ist man einmal registriert, noch den „richtigen" Scooter finden muss. Größter Anbieter vor Ort ist derzeit LIME. Ähnlich wie beim Leihradsystem (s. S. 188) wird die App heruntergeladen, der Nutzer registriert, ein Scooter gesucht (die App zeigt den Ladezustand), der QR-Code eingescannt und los geht's!

› www.li.me/de

211lb Abb.: wl

Die grünschwarzen Taxis sind zuverlässig und nicht überteuert

Wetter und Reisezeit

Von den Hitzespitzen im Hochsommer abgesehen ist das **Lissabonner Klima mild**, sodass die portugiesische Hauptstadt **prinzipiell ganzjährig** besucht werden kann. Im Winter sinkt das Thermometer selten unter die 10 °C-Marke und ein angenehmer Nordwind mildert auch die hohen Sommertemperaturen etwas ab. Lufttemperatur, Sonnenscheindauer und Regentage entsprechen eher dem mediterranen denn dem rauen Atlantikklima. Verglichen etwa mit Innsbruck liegt die Jahresdurchschnittstemperatur in Lissabon um 10 °C höher bei gleichzeitig 20 % geringeren Regenmengen, die hauptsächlich zwischen November bis Februar niedergehen.

Vom zu erwartenden **Regen** braucht man einen Lissabontrip sicher nicht abhängig zu machen, da man sich auch bei etwas Regen in der Stadt nicht langweilen wird. Die weltweiten Klimaverschiebungen machen jedoch auch vor Portugal nicht halt: Rein statistisch fällt zwar der meiste Regen im Winterhalbjahr, in den letzten Jahren bekam jedoch vorwiegend die erste Aprilhälfte (Ostern) das meiste Wasser ab.

Das **Atlantikwasser** dagegen ist, vor allem im Hochsommer, einige Grade kälter, als man es vielleicht vom Mittelmeer gewohnt ist. Zwar kann von Mai bis November „erfrischend" gebadet werden, doch sollte man wissen, dass die Gewässer im Westen meist noch um 1–2 °C kühler sind als jene an der Algarve nahe der spanischen Grenze, wo sich der Atlantik allmählich mit dem Mittelmeer vermischt.

Das **Winterhalbjahr** ist keineswegs kalt, der Niederschlag erhöht jedoch die Luftfeuchtigkeit, weshalb es in Unterkünften ohne Heizmöglichkeit ungemütlich werden kann. Der Regen fällt in diesen Monaten nicht permanent, sondern in starken Schauern und lässt dann wieder Raum für längere wärmere Phasen mit 17–20 °C bei sehr angenehmer Frühlingssonne.

Die **sonnenintensivsten Monate Juni bis September** kennen fast keinen Regen, wohl aber ein anderes, manchmal unerwartetes Phänomen: den **Küstennebel,** der sich erst im Laufe des Tages allmählich lichtet. Derartige Nebelbänke hängen nicht geschlossen über der gesamten Küste, sondern nur abschnittsweise und kommen bei Besuchen der Strände von Cascais und Estoril des Öfteren vor.

Nominell wird bei vielen Veranstaltern, Unterkünften usw. zwischen Hauptsaison (Juli und August) und Nebensaison unterschieden. Die **Preise** der Nebensaison liegen durchschnittlich 20–25 % unter denen der Hauptsaison. Allerdings sind die touristischen Spitzenzeiten längst nicht so ausgeprägt wie etwa an der Algarve, die als Badeziel deutlich „sonnenabhängiger" ist als die Hauptstadt.

Generell sollte man die Hochsommermonate denn auch mehr wegen der Hitze denn wegen etwaiger touristischer Massen meiden. Der permanente Wechsel zwischen gut 30 °C auf der Straße und der Kühle klimatisierter Kaufhäuser, Verkehrsmittel, Museen usw. ist der Gesundheit eher abträglich.

Wetter in Lissabon

Durchschnitt	Jan	Febr	März	Apr	Mai	Juni	Juli	Aug	Sept	Okt	Nov	Dez
Maximale Temperatur	14°	15°	17°	20°	21°	25°	27°	28°	26°	22°	17°	15°
Minimale Temperatur	8°	8°	10°	12°	13°	15°	17°	17°	17°	14°	11°	9°
Regentage	15	12	14	10	10	5	2	2	6	9	13	15
Wassertemperatur	14°	14°	14°	15°	16°	17°	18°	19°	19°	18°	16°	15°

ANHANG

140lb Abb.: jg

Glossar

- **Aqueduto:** Aquädukt
- **Armillarsphäre:** Nautisches Instrument der Seefahrer im 15. und 16. Jh., das im Aussehen einem Globus aus Metallstreben ähnelt. In stilisierter Form ist sie oft als Ornament der Manuelinik zu finden.
- **Artesanato:** Kunsthandwerk, oft als Schild vor kleinen Geschäften zu finden
- **Avenida:** Prachtstraße, Allee; meist eine der Hauptverkehrsadern
- **Azulejo:** Wandfliese mit einer eigenen kunstgeschichtlichen Entwicklung in Portugal, im arabischen Raum beheimatet, während der Maurenherrschaft auf die Iberische Halbinsel gekommen
- **Caís:** Fährpier (im Unterschied zu Docas = Frachtpiers)
- **Calçada:** kleine Straße, oft steil ansteigend
- **Casa:** Eigentlich Privathaus, unter der Bezeichnung „Casa-Museu" steht es oftmals für ein kleines privates Museum im Haus einer berühmten Person.
- **Castelo:** Kastell, Burg, Wehranlage aus dem Mittelalter und/oder der frühen Neuzeit
- **Chafariz:** Brunnenanlage
- **Christusritterkreuz:** Symbol des Christusritterordens und Modifikation des Templerkreuzes, wurde als manuelinisches Ornament verwendet und bei allen Seeexpeditionen der Entdeckungsfahrer in die Segel gewebt.
- **Claustro:** Kreuzgang, überdachter Gang um einen Innenhof oder Garten im Kloster
- **Convento:** Klosteranlage
- **Descobrimentos:** portugiesisch für Entdeckungen, bezeichnet die Epoche der Entdeckungen und Eroberungen im 15. und 16. Jh.
- **Funicular:** Standseilbahn, im Prinzip eine alte Tram, die per Seilzug einen steilen Schienenweg hinaufgezogen wird.
- **Igreja:** Kirche
- **Jardim:** Garten, Park
- **Kapitelsaal:** Versammlungsraum für Klostermitglieder
- **Kassettendecke:** durch quadratische oder rechteckige Vertiefungen gegliederte Kirchendecke
- **Kenotaph:** symbolisches Grabmal, meist ein leerer Sarkophag
- **Krypta:** Unterirdischer Kirchenraum, in dem Reliquien aufbewahrt werden, mitunter auch der Grabraum von geistlichen Würdenträgern.
- **Largo:** kleiner Platz
- **Manuelinik:** portugiesischer Baustil des frühen 16. Jh., teils in spätgotische oder Renaissancebauten integriert
- **Miradouro:** Aussichtspunkt, teilweise als kleiner Park oder Terrasse angelegt
- **Mosteiro:** Kloster
- **Mouraria:** Maurenviertel
- **Netzgewölbe:** gotische Kirchendecke mit sich kreuzenden Rippen
- **Paço:** Kurzform für „Palácio"
- **Palácio:** Palast
- **Padrão:** Gedenkstein mit Wappen und Kreuz, den die Portugiesen in den von ihnen entdeckten Ländern als Zeichen der Entdeckung und der Inbesitznahme aufstellten.
- **Pilaster:** Wandpfeiler zur optischen Gliederung der Wandfläche
- **Praça:** großer Platz
- **Refektorium:** Speisesaal für Klosterangehörige
- **Sakristei:** Aufbewahrungsraum liturgischer Geräte in Kirchen
- **Sé:** Kathedrale, von *sede* = Bischofssitz
- **Seculo:** Jahrhundert
- **Seculo d'Ouro:** Das 16. Jahrhundert, als im Zuge der Entdeckungen in Übersee Reichtümer ins Land flossen, wird als „Goldenes Jahrhundert" oder „Goldenes Zeitalter" bezeichnet.

- **Talha Dourada:** vergoldete Holzschnitzereien aus dem Zeitalter des portugiesischen Barock
- **Travessa:** zwei größere Straßen verbindende Querstraße

Kleine Sprachhilfe

Diese kleine Sprachhilfe bietet eine Wortschatz-Grundausstattung. Für tiefer gehende Informationen wird der Kauderwelsch-Sprachführer „Portugiesisch – Wort für Wort“ des Reise Know-How Verlags empfohlen.

Aussprache

Je nachdem, vor welchem anderen Buchstaben ein Buchstabe steht, ob betont oder unbetont oder ob eventuell ein diakrytisches Zeichen (ã, õ, ê usw.) verwendet wird, die Aussprache eines Buchstabens kann stets vollkommen anders lauten. Rein vom Klang wird man mit etwas Übung bald feststellen, dass im Portugiesischen viele „Zischlaute“ (sch) vorkommen – das liegt an den Buchstaben g, j, s, z, ch und x, die sehr oft (s. u.) als „sch“ zu sprechen sind und dem Portugiesischen seinen besonderen Klang verleihen. Hier eine Übersicht über die jeweilige Aussprache der portugiesischen Buchstaben, die Vokale wegen ihrer Komplexität vorangestellt:

Buchstabe	Aussprache
a (unbetont)	kurzes „ä“ (wässern)
á, à und betontes a	langes „a“ (Wagen)
â	kurzes „a“ (Masse)
ã	nasales „ah“
e (betont) und é	langes „ä“ (Fähre)
e (unbetont)	sehr kurzes „e“ (Besen)
e unbetont/Auslaut	fast stumm (ich ess’)
ê	langes „e“ (Zeh)
ex und es/Anlaut	äsh, Escudo: Äshkudo
i	wie dt. „i“
i zwischen Vokalen	wie dt. „j“
o (betont), ó	kurzes betontes „o“ (Bock)
o (unbetont)	wie dt. „u“
ô	langes „o“ (**O**hren)
õ	nasales „oh“
b	wie dt. b
ç, c (vor e und i)	scharfes, stimmloses ß
c (vor a, o, u)	wie dt. „k“
c (vor t)	bleibt stumm
ch	wie dt. „sch“
g (vor a, o, u)	wie dt. „g“
g (vor e und i)	stimmhaftes g (Garage)
h (Anlaut)	stumm (hora – **ora**)
j	stimmhaftes g (Garage)
lh	lj
m (Auslaut)	nasal (bom wie frz. bon)
n/(Auslaut)	nasal (mon wie frz. mon)
qu (vor a und o)	wie „ku“
qu (vor e und i)	k
que (nur als Endung)	k
r	leicht gerollt
rr	stark gerollt
s (zwischen Vokalen)	stimmhaft (Hose)
s (Auslaut, Vokal folgt)	stimmhaft (Hose)
s (Auslaut, Kons. folgt)	sch
s (vor l, m, n, r, v)	stimmhaftes g (Garage)
s (vor sonstigen Konsonanten)	sch
v	wie dt. „w“
x	wie engl. „sh“
z	stimmhaftes „s“ (Hose)
z (Auslaut)	stimmhaftes g (Garage)

Die Aussprache des Portugiesischen ist nicht ganz ohne und lässt sich auch nicht mit anderen Sprachen ohne Weiteres vergleichen. Der **Wortton** – die Silbe im Wort, die betont wird – hängt prinzipiell von drei Faktoren ab:

(1) Zeigt ein Wort ein **diakritisches Zeichen** (ã, õ, ê usw.), so ist diese Silbe auch betont.

(2) Enthält die **letzte Wortsilbe** einen geschlossenen Vokal (i oder u) oder endet das Wort auf einen Konsonanten (außer s und m), wird die letzte Silbe betont.

(3) Ansonsten wird stets die **vorletzte Silbe** des Wortes betont.

Diphthonge – Doppellaute – sind **stets getrennt zu sprechen**, also heißt Portugals Fußballidol E-u-**sé**-bi-o, wobei das „se" zu betonen ist (nach Regel 1). Die Frage „Fala alemão" (Sprechen Sie Deutsch?) dagegen wird zunächst (Regel 3) bei F**a**-la und dann (Regel 1) bei a-le-**mã**-o zu betonen sein.

Fragen und Floskeln

Wie geht's, Herr .../ Frau ...	*Como está, senhor .../ dona ...*
Danke	*Obrigado* (weibl. *Obrigada)*
Sehr gut	*Muito bem*
Guten Morgen!	*Bom Dia!* (vormittags)
Guten Tag!	*Boa tarde!* (nachmittags)
Guten Abend!	*Boa noite!* (ab Dämmerung)
Hallo!	*Olá!*
Auf Wiedersehen!	*Adeus você!*
Sprechen Sie Deutsch/ Englisch?	*Fala alemão/ inglês?*
Ja/nein	*Sim/não*
bitte	(se) *faz favor/por favor*
Entschuldigung	*Desculpe (weibl. Desculpa)*
Macht nichts	*Não faz mal*
Entschuldigen Sie ...	*Com licença*
Gibt es	*Há ...*
Gibt es noch ...	*Ainda há ...*
Ich suche ...	*Eu procuro ...*
Ich hätte gerne ...	*Por favor, gostava ...*
Hilfe!	*Socorro*
Ich brauche Hilfe!	*Eu preciso de ajuda!*
Ich habe eine Erkältung/ Schmerzen/ Zahnweh/ Kopfschmerzen	*Tenho uma constipação/ dores/ dores de dentes/ dores de cabeça*
Ich suche ein Krankenhaus	*Eu procuro um hospital*
Rufen Sie einen Krankenwagen!	*Chame uma ambulância!*
Ich suche eine Apotheke	*Eu procuro farmácia*
Was ist das?	*O que é isto?*
Wie viel kostet ...?	*Quanto custa ...?*
Das nächstgelegene ...	*Mais próximo ...*
Ich spreche wenig Portugiesich	*Falo só um pouco português*
Ich habe nicht verstanden	*Não percebi nada*
Bitte wiederholen Sie das	*Pode repetir isso, faz favor*
Was bedeutet ...	*O que significa*
Eingang	*Entrada*
Ausgang	*Saída*
Kasse	*Caixa*
Kassenhäuschen	*Bilheteira*
Abflug/Ankunft	*Partida/Chegada*

Zeitangaben

Wann	*Quando*
Wie spät ist es?	*Que horas são?*
Um wie viel Uhr	*A que horas*

+++ **Die wichtigsten Wörter mit dem Bonus-Audiotrack des Kauderwelsch-**

Heute	*Hoje*
Gestern	*Ontem*
Vorgestern	*Anteontem*
Morgen	*Amanhã*
Übermorgen	*Depois de amanhã*
Vormittags	*De manhã*
Mittags	*Ao meiodia*
Nachmittags, abends	*À tarde*
Stunde	*Hora*
Minute	*Minuto*
Tag	*Dia*
Woche	*Semana*
Monat	*Mês*
Jahr	*Ano*
Montag	*Segunda-feira*
Dienstag	*Terça-feira*
Mittwoch	*Quarta-feira*
Donnerstag	*Quinta-feira*
Freitag	*Sexta-feira*
Samstag	*Sábado*
Sonntag	*Domingo*
Feiertag	*Feriado*
Januar	*Janeiro*
Februar	*Fevereiro*
März	*Março*
April	*Abril*
Mai	*Maio*
Juni	*Junho*
Juli	*Julho*
August	*Agosto*
September	*Setembro*
Oktober	*Outubro*
November	*Novembro*
Dezember	*Dezembro*

Zahlen

1	*Um (weibl. Uma)*
2	*Dois (weibl. Duas)*
3	*Três*
4	*Quatro*
5	*Cinco*
6	*Seis*
7	*Sete*
8	*Oito*
9	*Nove*
10	*Dez*
11	*Onze*
12	*Doze*
13	*Treze*
14	*Catorze/Cuatorze*
15	*Quinze*
16	*Dezasseis*
17	*Dezassete*
18	*Dezoito*
19	*Dezanove*
20	*Vinte*
30	*Trinta*
40	*Quarenta*
50	*Cinquenta*
60	*Sessenta*
70	*Setenta*
80	*Oitenta*
90	*Noventa*
100	*Cem*
500	*Quinhentos*
1000	*Mil*
5000	*Cinco mil*
10.000	*Dez mil*
100.000	*Cem mil*
1.000.000	*Um milhão*

Im Restaurant/auf dem Markt

Ist ein Tisch frei?	*Tem uma mesa livre?*
Die Speisekarte bitte	*A ementa, se faz favor*
Ein Bier vom Fass bitte (Flaschenbier)	*uma cerveja (em garrafa), se faz favor*
Zum Wohl	*Saúde*
Guten Appetit!	*Bom apetite!*
noch ein/eine ...	*mais um/uma ...*
Löffel/Gabel/Messer	*Colher/Garfo/Faca*
gekocht	*cozido*
im Ofen	*no forno*
Braten	*assado*
frittiert	*frito*

gegrillt	*grelhado/churrasco*
paniert	*panado*
Reiseintopf mit ...	*Arroz de ...*
...spieß	*Espetada de ...*
scharf/mild	*picante/suave*
...suppe	*Sopa de ...*
Brot	*Pão*
Butter	*Manteiga*
Sauce	*Molho*
Gut durch/ weniger durch	*Bem/ mal passado*
Frühstück	*Pequeno almoço*
Mittagessen	*Almoço*
Abendessen	*Jantar*
Servietten	*Guardanapos*
Ich suche die Toiletten	*Eu procuro a casa de banho*
Die Rechnung, bitte	*A conta, se faz favor*
Wechselgeld	*O troco*
Die Rechnung ist nicht korrekt	*A conta não está certa*

Mariscos	**Meerestiere**
Amêijoas	Miesmuscheln
Arenque	Hering
Atum	Thunfisch
Bacalhau	Stockfisch
Berbigão	Herzmuscheln
Besugo	Brasse
Camarão	Krabben/Garnelen
Caranguejo	Krebse
Cavala	Königsmakrele
Cherne	Zackenbarsch
Espadarte	Schwertfisch
Gambas	Garnelen
Lagosta	Languste
Linguado	Seezunge
Lula	Calamar
Mexilhão	Miesmuschel
Ostra	Auster
Peixe-espada	Degenfisch
Pescada	Seehecht
Polvo	Tintenfisch
Raia	Rochen
Robalo	Seebarsch
Salmão	Lachs
Sardinhas	Sardinen
Rodovalho	Steinbutt
Tamboril	Seeteufel
Truta	Forelle
Tubarão	Hai
Vieiras	Pilgermuschel

Carne	**Fleisch**
Bife	Beefsteak
Borrego	Lamm
Cabra	Ziege
Carneiro	Hammel
Coelho	Kaninchen
Costeletas	Kotelett
Entrecosto	Rippchen
Escalopes	Schnitzel
Fiambre	Schinken (gekocht)
Frango	Hähnchen
Galinha	Huhn
Lebre	Hase
Leitão	Spanferkel
Lombo	Lende
Paio	Rollschinken
Pato	Ente
Peru	Truthahn
Carne picada	Hackfleisch
Pombo/-a	Taube
Porco	Schwein
Salsichas	Würstchen
Vaca	Rind
Vitela	Kalb

Fruta	**Obst**
Alperce	Aprikose
Amora silvestre	Brombeere
Ananás	Ananas
Banana	Banane
Cereja	Kirsche
Figo	Feige
Framboesa	Himbeere

Fruta	**Obst**	**Hortaliça**	**Gemüse**
Laranja	Orange	*Alcachofra*	Artischocke
Limão	Zitrone	*Alho*	Knoblauch
Lima	Limette	*Azeitonas*	Oliven
Maçã	Apfel	*Batatas*	Kartoffeln
Melancia	Wassermelone	*Beringelas*	Auberginen
Melão	Honigmelone	*Cebola*	Zwiebel
Morango	Erdbeere	*Cenoura*	Möhre
Nectarina	Nektarine	*Cogumelos*	Pilze
Pera	Birne	*Ervilhas*	Erbsen
Pêssego	Pfirsich	*Milho*	Mais
Tâmara	Dattel	*Pimento*	Paprika
Tangerina	Mandarine	*Salat*	Salat
(Cacho de) Uvas	Weintrauben	*Tomate*	Tomate

Unterkunft, Verkehrsmittel und Einkauf

Ich möchte ein Zimmer mit Bad/ mit 2 Betten/mit Frühstück	*Queria um quarto com casa de banho/ com duas camas/com pequeno almoço*
Was kostet das pro Tag?	*Quanto custa (isso) por dia?*
Zu teuer, gibt es einen Nachlass?	*É muito caro, pode fazer um desconto?*
Wir haben ein Zimmer für 4 Tage reserviert	*Reservámos um quarto por quatro dias*
Eine Quittung bitte	*Um recibo, (se) faz favor*
Wo ist eine Bank/Post?	*Onde fica um banco/os correios?*
Telefonkarte/Briefmarken	*Cartão telefónico/selos*
Fünf Stück bitte	*Cinco daquilo, faz favor*
100 Gramm davon bitte	*Cem gramas disto, (se) faz favor*
Eine Fahrkarte nach ...	*Um bilhete para ...*
Wo?	*Onde?*
Wohin/woher	*Para onde/donde*
Ich möchte nach ... fahren	*Quero ir para ...*
Was kostet die Fahrt nach ...?	*Quanto custa a viagem para ...?*
Wann/wo fährt der Bus nach ... ab?	*Quando/onde sai o autocarro para ...?*
Ist das der Zug nach ...?	*Este é o comboio que vai para ...?*
Wo kann man ... kaufen?	*Ondo se pode comprar ...*
Welcher Bus fährt ins Zentrum?	*Qual é o autocarro que vai para o centro?*
Bahnhof	*Estação de comboios*
Busbahnhof	*Estação autocarros*
Flughafen	*Aeroporto*
Bushaltestelle	*Paragem de autocarros*
Straßenbahnhaltestelle	*Paragem de eléctricos*
U-Bahn-Station	*Estação do metro*

REISE
KNOW-HOW

Zugspitze, Foto: Aneta Niemitz

Register

Der Autor

Nach abgeschlossenem Studium der Slawistik, Sinologie und Geschichte arbeitete **Werner Lips** unter anderem als Offizier im Balkaneinsatz, Manager bei namhaften Unternehmen und Betriebsleiter in der Baunebenbranche. Heute unterrichtet er an Gymnasium und Hochschule Chinesisch, Russisch, Geschichte und Sport. Nebenbei hat der gefragte Europa- und Asien-Experte wiederholt Fernsehsender (WDR, VOX) und Behörden beraten.

Als Taucher, Motorradfahrer und Trekker ist er seit etlichen Jahren intensiv über und unter Wasser in Südeuropa und Fernost auf der Suche nach interessanten Reisezielen unterwegs. Dabei fiel ihm häufig echte Pionierarbeit zu, etwa als erster Reisejournalist überhaupt auf den seinerzeit taiwanesischen Militärinseln KinMen und MaTsu, mit dem ersten Reiseführer zu ausschließlich Nordzypern oder einem der ersten deutschsprachigen Reisebücher zu Montenegro.

Von ihm sind im Reise Know-How Verlag u. a. Reiseführer zur Algarve und zu Kroatien erschienen.

Danksagung

Zahlreiche Leserinnen und Leser haben kleinere und größere Veränderungen zwischen den Auflagen festgestellt und sich die Mühe gemacht, uns darüber zu informieren. Ich bedanke mich daher herzlich bei allen Informanten.

Impressum

Werner Lips

CityTrip^PLUS Lissabon

7., neu bearbeitete und aktualisierte Auflage 2023

ISBN 978-3-8317-3768-0

Printed in Germany

Druck und Bindung: mediaprint solutions GmbH, Paderborn

Herausgeber: Klaus Werner
Layout: amundo media GmbH (Umschlag, Inhalt), Wayan Rump (Umschlag)
Lektorat: amundo media GmbH
Karten: Ingenieurbüro K. Wendler, amundo media GmbH
Anzeigenvertrieb: KV Kommunalverlag GmbH & Co. KG, Alte Landstraße 23, 85521 Ottobrunn, Tel. 089 928096-0, info@kommunal-verlag.de
Kontakt: Osnabrücker Str. 79, 33649 Bielefeld, info@reise-know-how.de

---

Bildnachweis

Umschlagvorderseite: ©Sergii Figurnyi, stock.adobe.com | Umschlagklappe rechts: Jan Gerbach | Umschlagrückseite: Klaus Werner
Soweit ihre Namen nicht vollständig am Bild vermerkt sind, stehen die Kürzel an den Abbildungen für die folgenden Fotografen, Firmen und Einrichtungen. Werner Lips (der Autor): wl | Jan Gerbach: jg | Nadja Werner: nw

CITYATLAS

007lb Abb.: wl

1 cm = 3,5 km
5 km
Torres Vedras
Mafra
Ericeira
Sintra
Cascais
Estoril
Oeiras
Amadora
Odivelas
Queluz
Belem
Costa da Caparica
Costa do Estoril
Parque Natural de Sintra-Cascais
Serra de Sintra
Convento
Palácio Real
Convento dos Capuchos
Castelo dos Mouros
Autodromo do Estoril
Boca do Inferno
Torre de Belém
Mosteiro dos Jerónimos
Pousada Dona Maria I
Cabo da Roca
Ponto mais Ocidental da Continente Europeu
Cabo Raso
Faro da Gua
Faro do Bugio
Forte de São Julião da Barra
Praia São Sebastião
Praia do Sul
Praia de Foz do Lisandro
Praia da Samarra
Praia de Magoito
Praia das Maçãs
Praia Pequena
Praia Grande
Praia da Adraga
Praia do Guincho
Praia da Crismina
Praia de Carcavelos
Praia da Torre
Praia do Sol

Der hier abgebildete Kartenausschnitt entstammt der Reise Know-How **Landkarte „Portugal“** (world mapping project™) im Maßstab 1:350.000.

1 cm = 75 m

100 m

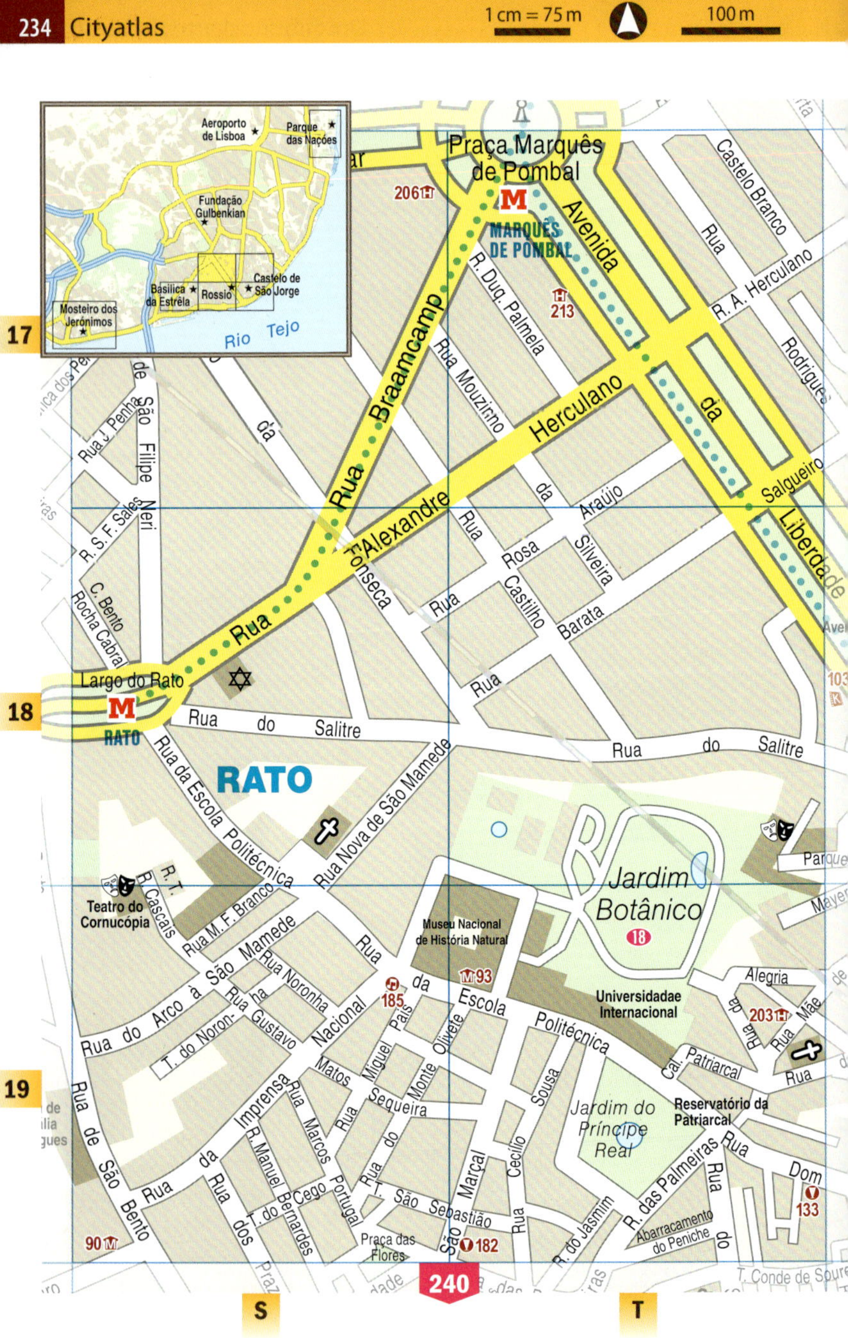

17

18

19

S

T

240

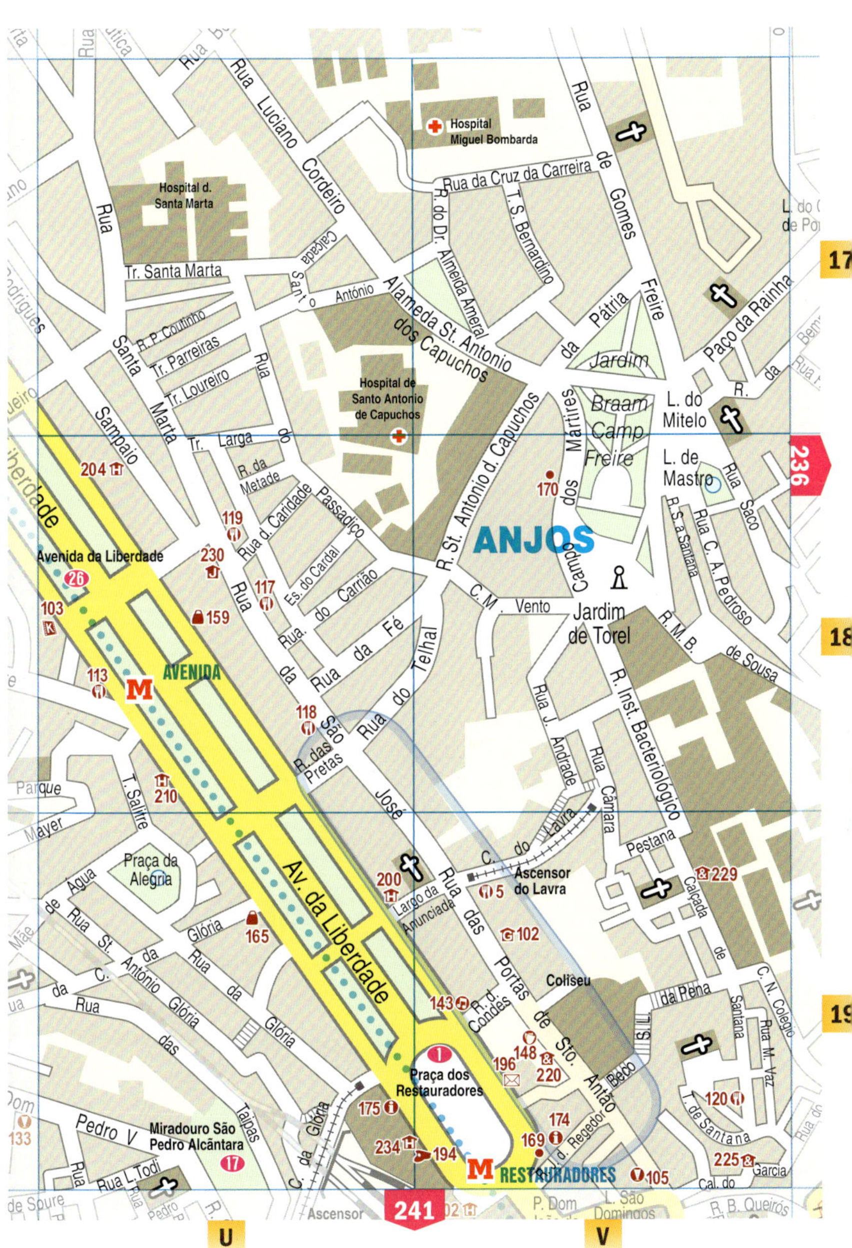
Hospital Miguel Bombarda
Hospital d. Santa Marta
Hospital de Santo Antonio de Capuchos
ANJOS
Jardim Braam Camp Freire
Jardim de Torel
Avenida da Liberdade
AVENIDA
Av. da Liberdade
Ascensor do Lavra
Coliseu
Praça dos Restauradores
RESTAURADORES
Praça da Alegria
Miradouro São Pedro Alcântara
Alameda St. Antonio dos Capuchos
Rua Luciano Cordeiro
Rua da Cruz da Carreira
Rua de Gomes Freire
Rua de Santa Marta
Rua Sampaio
Rua do Passadiço
Rua de São José
Rua das Portas de Sto. Antão
Rua da Fé
Rua do Telhal
Campo dos Mártires da Pátria
Paço da Rainha
L. do Mitelo
L. de Mastro
R. Inst. Bacteriológico
Calçada de Santana
Rua da Glória
Calçada da Glória
Pedro V
236
241
U
V
17
18
19

1 cm = 75 m

100 m

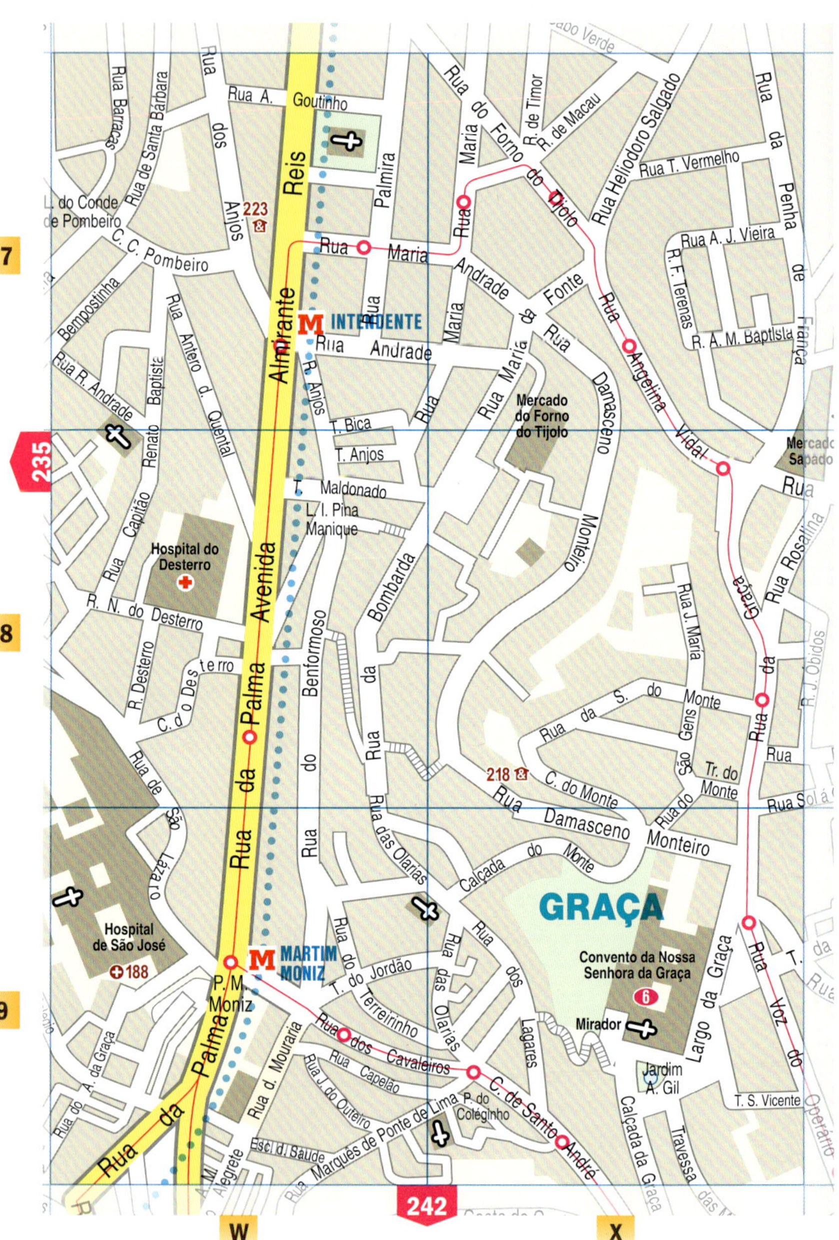

235
242

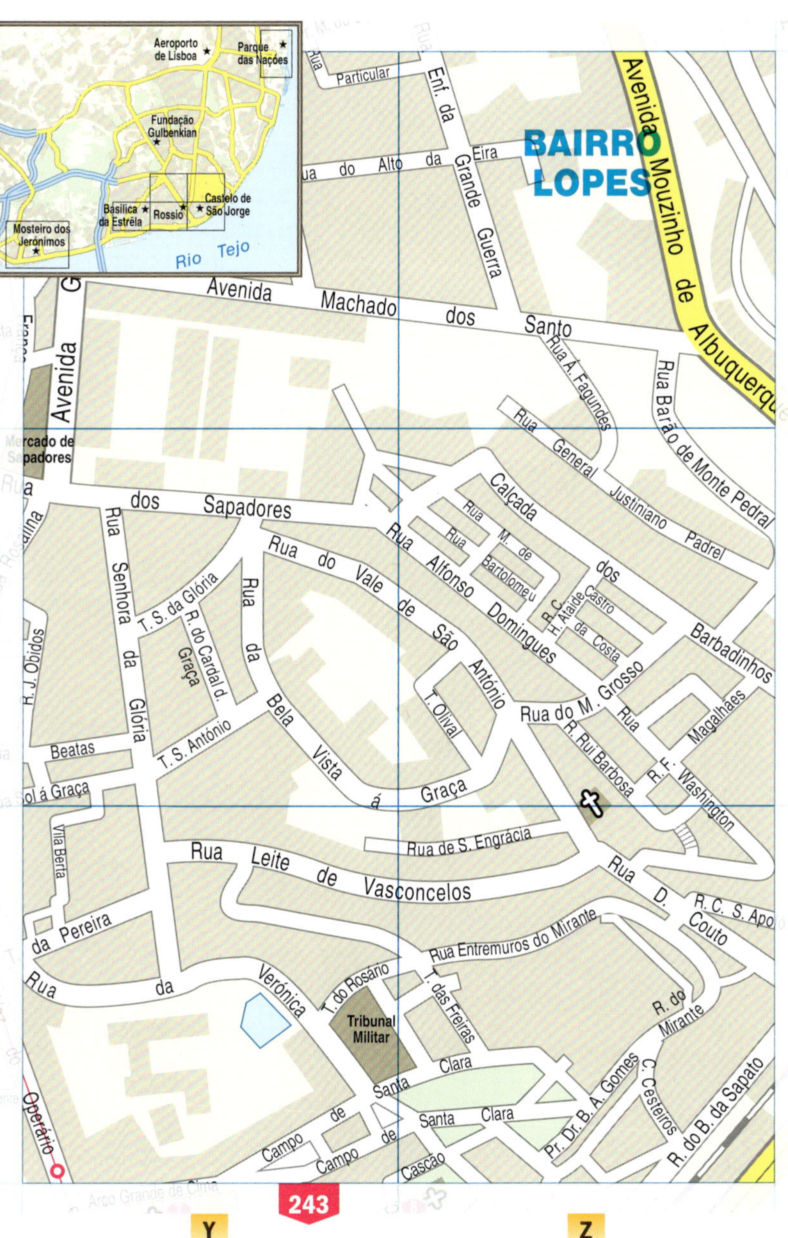
Aeroporto de Lisboa
Parque das Nações
Fundação Gulbenkian
Basílica da Estrêla
Rossio
Castelo de São Jorge
Mosteiro dos Jerónimos
Rio Tejo
BAIRRO LOPES
Avenida Mouzinho de Albuquerque
Avenida Machado dos Santos
Enf. da Grande Guerra
Rua do Alto da Eira
Rua Particular
Mercado de Sapadores
Rua dos Sapadores
Rua Senhora da Glória
Rua da Bela Vista á Graça
Rua do Vale de São António
Rua Alfonso Domingues
Calçada dos Barbadinhos
Rua General Justiniano Padrel
Rua Barão de Monte Pedral
Rua Á. Fagundes
Rua M. de Bartolomeu
R. C. H. Ataide
Castro da Costa
Rua do M. Grosso
R. Rui Barbosa
Rua Magalhães
R. F. Washington
T. Olival
T. S. da Glória
R. do Cardal d. Graça
T. S. António
R. J. Obidos
Beatas
Sol á Graça
Vila Berta
Rua de S. Engrácia
Rua Leite de Vasconcelos
Rua D. Couto
R. C. S. Apolónia
Rua Entremuros do Mirante
Rua da Pereira
Verónica
T. do Rosário
T. das Freiras
Tribunal Militar
Santa Clara
Campo de Santa Clara
Cascão
Pr. Dr. B. A. Gomes
C. Cesteiros
R. do Mirante
R. do B. da Sapato
Operário
Arco Grande de Cima
17
18
19
243
Y
Z

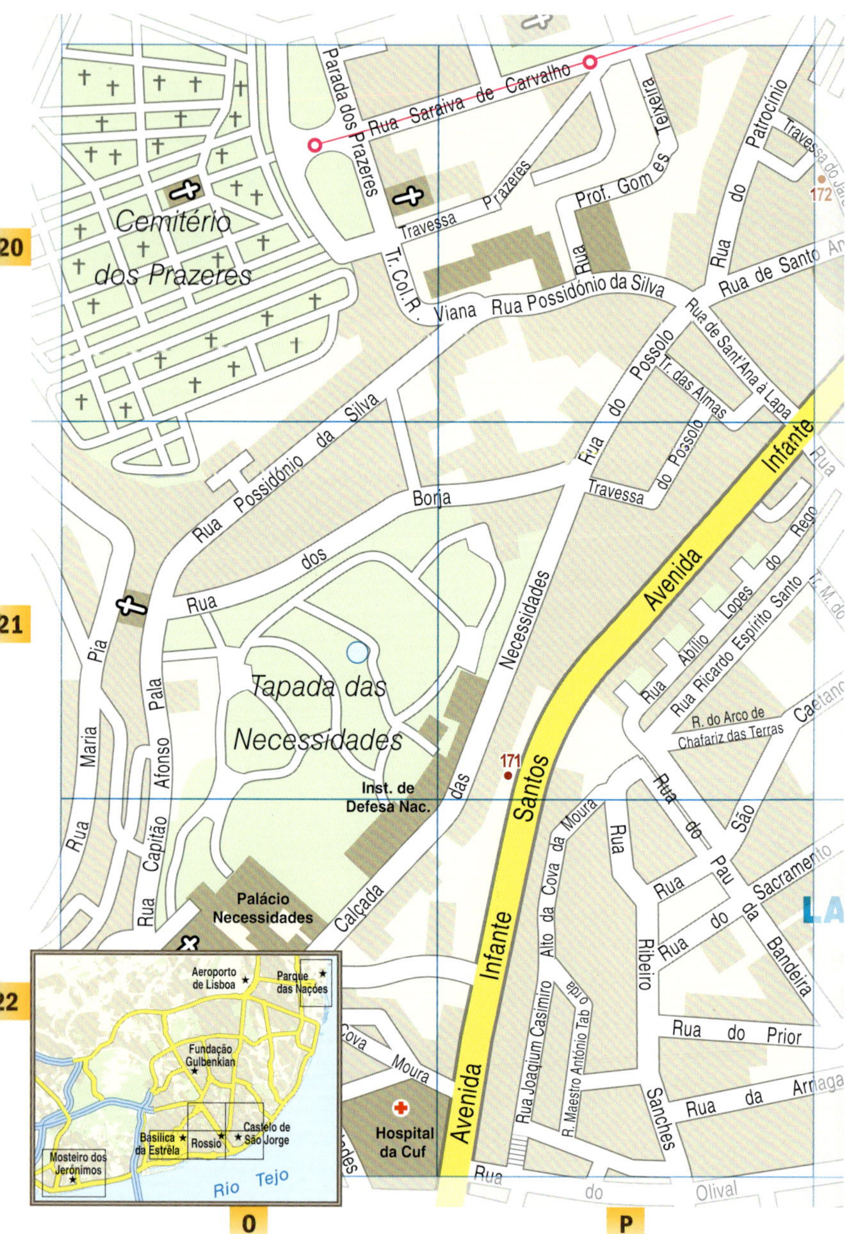
1 cm = 75 m
100 m
20
21
22
O
P
Cemitério dos Prazeres
Tapada das Necessidades
Inst. de Defesa Nac.
Palácio Necessidades
Hospital da Cuf
Rua Saraiva de Carvalho
Parada dos Prazeres
Travessa Prazeres
Rua Prof. Gomes Teixeira
Rua do Patrocínio
Rua de Santo An
Rua Possidónio da Silva
Tr. Col. R. Viana
Rua de Sant'Ana à Lapa
Tr. das Almas
Rua do Possolo
Travessa do Possolo
Avenida Infante Santos
Rua dos Borja
Rua Maria Pia
Rua Capitão Afonso Pala
Calçada das Necessidades
Rua Abílio Lopes do Rego
Rua Ricardo Espírito Santo
R. do Arco de Chafariz das Terras
Rua do São Caetano
Rua do Pau da Bandeira
Rua do Sacramento
Alto da Cova da Moura
Rua Ribeiro Sanches
Rua Joaquim Casimiro
R. Maestro António Taborda
Rua do Prior
Rua da Arriaga
Rua do Olival
Cova Moura
171
172
Aeroporto de Lisboa
Parque das Nações
Fundação Gulbenkian
Basílica da Estrêla
Rossio
Castelo de São Jorge
Mosteiro dos Jerónimos
Rio Tejo

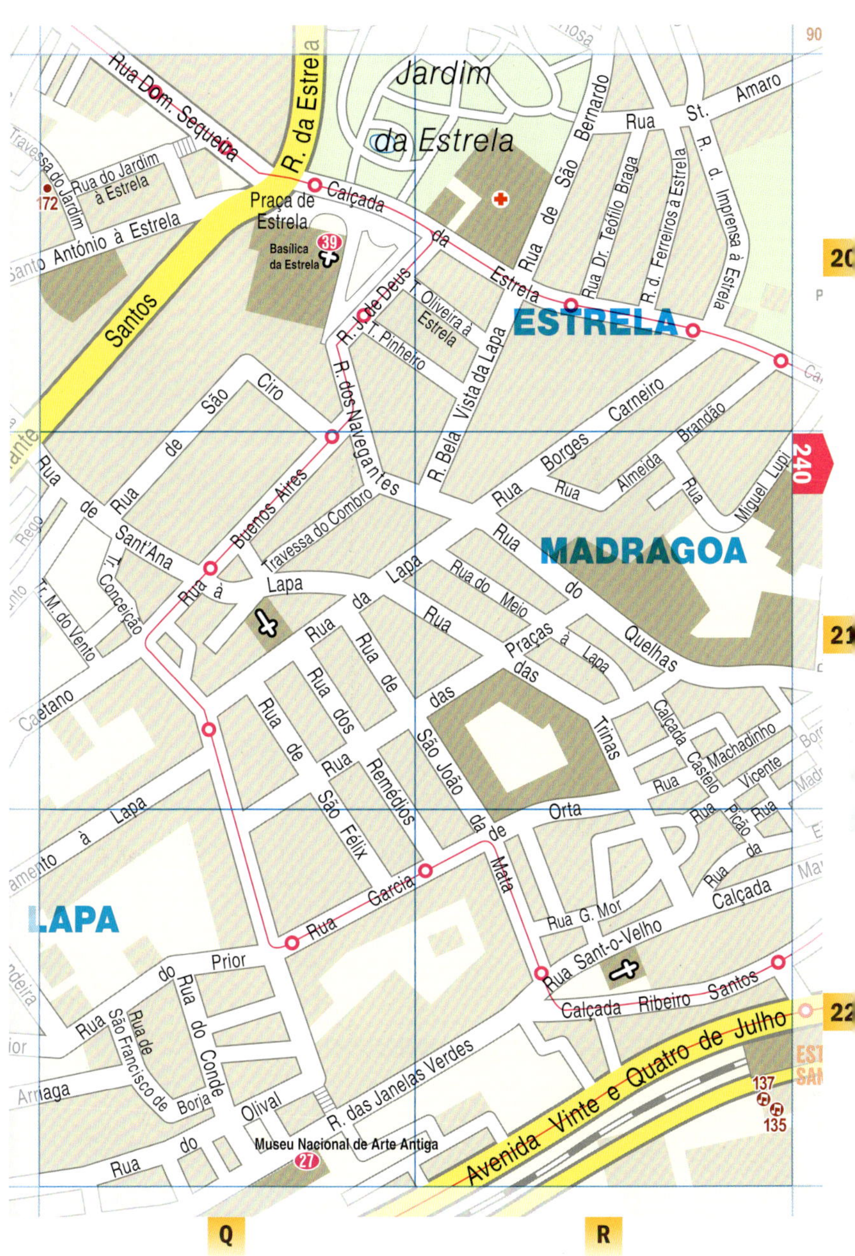
Jardim da Estrela
ESTRELA
MADRAGOA
LAPA
R. da Estrela
Rua Dom. Sequeira
Praça de Estrela
Basílica da Estrela
39
Calçada da Estrela
Santos
Santo António à Estrela
Rua do Jardim à Estrela
Travessa do Jardim
172
Rua de São Bernardo
Rua Dr. Teófilo Braga
R. d. Ferreiros à Estrela
R. d. Imprensa à Estrela
Rua St. Amaro
R. J. de Deus
T. Oliveira à Estrela
T. Pinheiro
R. dos Navegantes
R. Bela Vista da Lapa
Rua Borges Carneiro
Rua Almeida Brandão
Rua Miguel Lupi
Rua de São Ciro
Rua de Sant'Ana à Lapa
Rua Buenos Aires
Travessa do Combro
Rua à Lapa
Rua da Lapa
Rua do Meio
Rua do Quelhas
Rua das Praças à Lapa
Rua das Trinas
T. Conceição
T. M. do Vento
Caetano
Rua de São Domingos
Rua dos Remédios
Rua de São Félix
Rua São João da Mata
Rua de Orta
Rua Garcia
Calçada Castelo Picão
Rua Machadinho
Rua Vicente
Rua da Calçada
Rua G. Mor
Rua Sant-o-Velho
Calçada Ribeiro Santos
Avenida Vinte e Quatro de Julho
Rua do Prior
Rua do Conde
Rua de São Francisco de Borja
Arriaga
Olival
R. das Janelas Verdes
Museu Nacional de Arte Antiga
27
Rua do
137
135
90
20
21
22
240

Q R

1 cm = 75 m 100 m

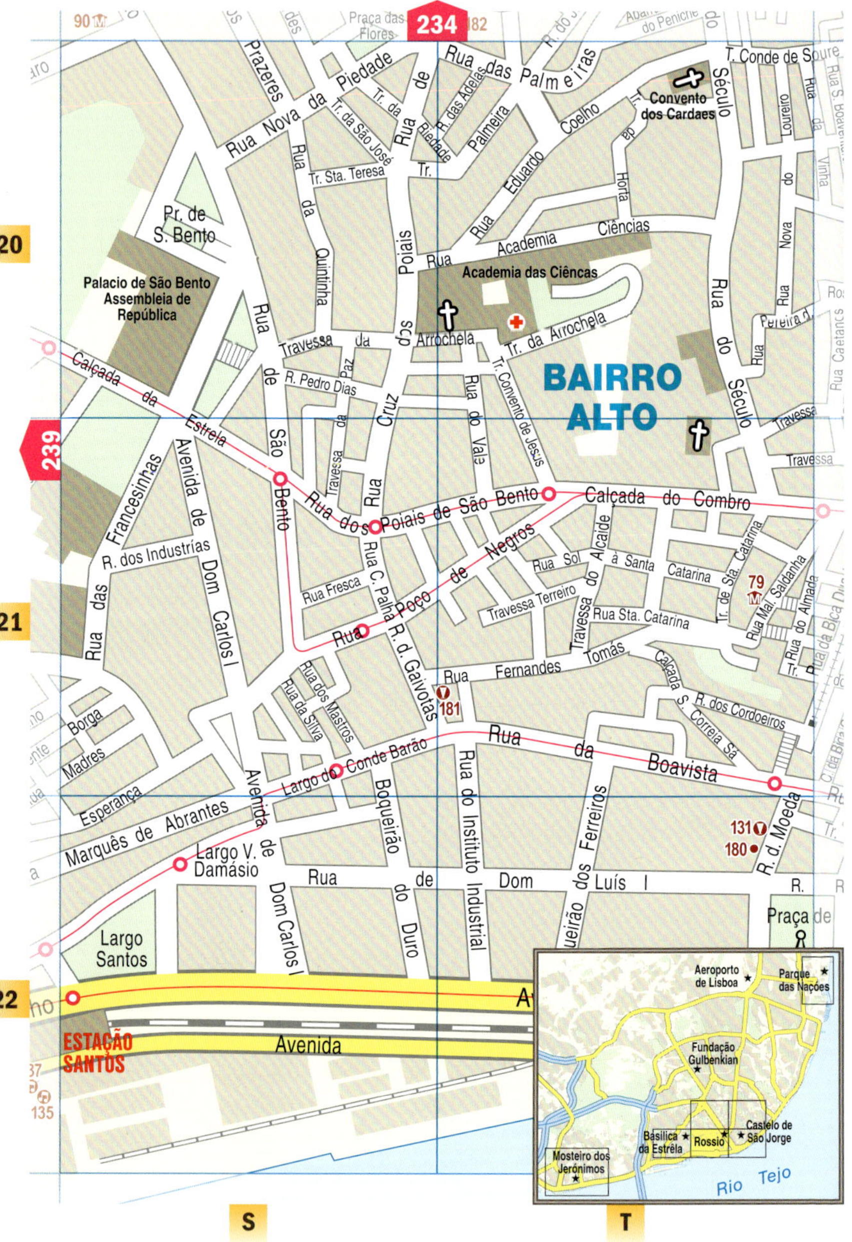

234
239
20
21
22
Rua Nova da Piedade
Prazeres
Rua de Poiais
Rua das Palmeiras
Rua Eduardo Coelho
Rua Academia Ciências
Academia das Ciências
Convento dos Cardaes
Rua do Século
Pr. de S. Bento
Palacio de São Bento Assembleia de República
Calçada da Estrela
Rua de São Bento
Rua dos Poiais de São Bento
Calçada do Combro
BAIRRO ALTO
Rua do Poço de Negros
Rua da Boavista
Avenida Dom Carlos I
Rua das Francesinhas
R. dos Industrías
Rua de Dom Luís I
Rua do Instituto Industrial
Largo do Conde Barão
Largo V. de Damásio
Marquês de Abrantes
Largo Santos
ESTAÇÃO SANTOS
Avenida
Aeroporto de Lisboa
Parque das Nações
Fundação Gulbenkian
Basílica da Estrêla
Rossio
Castelo de São Jorge
Mosteiro dos Jerónimos
Rio Tejo
S
T

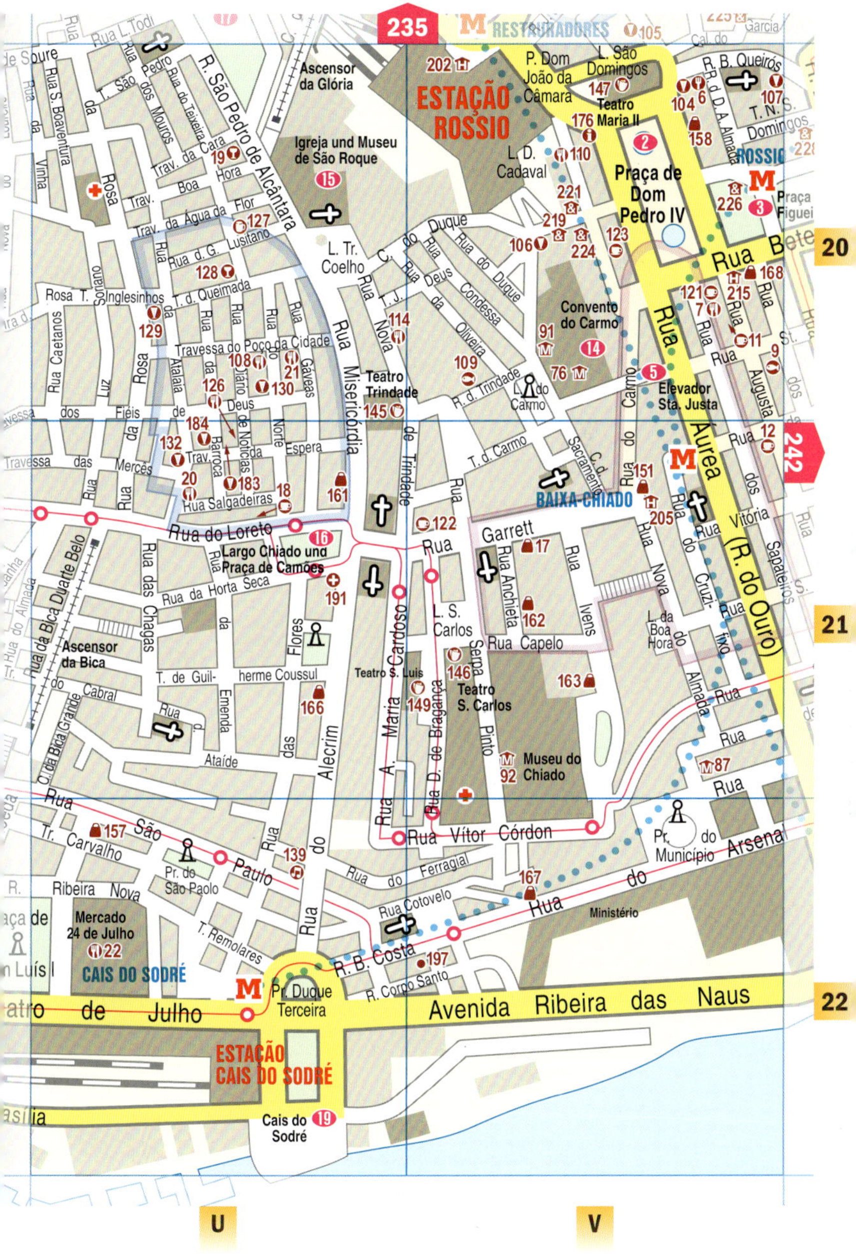

235

Restauradores
Estação Rossio
Ascensor da Glória
Igreja und Museu de São Roque 15
R. São Pedro de Alcântara
P. Dom João da Câmara
L. São Domingos
Teatro Maria II
Praça de Dom Pedro IV
Rossio
Praça Figueira
L. D. Cadaval
Rua Betesga
Rua Augusta
Rua Áurea (R. do Ouro)
Convento do Carmo 14
Elevador Sta. Justa 5
L. do Carmo
Rua do Carmo
Rua Garrett
Baixa-Chiado
Rua Nova do Almada
Rua da Misericórdia
Teatro Trindade
Rua da Trindade
Rua do Loreto
Largo Chiado und Praça de Camões 16
Rua da Horta Seca
Rua das Flores
Rua do Alecrim
Rua Ivens
Rua Capelo
Rua Anchieta
L. S. Carlos
Teatro S. Luis
Teatro S. Carlos
Rua Serpa Pinto
Museu do Chiado
Rua Vítor Córdon
Rua D. de Bragança
Rua A. Maria Cardoso
Ascensor da Bica
Rua da Bica Duarte Belo
Rua das Chagas
T. de Guilherme Coussul
Rua do Cabral
Rua da Emenda
Rua do Ataíde
Rua São Paulo
Tr. Carvalho
Pr. do São Paolo
R. Ribeira Nova
Mercado 24 de Julho
Cais do Sodré
Rua do Ferragial
Rua do Arsenal
Pr. do Município
Ministério
Rua Cotovelo
R. B. Costa
R. Corpo Santo
Pr. Duque Terceira
T. Remolares
Avenida 24 de Julho
Avenida Ribeira das Naus
Estação Cais do Sodré
Cais do Sodré 19
Bairro Alto: Travessa do Poço da Cidade, Rua da Rosa, Rua do Norte, Rua do Diário de Notícias, Rua da Atalaia, Rua da Barroca, Travessa da Espera, Rua das Gáveas, Rua Salgadeiras, Travessa das Mercês, Travessa dos Fiéis de Deus, Rua da Vinha, Rua S. Boaventura, Rua Caetanos, Rua do Teixeira, Rua dos Mouros, Trav. da Cara, Trav. da Boa Hora, Trav. da Água da Flor, Rua d. G. Lusitano, T. d. Queimada, T. Inglesinhos, L. Tr. Coelho, Rua Nova da Trindade, Rua do Duque, Rua da Condessa, Rua da Oliveira, Rua d. Trindade, T. d. Carmo, C. d. Sacramento

20
21
22
U
V

242

1 cm = 75 m

100 m

236

Rua da Costa do Castelo
208
MOURARIA
R. D. Duarte
Rua J. Regras
P. do Borratém
107
228
227
217
Praça da Figueira
Rua das Farinhas
Rua da Costa do Castelo
10 Castelo de São Jorge
L. S. C. do Castelo
L. M. Deus
Rua São Vicente
das Mónicas
da Graça
L. Sta. Marinha
Rua Salvador
Rua de São Tomé
Rua dos Cegos
Rua das Escolas
L. do Salvador
20
Betesga
L. de São Cristóvão
211
Rua S. C. do Castelo
168
Rua dos Fanqueiros
Rua da Madalena
Rua Justa
Rua dos Correeiros
St. Justa
222
R. do Regedor
C. M. Tancos
T. d. C. d. Loureiro
112
R. Chão da Feira
L. do C. Mor
Museu de Artes Decorativas
82
R. d. B. Cusmão
Rua do Limoeiro
ALFA
Miradouro Santa Luzia
9
R. N. Araújo
Rua da Costa do Castelo
R. C. Penafiel
Largo dos Lóios
R. de Santiago
Rua de São Mamede
Rua da Saudade
15
Rua da Assunção
Rua da Vitória
Rua dos Douradores
231
241
Rua Augusta
Rua dos Sapateiros
S. Nicolau
L. da Magdalena
Rua Pedras Negras
C. C. Velho
160
98 Teatro Romano
R. A. Rosa
124
16
13
Igreja de Santo António da Sé
12
BAIXA
Rua da Conceição
21
Rua Padaria
164
L. d. S. Ant. da Sé
11 Sé Patriarcal (Kathedrale)
Rua do Barão
115
R. Judiaria
Rua São Pedro
Rua Cruzes da Sé
Rua S. João da Praça
R. C. da Santarém
Rua de São Julião
Prata
86
R. dos Bacalhoeiros
72 Casa dos Bicos
Rua do Comércio
111
Arco triunfal
Rua da Alfândega
C. des Cebolas
Avenida Infante Dom Henrique
78
8
75
178
4
Praça do Comércio
10
M
TERREIRO DO PAÇO
198
Transtejo-Fähre
Cais das Colunas
22
W
X

237
Arco Grande de Cima
7
Kirche und Kloster
São Vicente de Fora
8
Panteão Nacional
C. de São Vicente
Rua São Vicente
Rua do Paraíso
Rua dos C. Ferro
ESTACÃO
SANTA APOLÓNIA
138
177
L. dos
C. de Ferro
C. do Forte
13
Museu
Militar
Calçada
R. das Escolas Gerais
do Tijolo
L.
Sequeira
Escolas Gerais
Rua do Vigário
Remédios
Rua d. M. d. Artilharia
M
SANTA APOLÓNIA
Dom Henrique
Infante
Rua do
Rua dos
Regueira
Rua Jardim do Tabaco
14
Alfândega
Avenida
Rua São Miguel
L. do C.
de Dentro
Rua São Pedro
R. T. do Trigo
88
Museu
do Fado
Tejo
Rio
20
21
22
Y
Z
Aeroporto
de Lisboa
Parque
das Nações
Fundação
Gulbenkian
Castelo de
São Jorge
Basílica
da Estrêla
Rossio
Mosteiro dos
Jerónimos
Rio Tejo

Hospital S. Francisco Xavier 187

Estrada do Forte do Alto do Duque

Avenida das Descobertas

Rua Rodrigo Rebelo

Rua António de Saldanha

Rua Gonçalo Rua

R. V. Dias

Rua Pe

Coimbra

Rua. J.

Rua Pero de Alenquer

Rua Dom Constantino de Bragança

R. Paolo da Gama

Rua Fernão Gomes

R. J. F. Labrador

Museu Nacional de Etnologia

RESTELO

Rua Pero da Covilhã

Estádio do Restelo (Belenenses)

Rua do Alto do Duque

Av. Dom Vasco da Gama

Rua da Alcolena

Eremida São Jerónimo

Rua Gill Eanes

Rua de Alcolena

Avenida do Restelo

Praça de Goa

Rua Dom Francisco

Madeira

BELÉM

R. Soldatos da India

Rua São Francisco

Rua Dom Cristóvão da Gama

R. G. Corte Real

R. A. Fernandes

R. J. d. Santarem

Lisboa

Paiva

Rua Tristão da Cunha

R. A. d. Andrade

R. P. A.

Duarte

Pacheo

Perreira de

Praça de Damão

Almeida

Rua Dom Francisco de Almeida

Praça de Diu

Rua Dom Lourenço de Almeida

Praça de Malaca

Planetário de Marinha 25

R. T. Penleado

R. D. Melgueiro

Tristão

Silva

Gomes

Escobar

Aveiro

Dias

Azambuja

R. N.

R. J.

R. D.

R. P.

R. J. A.

R. D.

R. D.

Rua Francisco de Xavier

R. S. Francisco de Xavier

Avenida da Torre de Belém

Museu da Marinha 34

R. J. Bastos

R. M. Barata

Vila Correia

Rua de Pedrouços

T. d. Pireiras

R. Ant. d. Abreu

Rua Bartolomeu Dias

Centro Cultural de Belém 32

Museu Berardo

Rua Fernão Mendes Pinto

Rua da Praia de Pedrouços

Rua da Praia do Bom Sucesso

Avenida da Índia

Avenida de Brasília

35

Doca do Bom Sucesso

Museu de Arte Popular

Forte do Bom Sucesso

Torre de Belém 36

Aeroporto de Lisboa

Parque das Nações

Fundação Gulbenkian

Basilica da Estrêla

Rossio

Castelo de São Jorge

Mosteiro dos Jerónimos

Rio Tejo

22

23

24

25

26

D

E

F

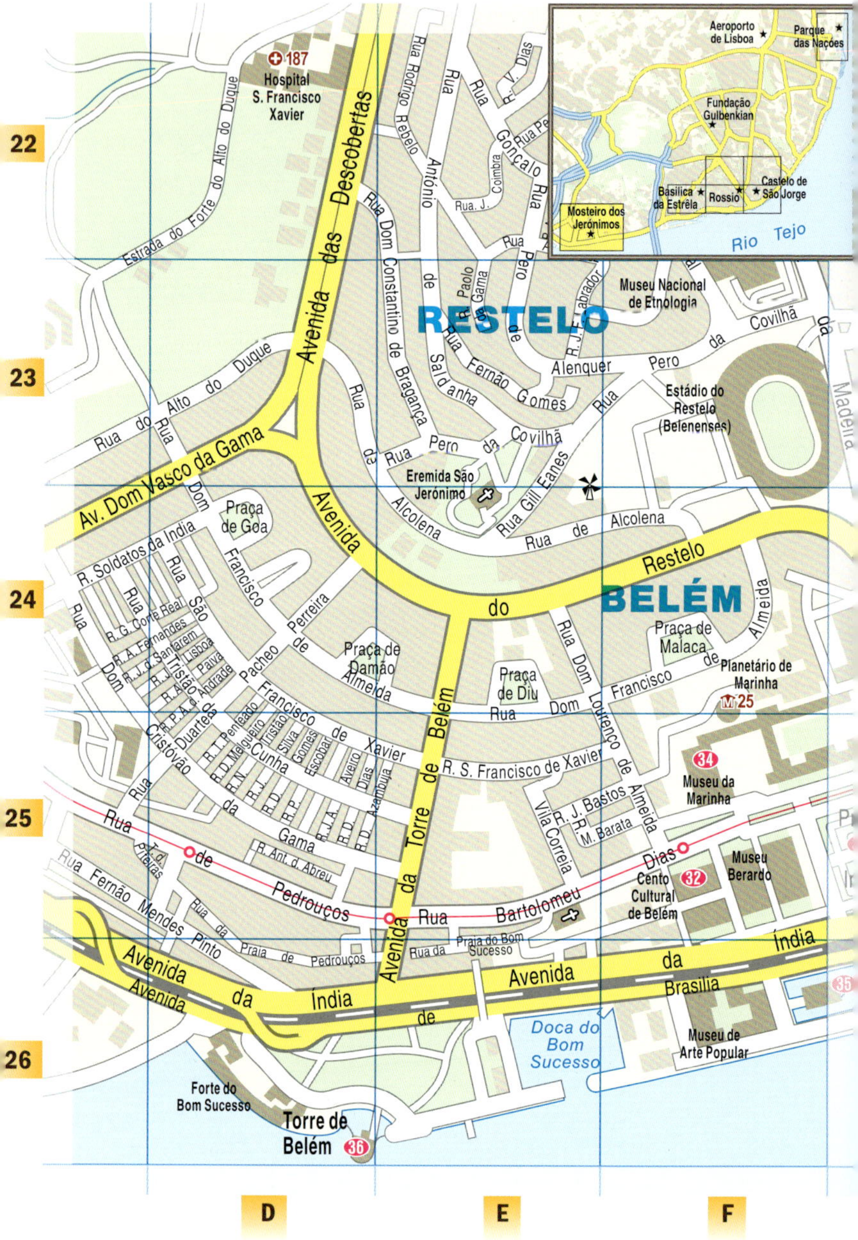

☐ Liste der Karteneinträge Seite 248

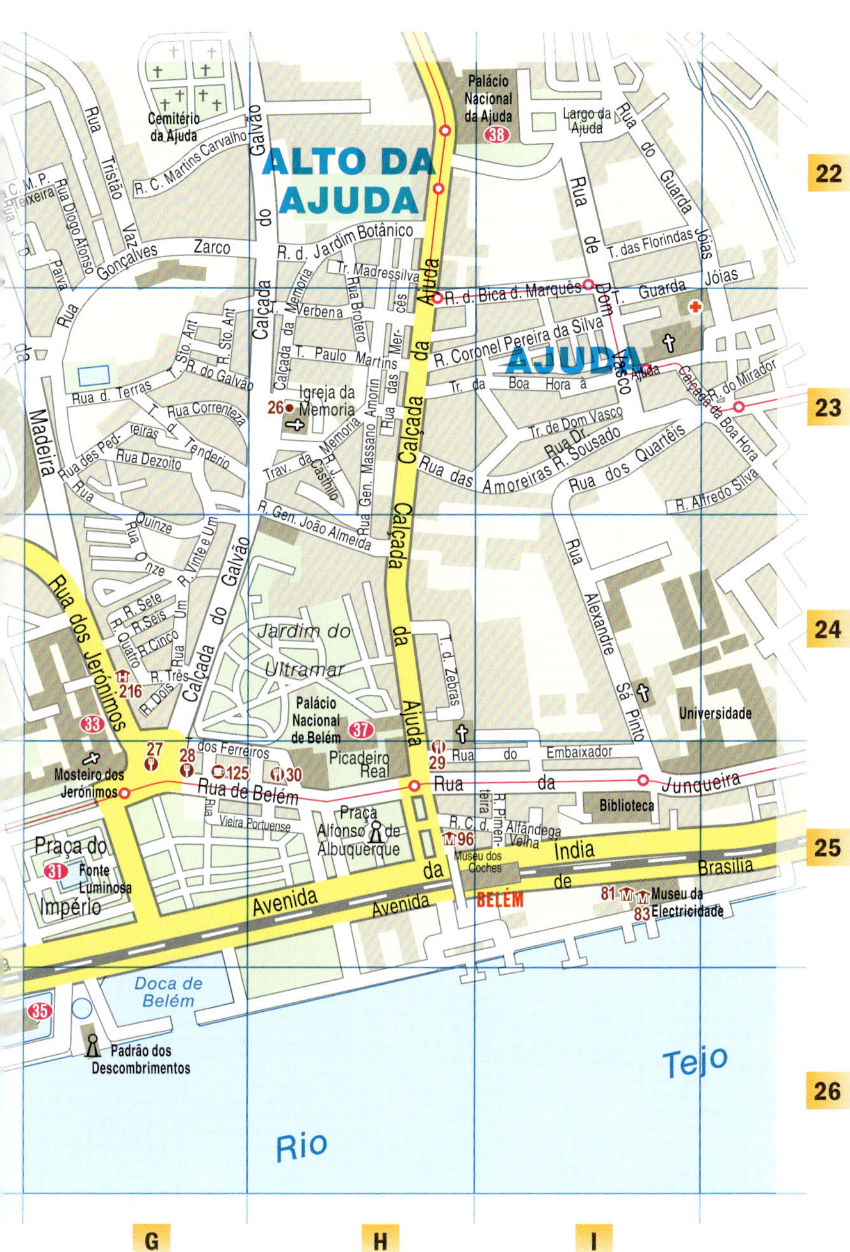

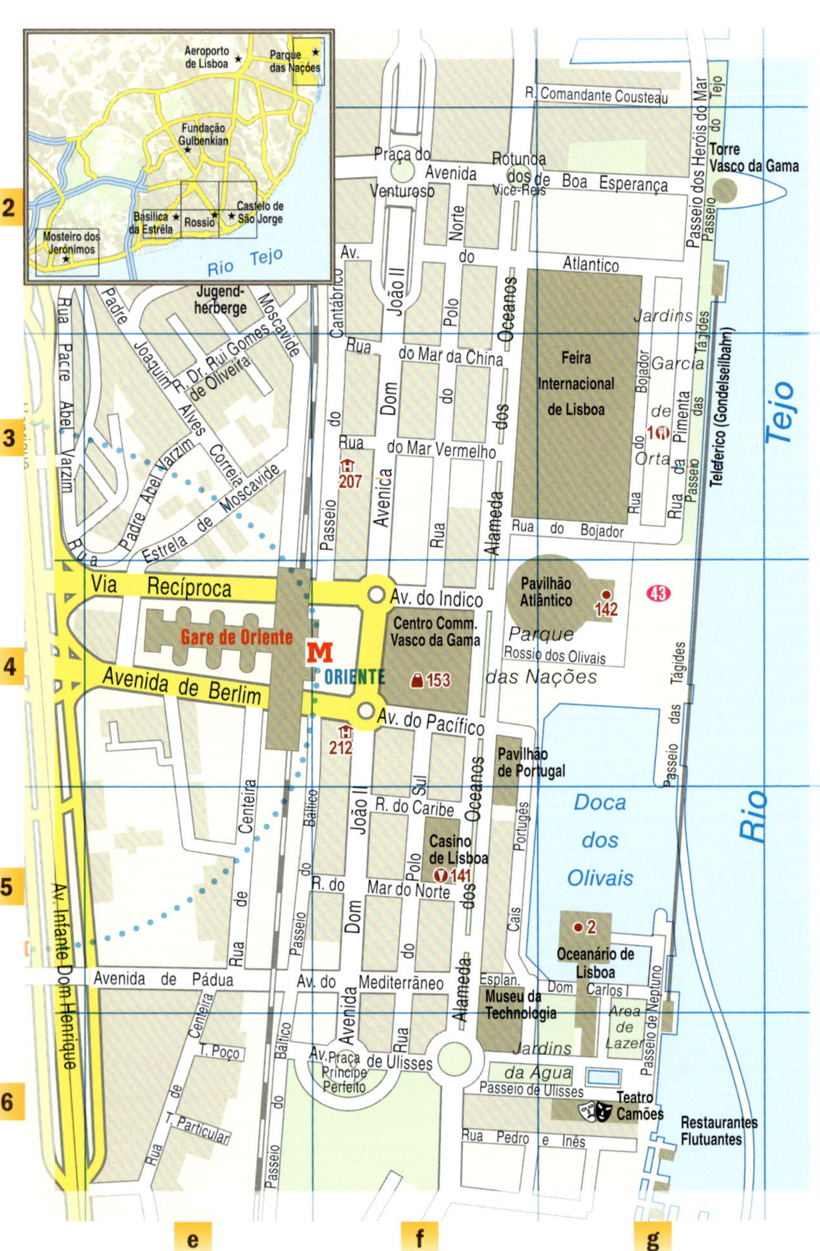

1 cm = 125 m
200 m
Aeroporto de Lisboa
Parque das Nações
Fundação Gulbenkian
Basílica da Estrêla
Rossio
Castelo de São Jorge
Mosteiro dos Jerónimos
Rio Tejo
R. Comandante Cousteau
Praça do Venturoso
Rotunda dos Vice-Reis
Avenida de Boa Esperança
Torre Vasco da Gama
Passeio dos Heróis do Mar
Passeio do Tejo
Av. Cantábrico
Av. João II
Norte do Polo
Oceanos
Atlantico
Jugend-herberge
Rua Padre Abel Varzim
Padre Joaquim Alves Correia
R. Dr. Rui Gomes de Oliveira
Moscavide
Rua do Mar da China
Jardins Garcia de Orta
Rua do Bojador
Rua da Pimenta
Passeio das Tágides
Teleferico (Gondelseilbahn)
Tejo
Feira Internacional de Lisboa
Rua do Mar Vermelho
207
Passeio do Cantábrico
Avenida Dom João II
Rua do Polo Norte
Alameda dos Oceanos
Estrela de Moscavide
Rua Padre Abel Varzim
Via Recíproca
Av. do Indico
Pavilhão Atlântico
142
43
Centro Comm. Vasco da Gama
153
Gare de Oriente
M
ORIENTE
Parque das Nações
Rossio dos Olivais
Avenida de Berlim
Av. do Pacífico
212
Pavilhão de Portugal
Rua de Centeira
Passeio do Báltico
João II
R. do Caribe
Polo Sul
Casino de Lisboa
141
Cais Português
Doca dos Olivais
Rio
R. do Mar do Norte
Dom
2
Oceanário de Lisboa
Av. Infante Dom Henrique
Avenida de Pádua
Av. do Mediterrâneo
Esplan. Dom Carlos I
Museu da Technologia
Area de Lazer
Passeio de Neptuno
Centeira
T. Poço
Báltico
Avenida
Rua
Av. de Ulisses
Praça Príncipe Perfeito
Alameda
Jardins da Agua
Passeio de Ulisses
Teatro Camões
Restaurantes Flutuantes
Rua de T. Particular
Passeio do
Rua Pedro e Inês
2
3
4
5
6
e
f
g

Lissabon mit PC, Smartphone & Co.

QR-Code auf dem Umschlag scannen oder **www.reise-know-how.de/citytrip-plus/lissabon23** eingeben und die **kostenlose Web-App** aufrufen (Internetverbindung zur Nutzung nötig)!

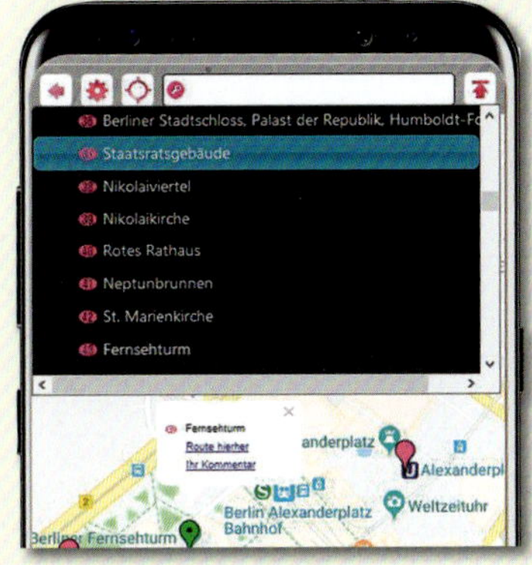

- ★**Anzeige der Lage und Satellitenansichten aller** beschriebenen Sehenswürdigkeiten und touristisch wichtigen Orte
- ★**Routenführung** vom aktuellen Standort zum gewünschten Ziel
- ★**Exakter Verlauf** der empfohlenen Stadtspaziergänge
- ★**Audiotrainer** der wichtigsten Wörter und Redewendungen
- ★**Aktuelle Infos** nach Redaktionsschluss

GPS-Daten zum Download

Die GPS-Daten aller Ortsmarken und Spaziergänge stehen auf der Produktseite des Titels auf www.reise-know-how.de zum Download zur Verfügung.

Stadtplan für mobile Geräte

Um den Stadtplan auf mobilen Geräten nutzen zu können, empfehlen wir die App „Avenza Maps" der Firma Avenza™. Über die Funktion „Store" kann die „Citymap Lisbon PLUS 2023" kostenlos geladen und dann mit vielen Zusatzfunktionen genutzt werden.

Unsere App-Empfehlungen zu Lissabon

- **Metro-LX:** Routenplaner fürs U-Bahn-System in Lissabon (kostenlos für Android und iOS)
- **Lisboa MOVE-ME:** Echtzeithinweise zu Verkehrsmöglichkeiten zu bzw. zwischen den wichtigsten Sehenswürdigkeiten einschließlich Routenplanung vor Ort (kostenlos für Android und iOS)
- **English to Portuguese Phrases:** übersichtlich nach Kategorien gegliederter Übersetzer (Arzt, Transport, Hotel ...), der die einzelnen Sätze auch vorspricht (kostenlos für iOS)
- **Carris:** App des öffentlichen Verkehrsunternehmens Carris mit Infos zu Haltestellen, Linienführung und Fahrplänen in Echtzeit (kostenlos für Android und iOS)

Die Information über und die Bereitstellung von digitalen Zusatzinhalten (z. B. Web-App, Links, GPS-Tracks o. Ä.) ist eine freiwillige Zusatzleistung des Verlages, auf die kein Anspruch besteht und für deren Richtigkeit aufgrund der Veränderlichkeit solcher Informationen auch nicht gehaftet werden kann. Insbesondere behält sich der Verlag deshalb vor, die Bereitstellung und die Zugriffsmöglichkeit zeitlich zu befristen und den Zugriff hierauf auch vorfristig abzuschalten.

Liste der Karteneinträge

- 215 [V20] Internacional Design Hotel S. 199
- 216 [G24] Jerónimos 8 S. 199
- 217 [W20] My Story S. 199
- 218 [X18] Albergaria Senhora do Monte S. 199
- 219 [V20] Residencial Estrela de Mondego S. 200
- 220 [V19] Residencial Florescente S. 200
- 221 [V20] Residencial Inn Rossio (Americano) S. 200
- 222 [W20] Residencial Norte S. 200
- 223 [W17] Residencial Roxi S. 200
- 224 [V20] Pensão Estação Central S. 201
- 225 [V19] Pensão Gerês S. 201
- 226 [V20] Pensão Ibérica S. 201
- 227 [W20] Pensão Nova Goa S. 201
- 228 [W20] Pensão Praça Figueira S. 201
- 229 [V19] Quinta Colina Boutique Guesthouse S. 201
- 230 [U18] Bluesock Hostels Lissabon S. 201
- 231 [W21] City Center Hostel S. 201
- 232 [T15] Pousada de Juventude de Lisboa S. 202
- 234 [U19] Aparthotel Eden S. 203
- 235 [G16] Lisboa Camping & Bungalows S. 204

Hier nicht aufgeführte Nummern liegen außerhalb der abgebildeten Karten. Ihre Lage kann aber wie die von allen Ortsmarken im Buch mithilfe der Web-App angezeigt werden (s. S. 247).

Zeichenerklärung

- 22 Hauptsehenswürdigkeit, fortlaufend nummeriert
- [L6] Verweis auf Planquadrat

- Arzt, Apotheke, Krankenhaus
- Bar, Bistro, Treffpunkt
- Bed and Breakfast, Pension
- Bushaltestelle
- Café, Eiscafé
- Camping
- Denkmal
- Fischrestaurant
- Friedhof
- Galerie
- Geschäft, Kaufhaus, Markt
- Hotel, Unterkunft
- Imbiss
- Informationsstelle
- Jugendherberge, Hostel
- Kino
- Kirche
- Kneipe
- Metrostation
- Museum
- Musikszene, Disco
- Parkplatz
- Polizei
- Post
- Restaurant
- Sehenswürdigkeit
- Sonstiges
- Synagoge
- Theater, Zirkus
- Windmühle
- Weinbistro

- Shopping-Areal
- Gastro- und Nightlife-Areal
- Stadtspaziergang
- Straßenbahnhaltestelle